国税専門官・財務専門官

公務員試験

新スーパー過去問ゼミ7

会計学

択一式 記述式

JN017228

資格試験研究会編
実務教育出版

新スーパー過去問ゼミ7
刊行に当たって

　公務員試験の過去問を使った定番問題集として，公務員受験生から圧倒的な信頼を寄せられている「スー過去」シリーズ。その「スー過去」が大改訂されて「**新スーパー過去問ゼミ7**」に生まれ変わりました。

　「**7**」では，最新の出題傾向に沿うよう内容を見直すとともに，より使いやすくより効率的に学習を進められるよう，細部までブラッシュアップしています。

「新スーパー過去問ゼミ7」改訂のポイント

　① 令和3年度～令和5年度の問題を増補
　② 過去15年分の出題傾向を詳細に分析
　③ 1行解説・STEP解説，学習方法・掲載問題リストなど，
　　学習効率向上のための手法を改良

もちろん，「スー過去」シリーズの特長は，そのまま受け継いでいます。

　　　・テーマ別編集で，主要試験ごとの出題頻度を明示
　　　・「必修問題」「実戦問題」のすべてにわかりやすい解説
　　　・「POINT」で頻出事項の知識・論点を整理
　　　・本を開いたまま置いておける，柔軟で丈夫な製本方式

　本シリーズは，「地方上級」「国家一般職［大卒］」試験の攻略にスポットを当てた過去問ベスト・セレクションですが，「国家総合職」「国家専門職［大卒］」「市役所上級」試験など，大学卒業程度の公務員採用試験に幅広く対応できる内容になっています。

　公務員試験は難関といわれていますが，良問の演習を繰り返すことで，合格への道筋はおのずと開けてくるはずです。本書を開いた今この時から，目標突破へ向けての着実な準備を始めてください。

　あなたがこれからの公務を担う一員となれるよう，私たちも応援し続けます。

資格試験研究会

本書の構成と過去問について

●本書の構成

❶学習方法・問題リスト：巻頭には，本書を使った効率的な科目の攻略のしかたをアドバイスする「**会計学の学習方法**」と，本書に収録した全過去問を一覧できる「**掲載問題リスト**」を掲載している。過去問を選別して自分なりの学習計画を練ったり，学習の進捗状況を確認する際などに活用してほしい。

❷試験別出題傾向と対策：各章冒頭にある出題箇所表では，平成21年度以降の国家専門職（国税専門官）採用試験における出題状況が一目でわかるようになっている。

テーマ別出題頻度表示の見方

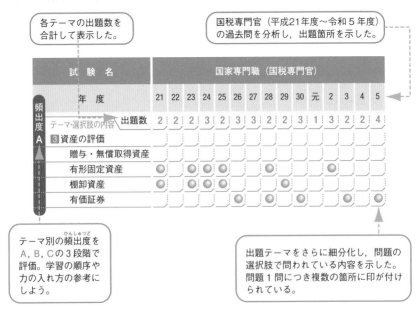

各テーマの出題数を合計して表示した。

国税専門官（平成21年度～令和5年度）の過去問を分析し，出題箇所を示した。

試 験 名	国家専門職（国税専門官）														
年 度	21	22	23	24	25	26	27	28	29	30	元	2	3	4	5
テーマ・選択肢の内容　出題数	2	2	2	3	2	3	3	2	3	1	3	2	2	4
③資産の評価														
贈与・無償取得資産														
有形固定資産	○		○	○		○		○				○		
棚卸資産	○		○	○										
有価証券					○		○		○		○			○

（頻出度 A）

テーマ別の頻出度をA，B，Cの3段階で評価。学習の順序や力の入れ方の参考にしよう。

出題テーマをさらに細分化し，問題の選択肢で問われている内容を示した。問題1問につき複数の箇所に印が付けられている。

❸必修問題：各テーマのトップを飾るにふさわしい，合格のためには必ずマスターしたい良問をピックアップ。解説は，各選択肢の正誤ポイントをズバリと示す「**1行解説**」，解答のプロセスを示す「**STEP解説**」など，効率的に学習が進むように配慮した。また，正答を導くための指針となるよう，問題文中に以下のポイントを示している。

      （アンダーライン部分）：正誤判断の決め手となる記述

      （色が敷いてある部分）：覚えておきたいキーワード

「**FOCUS**」には，そのテーマで問われるポイントや注意点，補足説明などを掲載している。

必修問題のページ上部に掲載した「**頻出度**」は，各テーマをA，B，Cの3段階で評価しています。

❹POINT：これだけは覚えておきたい最重要知識を，図表などを駆使してコンパクトにまとめた。問題を解く前の知識整理に，試験直前の確認に活用してほしい。

❺**実戦問題**：各テーマの内容をスムーズに理解できるよう，バランスよく問題を選び，詳しく解説している。問題ナンバー上部の「＊」は，その問題の「**難易度**」を表しており（＊＊＊が最難），また，学習効果の高い重要な問題には💠マークを付している。

💠 **No.2** ＊＊ 必修問題と💠マークのついた問題を解いていけば，スピーディーに本書をひととおりこなせるようになっている。

　なお，収録問題数が多いテーマについては，「**実戦問題❶**」「**実戦問題❷**」のように問題をレベル別またはジャンル別に分割し，解説を参照しやすくしている。

❻**索引**：巻末には，POINT等に掲載している重要語句を集めた用語索引がついている。用語の意味や定義の確認，理解度のチェックなどに使ってほしい。

●本書で取り扱う試験の名称表記について

　本書に掲載した問題の末尾には，試験名の略称および出題年度を記載している。

①**国税専門官／財務専門官**：国税専門官採用試験，財務専門官採用試験

②**地方上級（東京都）**：東京都職員Ⅰ類Ｂ採用試験（記述式試験のみ）

●本書に収録されている「過去問」について

①平成９年度以降の国税専門官試験の問題は，人事院により公表された問題を掲載している。東京都Ⅰ類Ｂ試験も，東京都により公表された問題を掲載している。

②問題の論点を保ちつつ問い方を変えた，年度の経過により変化した実状に適合させた，などの理由で，問題を一部改題している場合がある。また，人事院などにより公表された問題も，用字用語の統一を行っている。

●会計学が出題される試験について

国税専門官採用試験

・択一式８問（会計学は必須解答）

　必須問題は２科目（16問），選択問題は９科目（各６問）から４科目選択し計24問解答

・記述式１題（全５科目〈各１題〉中１科目選択）

財務専門官採用試験

・択一式６問（会計学は選択解答）

　必須問題は２科目（28問），選択問題は８科目（各６問）から２科目選択し計12問解答

・記述式１題（全５科目〈各１題〉中１科目選択）

　会計学は，財務専門官の択一式，記述式試験とも，平成24～令和５年度試験においては国税専門官と共通の問題が出題されている。

東京都職員Ⅰ類Ｂ採用試験（行政〈一般方式〉）

・記述式１題（全10科目〈各１題〉中３科目選択）

CONTENTS

公務員試験　新スーパー過去問ゼミ7
会計学

「新スーパー過去問ゼミ7」刊行に当たって ……………………………………… 1
本書の構成と過去問について ……………………………………………………… 2
会計学の学習方法 …………………………………………………………………… 6
合格者に学ぶ「スー過去」活用術 ………………………………………………… 8
学習する過去問の選び方 …………………………………………………………… 9
掲載問題リスト ……………………………………………………………………… 10

第1章	企業会計と会計原則	13
テーマ1	企業会計と制度会計 ……………………………………	16
テーマ2	一般原則 ………………………………………………	30

第2章	資産会計	47
テーマ3	資産の評価 ……………………………………………	50
テーマ4	棚卸資産の払出価額の計算 …………………………	68
テーマ5	固定資産と減価償却 …………………………………	84

第3章	負債および資本会計	103
テーマ6	負債会計（1）（引当金） ……………………………	106
テーマ7	負債会計（2）（社債） ………………………………	118
テーマ8	資本会計 ………………………………………………	130

第4章	損益会計	149
テーマ9	損益会計 ………………………………………………	152

第5章	財務諸表の種類と表示	171
テーマ10	財務諸表の種類と表示 ………………………………	174

第6章	外貨換算・金融商品会計	209
テーマ11	外貨換算・金融商品会計 ……………………………	212

| 第7章 | **本支店・合併・連結会計** | 223 |

テーマ12 本支店・合併会計 ……………………………………… 226
テーマ13 連結会計 …………………………………………………… 240

| 第8章 | **財務諸表分析** | 259 |

テーマ14 財務諸表分析 ……………………………………………… 262

| 第9章 | **簿記会計** | 273 |

テーマ15 簿記会計 …………………………………………………… 276

| 第10章 | **記述式問題と解答例** | 307 |

テーマ16 企業会計と会計原則 …………………………………… 308
テーマ17 資産会計 …………………………………………………… 316
テーマ18 負債および資本会計 …………………………………… 332
テーマ19 損益会計 …………………………………………………… 340
テーマ20 財務諸表の種類と表示 ………………………………… 354
テーマ21 本支店・合併・連結会計 ……………………………… 358

索引 ……………………………………………………………………… 364

カバー・本文デザイン／小谷野まさを　　書名ロゴ／早瀬芳文

会計学の学習方法

●公務員試験における会計学

　会計学にはさまざまな科目が含まれる。「会計は簿記から始まる」といわれるように、「**簿記論**」は、企業活動の結果を貨幣計数に変換し、会計情報（損益計算書、貸借対照表等）として表示するための基礎科目である。会計学は、この会計情報の利用主体によって「**財務会計論**」と「**管理会計論**」に大別される。前者は企業外部の利用者（投資家・債権者等）を対象にする会計であり、後者は会計情報の内部利用者（経営管理者）に焦点を当て、経営管理に役立つための会計である。会計学の過去の出題傾向を分析すると、「簿記論」と「財務会計論」からの出題が中心となっている。

●効果的な学習方法・対策

　「簿記論」は、国税専門官および財務専門官試験では択一式問題として毎年必ず1問出題されており（**第9章「簿記会計」**参照）、その難易度は簿記検定2級（商業簿記）程度になっているので、検定を受験するレベルまでひととおり学習しておく必要がある。特に出題頻度の高い「手形取引」「有価証券取引」「商品売買取引」「固定資産取引」「精算表」は最重点項目である。

　他方、「財務会計論」については、以下のような点に留意し、過去問を利用して理解を深める必要がある。

第1章「企業会計と会計原則」：一般原則は、択一式問題として毎年出題され、暗記しておかなければ解答できないような問題もあり、また記述式問題としても出題されているため、必ず学習しておかなければならないテーマである。

第2章「資産会計」：資産評価の問題は、択一式および記述式試験の両方で頻繁に出題されている学習上の最重要テーマでもある。したがって、資産の評価基準（原価主義、時価主義、低価主義）を徹底的に理解し、それらを論理的に記述できるようにしておくことである。さらに、具体例として有価証券・棚卸資産・固定資産・繰延資産等への適用方法について整理しておく必要がある。

第3章「負債および資本会計」：負債についての出題は引当金と社債に集中している。引当金については、記述式問題へも対応できるように、引当金の種類と計上要件、社債については、割引発行による社債発行差額・社債発行費の処理と償却方法、社債償還損益の算定等について、それぞれ重点的に学習しなければならない。資本については、企業会計原則と商法・会社法の資本概念の相違を、会計主体論（企業体理論と所有主理論）にさかのぼって理解しておかなければならない。

第4章「損益会計」：損益の認識基準（現金主義、発生主義、実現主義）、費用収益対応の原則、特殊商品売買に関する実現主義の適用等に関する問題は、簿記の仕訳問題としても、また記述式問題としても出題される可能性の高い重要テーマであるので、特別な対策が必要である。

第5章「財務諸表の種類と表示」：企業会計原則ならびに関係諸規則の規定や条文をどれほど注意深く参照し、理解しているかを問うものがほとんどであり、特に、貸借対照表原則4ならびに企業会計原則注解16からは必ず出題されており、要注意である。

第6章「外貨換算・金融商品会計」：出題頻度は低いが，「外貨建取引等会計処理基準」「金融商品に関する会計基準」を中心に学習し，具体的な処理方法については簿記的な仕訳処理を通じて理解する必要がある。

第7章「本支店・合併・連結会計」：本支店会計は簿記的処理，合併会計は合併比率・合併差益・のれん・パーチェス法・持分プーリング法等を重点的に学習する必要がある。連結会計は，連結範囲が「持株基準」から「支配力基準」へ，資本連結が「部分時価評価法」から「全面時価評価法」へ変更され，税効果会計・連結キャッシュ・フロー計算書・包括利益の導入など，多くの改正が行われており，旧原則との違いを含めそれらの改正点を重点的に学習しておく必要がある。

第8章「財務諸表分析」：出題頻度は低いが，会計学の学習効果が問われる重要テーマである。学習に際しては，単なる財務比率に関する算定式や意義だけではなく，実際の貸借対照表や損益計算書の数字を使って，各種の財務比率が算定できるかどうかを自分でチェックしてみることや，それらの財務比率がどのような経営状態を示しているのか実際に企業診断をしてみること，さらには同業他社との企業間比較などを通じて当該企業の財務的特徴などを分析してみるのも，より実戦的で効果的な学習方法といえる。

　なお，記述式問題（**第10章**）については，「企業会計原則」「資産の評価」「資本会計」「損益の認識」が，出題頻度が高い最重要項目であるので，解答例を参考にして答案練習をしておく必要がある。

合格者に学ぶ「スー過去」活用術

　公務員受験生の定番問題集となっている「スー過去」シリーズであるが，先輩たちは本シリーズをどのように使って，合格を勝ち得てきたのだろうか。弊社刊行の『公務員試験 受験ジャーナル』に寄せられた「合格体験記」などから，傾向を探ってみた。

 ## 自分なりの「戦略」を持って学習に取り組もう！

　テーマ１から順番に一つ一つじっくりと問題を解いて，わからないところを入念に調べ，納得してから次に進む……という一見まっとうな学習法は，すでに時代遅れになっている。
　合格者は，初期段階でおおまかな学習計画を立てて，戦略を練っている。まずは各章冒頭にある「試験別出題傾向と対策」を見て，自分が受験する試験で各テーマがどの程度出題されているのかを把握し，「掲載問題リスト」を利用するなどして，**いつまでにどの程度まで学習を進めればよいか，学習全体の流れをイメージ**しておきたい。

 ## 完璧をめざさない！ザックリ進めながら復習を繰り返せ！

　本番の試験では，６〜７割の問題に正答できればボーダーラインを突破できる。裏を返せば**３〜４割の問題は解けなくてもよい**わけで，完璧をめざす必要はまったくない。
　受験生の間では，「問題集を何周したか」がしばしば話題に上る。問題集は，１回で理解しようとジックリ取り組むよりも，初めはザックリ理解できた程度で先に進んでいき，何回も繰り返し取り組むことで徐々に理解を深めていくやり方のほうが，学習効率は高いとされている。**合格者は「スー過去」を繰り返しやって，得点力を高めている。**

 ## すぐに解説を読んでも OK ！考え込むのは時間のムダ！

　合格者の声を聞くと「**スー過去を参考書代わりに読み込んだ**」というものが多く見受けられる。科目の攻略スピードを上げようと思ったら「ウンウンと考え込む時間」は一番のムダだ。過去問演習は，解けた解けなかったと一喜一憂するのではなく，**問題文と解説を読みながら正誤のポイントとなる知識を把握して記憶することの繰り返し**なのである。

 ## 分量が多すぎる！という人は，自分なりに過去問をチョイス！

　広い出題範囲の中から頻出のテーマ・過去問を選んで掲載している「スー過去」ではあるが，この分量をこなすのは無理だ！と敬遠している受験生もいる。しかし，**合格者もすべての問題に取り組んでいるわけではない。**必要な部分を自ら取捨選択することが，最短合格のカギといえる（次ページに問題の選択例を示したので参考にしてほしい）。

 ## 書き込んでバラして……「スー過去」を使い倒せ！

　補足知識や注意点などは本書に直接書き込んでいこう。**書き込みを続けて情報を集約していくと本書が自分オリジナルの参考書になっていく**ので，インプットの効率が段

違に上がる。それを繰り返し「何周も回して」いくうちに，反射的に解答できるようになるはずだ。
　また，分厚い「スー過去」をカッターで切って，章ごとにバラして使っている合格者も多い。**自分が使いやすいようにカスタマイズして，「スー過去」をしゃぶり尽くそう！**

学習する過去問の選び方

●具体的な「カスタマイズ」のやり方例

　本書は択一式132問と記述式25題の全157問の過去問を収録している。分量が多すぎる！と思うかもしれないが，合格者の多くは，過去問を上手に取捨選択して，自分に合った分量と範囲を決めて学習を進めている。

　以下，お勧めの例をご紹介しよう。

❶必修問題と♥のついた問題に優先的に取り組む！

　当面取り組む過去問（択一式）を，各テーマの「**必修問題**」と♥マークのついている「**実戦問題**」に絞ると，およそ全体の４割の分量となる。これにプラスして各テーマの「**POINT**」をチェックしていけば，この科目の典型問題と正誤判断の決め手となる知識の主だったところは押さえられる。

　本試験まで時間がある人もそうでない人も，ここから取り組むのが定石である。まずはこれで１周（問題集をひととおり最後までやり切ること）してみてほしい。

　❶を何周かしたら次のステップへ移ろう。

❷取り組む過去問の量を増やしていく

　❶で基本は押さえられても，❶だけでは演習量が心もとないので，取り組む過去問の数を増やしていく必要がある。増やし方としてはいくつかあるが，このあたりが一般的であろう。

　　◎**基本レベルの過去問を追加**（難易度「＊」の問題を追加）
　　◎**受験する試験種の過去問を追加**
　　◎**頻出度Aのテーマの過去問を追加**

　これをひととおり終えたら，前回やったところを復習しつつ，まだ手をつけていない過去問をさらに追加していくことでレベルアップを図っていく。

　もちろん，あまり手を広げずに，ある程度のところで折り合いをつけて，その分復習に時間を割く戦略もある。

●掲載問題リストを活用しよう！

　「掲載問題リスト」では，本書に掲載された過去問を一覧表示している。

　受験する試験や難易度・出題年度等を基準に，学習する過去問を選別する際の目安としたり，チェックボックスを使って学習の進捗状況を確認したりできるようになっている。

　効率よくスピーディーに学習を進めるためにも，積極的に利用してほしい。

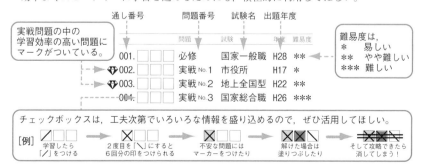

掲載問題リスト

本書に掲載した全157問を一覧表にした。□に正答できたかどうかをチェックするなどして，本書を上手に活用してほしい。

第1章 企業会計と会計原則

テーマ 1 企業会計と制度会計

	問題	試験	年度	難易度
001.	必修	国税専門官	H21	**
002.	実戦 No.1	国税専門官	H20	*
◆ 003.	実戦 No.2	国税／財務	H29	**
◆ 004.	実戦 No.3	国税／財務	R3	**
◆ 005.	実戦 No.4	国税専門官	H6	***
006.	実戦 No.5	国税専門官	H24	***
007.	実戦 No.6	国税／財務	H28	**

テーマ 2 一般原則

	問題	試験	年度	難易度
008.	必修	国税／財務	R4	*
◆ 009.	実戦 No.1	国税／財務	H26	*
010.	実戦 No.2	国税／財務	H28	**
◆ 011.	実戦 No.3	国税／財務	R2	*
◆ 012.	実戦 No.4	国税／財務	H25	**
013.	実戦 No.5	国税専門官	H22	**
◆ 014.	実戦 No.6	国税専門官	H19	***

第2章 資産会計

テーマ 3 資産の評価

	問題	試験	年度	難易度
015.	必修	国税／財務	R2	**
016.	実戦 No.1	国税専門官	H23	**
◆ 017.	実戦 No.2	国税／財務	H27	**
018.	実戦 No.3	国税専門官	H28	**
◆ 019.	実戦 No.4	国税／財務	H24	***
◆ 020.	実戦 No.5	国税専門官	H19	**
◆ 021.	実戦 No.6	国税専門官	H22	***
022.	実戦 No.7	国税専門官	H25	***
023.	実戦 No.8	国税専門官	H19	***
◆ 024.	実戦 No.9	国税／財務	R3	***

テーマ 4 棚卸資産の払出価額の計算

	問題	試験	年度	難易度
025.	必修	国税専門官	H4	**
◆ 026.	実戦 No.1	国税専門官	H23	**
◆ 027.	実戦 No.2	国税／財務	H29	**
028.	実戦 No.3	国税／財務	H24	**
029.	実戦 No.4	国税専門官	H18	**
◆ 030.	実戦 No.5	国税専門官	H13	**
031.	実戦 No.6	国税専門官	H9	**

テーマ 5 固定資産と減価償却

	問題	試験	年度	難易度
032.	必修	国税専門官	H20	**
033.	実戦 No.1	国税専門官	R4	*
◆ 034.	実戦 No.2	国税／財務	R2	*
◆ 035.	実戦 No.3	国税／財務	H28	***
036.	実戦 No.4	国税／財務	H26	**
◆ 037.	実戦 No.5	国税専門官	H21	**
038.	実戦 No.6	国税／財務	H24	**
039.	実戦 No.7	国税／財務	H25	**
◆ 040.	実戦 No.8	国税専門官	H15	**
◆ 041.	実戦 No.9	国税専門官	H22	***

第3章 負債および資本会計

テーマ 6 負債会計(1)(引当金)

	問題	試験	年度	難易度
042.	必修	国税専門官	H14	**
◆ 043.	実戦 No.1	国税／財務	R3	**
044.	実戦 No.2	国税／財務	H28	***
045.	実戦 No.3	国税専門官	H20	*
046.	実戦 No.4	国税専門官	H6	**
◆ 047.	実戦 No.5	国税専門官	H19	**
◆ 048.	実戦 No.6	国税専門官	H22	**

テーマ 7 負債会計(2)(社債)

	問題	試験	年度	難易度
049.	必修	国税専門官	H29	***
◆ 050.	実戦 No.1	国税／財務	H25	**
051.	実戦 No.2	国税専門官	H18	**
052.	実戦 No.3	国税／財務	H27	**
053.	実戦 No.4	国税／財務	H27	***

テーマ 8 資本会計

	問題	試験	年度	難易度
054.	必修	国税／財務	H25	***
◆ 055.	実戦 No.1	国税／財務	R4	**
◆ 056.	実戦 No.2	国税／財務	H29	***
◆ 057.	実戦 No.3	国税専門官	H19	**
058.	実戦 No.4	国税専門官	H25	**
◆ 059.	実戦 No.5	国税／財務	H24	**
◆ 060.	実戦 No.6	国税／財務	H30	***
◆ 061.	実戦 No.7	国税／財務	R元	***

第4章 損益会計
テーマ9 損益会計

	問題	試験	年度	難易度
062.	必修	国税専門官	H20	**
♦ 063.	実戦No.1	国税／財務	R5	*
064.	実戦No.2	国税／財務	H29	***
065.	実戦No.3	国税専門官	H19	**
066.	実戦No.4	国税専門官	H16	**
♦ 067.	実戦No.5	国税／財務	H26	**
♦ 068.	実戦No.6	国税専門官	H9	***

第5章 財務諸表の種類と表示
テーマ10 財務諸表の種類と表示

	問題	試験	年度	難易度
069.	必修	国税／財務	H24	***
070.	実戦No.1	国税専門官	H9	*
071.	実戦No.2	国税専門官	H10	*
072.	実戦No.3	国税専門官	H12	*
073.	実戦No.4	国税／財務	R4	**
♦ 074.	実戦No.5	国税専門官	H21	**
075.	実戦No.6	国税専門官	H23	*
♦ 076.	実戦No.7	国税／財務	H26	**
077.	実戦No.8	国税専門官	H18	**
078.	実戦No.9	国税専門官	H7	**
079.	実戦No.10	国税専門官	H9	**
080.	実戦No.11	国税専門官	H15	**
081.	実戦No.12	国税専門官	H16	**
082.	実戦No.13	国税専門官	H15	**
083.	実戦No.14	国税専門官	H14	***
084.	実戦No.15	国税専門官	H6	***
085.	実戦No.16	国税専門官	H元	***
086.	実戦No.17	国税専門官	H16	***
♦ 087.	実戦No.18	国税専門官	H22	***
088.	実戦No.19	国税専門官	R3	***

第6章 外貨換算・金融商品会計
テーマ11 外貨換算・金融商品会計

	問題	試験	年度	難易度
089.	必修	国税専門官	H8	**
090.	実戦No.1	国税専門官	H26	*
091.	実戦No.2	国税／財務	R5	**
♦ 092.	実戦No.3	国税／財務	H11	***
093.	実戦No.4	国税／財務	H26	***

第7章 本支店・合併・連結会計
テーマ12 本支店・合併会計

	問題	試験	年度	難易度
094.	必修	国税専門官	H11	**
095.	実戦No.1	国税専門官	H27	**
♦ 096.	実戦No.2	国税専門官	H4	*
097.	実戦No.3	国税専門官	H8	**
♦ 098.	実戦No.4	国税専門官	H22	***

テーマ13 連結会計

	問題	試験	年度	難易度
099.	必修	国税専門官	H15	**
100.	実戦No.1	国税／財務	H26	*
♦ 101.	実戦No.2	国税／財務	H25	**
102.	実戦No.3	国税／財務	R4	**
103.	実戦No.4	国税専門官	H13	**
♦ 104.	実戦No.5	国税専門官	H13	***
♦ 105.	実戦No.6	国税専門官	H17	**
♦ 106.	実戦No.7	国税／財務	R2	***

第8章 財務諸表分析
テーマ14 財務諸表分析

	問題	試験	年度	難易度
107.	必修	国税専門官	H4	***
108.	実戦No.1	国税／財務	R3	**
109.	実戦No.2	国税／財務	R元	**
110.	実戦No.3	国税／財務	R3	**
111.	実戦No.4	国税専門官	H8	*
♦ 112.	実戦No.5	国税専門官	H10	***
113.	実戦No.6	国税／財務	H29	**

第9章 簿記会計

テーマ⓯簿記会計

	問題	試験	年度	難易度
114.	必修	国税専門官	H6	***
◆ 115.	実戦 No.1	国税専門官	H24	*
116.	実戦 No.2	国税専門官	H18	*
117.	実戦 No.3	国税専門官	H19	*
118.	実戦 No.4	国税専門官	H28	*
◆ 119.	実戦 No.5	国税／財務	H25	*
◆ 120.	実戦 No.6	国税専門官	H26	*
121.	実戦 No.7	国税専門官	H27	**
122.	実戦 No.8	国税専門官	H7	**
123.	実戦 No.9	国税専門官	H9	**
124.	実戦 No.10	国税専門官	H10	**
125.	実戦 No.11	国税専門官	H11	**
126.	実戦 No.12	国税専門官	H14	**
127.	実戦 No.13	国税専門官	R4	**
128.	実戦 No.14	国税専門官	R元	***
129.	実戦 No.15	国税専門官	H12	***
◆ 130.	実戦 No.16	国税専門官	H11	***
131.	実戦 No.17	国税専門官	H8	***
◆ 132.	実戦 No.18	国税専門官	H21	***

第10章 記述式問題と解答例

テーマ⓰企業会計と会計原則

	問題	試験	年度	難易度
001.	問題1	国税専門官	H22	*
002.	問題2	地上東京都	R元	*

テーマ⓱資産会計

	問題	試験	年度	難易度
003.	問題3	地上東京都	H17	**
004.	問題4	国税専門官	H22	**
005.		地上東京都	H21	**
006.	問題5	国税／財務	H27	***
007.	問題6	国税／財務	H26	**
008.		地上東京都	H24	*
009.	問題7	国税専門官	H8	**
010.	問題8	国税専門官	H12	***
011.	問題9	国税専門官	H18	***

テーマ⓲負債および資本会計

	問題	試験	年度	難易度
012.	問題10	地上東京都	H20	**
013.	問題11	国税／財務	H24	***
014.	問題12	国税専門官	H21	***

テーマ⓳損益会計

	問題	試験	年度	難易度
015.	問題13	国税専門官	H14	**
016.	問題14	地上東京都	H22	**
017.	問題15	国税専門官	H23	**
018.	問題16	国税／財務	H25	**
019.	問題17	地上東京都	H16	***

テーマ⓴財務諸表の種類と表示

	問題	試験	年度	難易度
020.	問題18	国税／財務	H28	*
021.		国税／財務	H28	***
		地上東京都	H29	***

テーマ㉑本支店・合併・連結会計

	問題	試験	年度	難易度
022.	問題19	地上東京都	H19	***
023.	問題20	国税／財務	R3	***
024.	問題21	国税／財務	R5	***

第1章
企業会計と会計原則

テーマ **1** 企業会計と制度会計
テーマ **2** 一般原則

新スーパー過去問ゼミ**7**
会計学

試験別出題傾向と対策

試 験 名	国家専門職（国税専門官）														
年 度	21	22	23	24	25	26	27	28	29	30	元	2	3	4	5
テーマ・選択肢の内容＼出題数	2	1	1	2	1	1	1	2	1	1	1	1	1	1	2
1 企業会計と制度会計 （頻出度 A）															
企業会計	◎			◎				◎					◎		◎
会計公準	◎		◎		◎				◎				◎		◎
企業会計原則	◎	◎	◎												◎
制度会計				◎					◎						
会社法会計・会社計算規則				◎											
金融商品取引法会計・財務諸表規則	◎														
税務会計													◎		
監査制度								◎							
国際財務報告基準(IFRS)								◎					◎		◎
2 一般原則 （頻出度 A）															
一般原則全般		◎													
真実性の原則	◎	◎	◎	◎	◎	◎	◎	◎					◎	◎	
正規の簿記の原則														◎	
資本と利益区別の原則						◎	◎								
明瞭性の原則	◎	◎			◎										
継続性の原則	◎					◎				◎			◎		
保守主義の原則	◎	◎				◎		◎					◎		
単一性の原則			◎	◎				◎		◎	◎			◎	
重要性の原則	◎			◎		◎		◎					◎		

　企業会計は，会計情報の利用主体によって財務会計と管理会計に，また法規制の下に行われる会計か否かで，制度会計と非制度会計に分けられる。出題はこれらのうちの財務会計の領域でかつ制度会計について問う問題が圧倒的に多い。本章では，財務会計領域のうちの制度会計について学習する。特に，制度会計の前提となる企業会計原則の役割とその体系，および一般原則について学習する。

　過去の出題を分析すると，「企業会計と制度会計」については，制度会計と企業会計原則との関係を問う問題，会社法会計・金融商品取引法会計・法人税法会計の各制度会計の意義と特徴を問う問題，そして会計の前提となる会計公準等が出題されている。今後ますます会計の国際化が予想されることを考慮すると，国際会計基準については十分学習しておく必要がある。

　制度会計については会社法における会計諸規定，金融商品取引法に基づく会計諸基準を参照しながら，その基礎をなす企業会計原則の意義，役割，およびその体系について重点的に理解する。特に，一般原則は毎年出題され，暗記しておかなければ解答できないような設問もあり，学習に際しては最重要テーマといえる。

　次に，企業会計原則の「一般原則」については，毎年必ずといっていいほど出題されており，最重要テーマの一つとして徹底した学習と対策が必要である。一般原則は，損益計算書原則・貸借対照表原則に共通する原則で，会計処理ならびに報告に関する諸基準の基本的な原則を示し，真実性の原則，正規の簿記の原則，資本と利益区別の原則，明瞭性の原則，継続性の原則，保守主義の原則，単一性の原則の7原則からなっている。また，重要事項の定義や解釈を示した「注解」として重要性の原則があるが，これは一般原則ではないが頻繁に出題されている原則でもあるので，一般原則と併せてそれが適用される具体例を整理しておく必要がある。

　一般原則はその正確な理解とともに，具体的な会計諸基準にそれがどのように反映されているかも併せて整理しておかなければならない。また，記述式問題では，平成15年度「重要性の原則と正規の簿記の原則」（25年度東京都でも出題），18年度「企業会計原則と継続性の原則」（東京都），令和元年度「一般原則」（東京都），22年度と令和2年度「会計公準」が出題されており，記述式問題を想定した解答練習もしておく必要がある。

企業会計と制度会計

必修問題

会計の基礎に関する次の記述のうち，妥当なのはどれか。

【国税専門官・平成21年度】

1　会計とは，ある特定の経済主体が営む経済活動に関する**定性的な情報**を，その経済主体が**裁量的に取捨選択**したうえで，その結果を一般には**有価証券報告書**にまとめて証券会社に提出するためのシステムである。そして，証券取引所に上場されている企業のみを対象とする会計を企業会計という。

2　**管理会計**は，株主，銀行，取引先などの企業外部の利害関係者に対して財務諸表などを用いて会計報告を行うものである。これに対し，**財務会計**は，企業の経営者を頂点とする企業内部の各階層の経営管理者に対して経営上の意思決定，業績評価などに役立つ財務情報を報告するものである。

3　企業会計の機能の一つに**利害調整機能**がある。ここでいう利害調整とは，企業の債権者と株主間の利害の調整を意味するものではなく，株主相互間の利害の調整を意味するものである。一方，債権者の権利は，**債権者保護**を目的とした法律である**金融商品取引法**により担保されている。

4　**企業会計原則**は，会計の前提となる仮定や会計の目的を最初に規定したうえで，これらの仮定や目的と最もうまく合致するように具体的な会計処理のルールを導き出す方法により形成されたものである。このため，企業会計原則は，新種の取引や事象が発生した場合にも比較的対応しやすいという長所を持つ。

5　**会計公準**は，会計基準や会計処理手続きを導き出すための最も**基礎的な前提**である。たとえば，**減価償却**を行う際の会計処理手続きである**定額法**や**定率法**は**原価配分の原則**という会計基準から導き出され，さらに，この原則は「企業は半永久的に継続する」という**継続企業の公準（会計期間の公準）**から導き出される。

難易度　＊＊

必修問題の 解説

　企業会計は，当然決まっていることとして一般に認められた前提条件を下部構造として，会計原則や会計諸法規がその上部構造を構成する体系になっている。この前提条件を会計公準といい，本問は3つの会計公準のうち継続企業の公準（会計期間の公準）の理解が問われている。

1 ☒ 会計は定量的情報を財務諸表で報告する行為である。

会計とは，ある特定の経済主体が営む経済活動に関する**定量的な情報**を，**財務諸表（または計算書類）**にまとめて**報告**する行為である。さらに，**企業会計**は上場企業のみを対象とするだけでなく，個人商店や未上場の株式会社が会計を行う場合も当然含まれることになり，その場合には，「**金融商品取引法**」のみならず各種の会計基準や「**商法**」「**会社法**」等の規定に従って財務諸表（または計算書類）を作成し，報告されなければならない。

2 ☒ 財務会計は企業外部者に，管理会計は企業内部者に報告する会計である。

管理会計と**財務会計**の説明が逆である。前者は企業内部の各階層の経営管理者に対して経営上の意思決定，業績評価などに役立つ財務情報を報告する**内部報告会計**であるのに対して，後者は企業外部の利害関係者に対して財務諸表などを用いて会計報告を行う**外部報告会計**である。

3 ☒ 利害調整機能には，株主・債権者・仕入先・得意先等との調整も含まれる。

利害調整機能は，株主相互間の利害の調整にとどまることなく，**各種利害関係者（投資家，債権者，仕入先・得意先，従業員，消費者，税務当局等）**の間の利害の調整も含まれる。また，債権者保護を目的とした法律は「**会社法**」であり，「**金融商品取引法**」は投資家保護を目的としたものである。

4 ☒ 企業会計原則は，会計慣習の中から帰納法的に作成される。

企業会計原則は，**帰納法的**に，企業会計の**実務の中に慣習として発達したもの**の中から，一般に公正妥当と認められたところを要約したものであって，会計の前提となる仮定や会計の目的を最初に規定したうえで**演繹法的**に導き出されたものではない。したがって，会計実務の蒸留または一般的実務慣行が定着し，**一般的承認を得るには時間的経過が必要**であり，新種の取引や事象が発生した場合の迅速な対応という点では限界がある。

5 ◎ 会計公準は会計を行うための基礎的前提であり，3つの公準がある。

正しい。会計を行ううえで，当然決まっていることとして一般に認められた前提条件を**会計公準**といい，会計の行われる前提として期間を限定する「**継続企業の公準（会計期間の公準）**」のほかに，会計を実施する単位を限定する「**企業実体の公準**」，会計の測定尺度を限定する「**貨幣的評価の公準（貨幣価値一定の公準）**」がある。

正答 **5**

FOCUS

現在のわが国における制度会計は，商法会計，金融商品取引法会計，法人税法会計の3つからなり，それぞれの会計処理方法や表示方法が異なることから，トライアングル構造といわれてきたが，平成13年6月の商法改正ならびに平成17年7月の「会社法」の制定によって会計原則への歩み寄りが行われた結果，商法・会社法と金融商品取引法との形式上の相違はほとんどなくなった。

─ POINT ─

重要ポイント 1 企業会計

　会計学は，国民経済全体を一つの経済主体とする**マクロ会計**と，国民経済を構成する個々の経済主体に関する**ミクロ会計**に分けられる。ミクロ会計は，家計や官庁会計などの消費経済会計と企業会計に分けられるが，通常会計学といえば企業会計をさす。

　企業会計は，伝達される会計情報の報告対象が企業外部の**ステークホルダー**（利害関係者）か，企業内部の経営管理者かによって，**財務会計**と**管理会計**に分けられるが，国税専門官試験では前者の領域からの出題がほとんどを占めている。

重要ポイント 2 財務会計

　外部報告会計ともいわれるように，企業外部のステークホルダー（株主，債権者，取引先，税務当局など）に対して，複式簿記の手法に従って企業の資本や利益を測定し，その結果を，企業の経営成績を示す損益計算書と，財政状態を示す貸借対照表などの，財務諸表によって伝達することを目的とする。

重要ポイント 3 会計公準

　財務会計は，当然決まっていることとして一般に認められた前提条件を下部構造にして，会計原則や会計法規がその上部構造を構成する体系となっており，この前提条件を会計公準といい，通常，次の3つが基本的会計公準として挙げられる。

(1) 企業実体の公準：会計は，企業そのものが独立に存在するという仮定の上に立って行われ，これを会計単位とする公準である。換言すれば，会計の行われる場所的限定をする公準である。

(2) 継続企業の公準（会計期間の公準）：継続企業（ゴーイング・コンサーン）を前提とした場合には，企業の全存続期間を人為的に一定の会計期間に区切って会計を行う必要があり，会計の期間的限定を行う公準である。

(3) 貨幣的評価の公準（貨幣価値一定の公準）：この公準は，貨幣という共通の測定尺度によって資産・負債・資本・収益・費用を統一的に測定・表示しようとするもので，会計の価値的限定を行う公準である。

重要ポイント 4 企業会計原則

　企業会計の実務の中に慣習として発達したものの中から，一般に公正妥当と認められたところを要約したものであって，必ずしも法令によって強制されなくても，すべての企業がその会計を処理するに当たって従わなければならない基準であり，「**一般原則**」「**損益計算書原則（P/L原則）**」「**貸借対照表原則（B/S原則）**」「**注解**」から構成される。

重要ポイント 5 制度会計

　企業会計のうち法律制度の一環としてその規制の下に行われる会計を制度会計といい，会社法会計，金融商品取引法会計，法人税法会計がある。

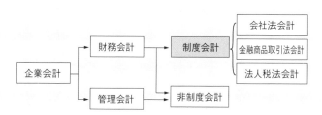

（1）会社法会計

「商業帳簿」に関する規定（商法19条），ならびに平成17年制定の「**会社法**」によって，株式会社は「正確な会計帳簿の作成」ならびに「**計算書類の作成**」については**会社計算規則**に定める規定に従うとされた（会社法432条）。したがって，株式会社の計算書類は，その内容については会社法の会計規定に，そしてその形式については会社計算規則に従って作成されなければならない。

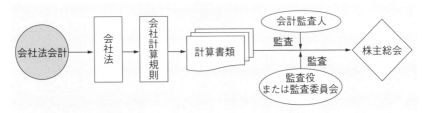

（2）金融商品取引法会計

平成18年6月に制定された金融商品取引法は投資者保護を法理念として，財務諸表の作成に当たっては，その形式，科目の区分，配列，用語，注記事項等については「財務諸表等の用語，様式及び作成方法に関する規則」（**財務諸表規則**）ならびに『『財務諸表等の用語，様式及び作成方法に関する規則』の取扱いに関する留意事項」（**財務諸表規則ガイドライン**）に従わなければならない。

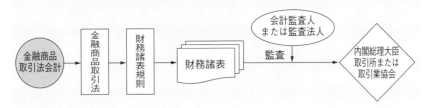

（3）法人税法会計

法人税法会計は，課税の公平性という法理念の下に，企業会計上の収益や費用を法人税法特有の「**別段の定め**」に従って調整し，課税所得を計算する。

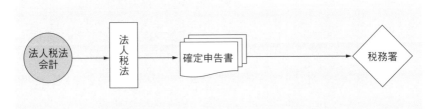

実戦問題❶　基本レベル

No.1 財務会計の基礎に関する次の記述のうち，妥当なのはどれか。

【国税専門官・平成20年度】

1　会計を成立させるための基礎的前提を会計公準と呼んでいるが，これは会計基準および会計処理手続きを導き出すための最も基礎的な前提である。典型的かつ一般的な会計公準としては，企業実体の公準，継続企業の公準（会計期間の公準），貨幣的測定の公準の3つを挙げることができる。

2　企業実体の公準とは，企業会計は所有者単位ではなく企業単位で行われるというものである。企業実体には，法的実体と経済的実体とがあるが，法的実体とは1つの企業を核として，これに当該企業と子会社・関連会社の関係にある企業を加える分類である。一方，経済的実体とは1つの企業を核として，これに取引先などの経済関係を有する企業を加える分類である。

3　正規の簿記の原則とは，企業会計はすべての取引について正規の簿記の原則に従って，正確な会計帳簿を作成しなければならないとするものである。したがって，重要性の乏しいものであったとしても，本来の厳密な会計処理によらないで他の簡便な方法によることは，正確な会計処理をゆがめることになるため，一切認められない。

4　1つの会計事実について2つ以上の会計処理の原則または手続きの選択適用が認められている場合に，企業が選択した会計処理の原則および手続きを毎期継続して適用しないならば，財務諸表の期間比較を困難にし，また利益操作にもつながりかねないため，一度採用した会計処理の原則または手続きの変更は一切認められない。

5　負債も資本も，当該企業が自己の収益活動のために必要となる資産を調達するための源泉という意味ではまったく同じ経済的価値および効果を持っている。自社の負債と資本の合計は，当該企業が自らの経済活動に自由に使えるという意味で自己資本と呼ばれる。これに対して，他社の負債と資本の合計は，当該企業が自らの経済活動に自由に使えないという意味で他人資本と呼ばれる。

No.2 会計の基礎に関する次の記述のうち，妥当なのはどれか。

【国税専門官／財務専門官・平成29年度】

1 会計の基礎前提のことを会計公準といい，これは会計実務において暗黙のうちに承認されている会計慣習の中から，特に基本的なものを選び出したものである。会計公準の中でも企業実体の公準，貨幣的測定の公準，継続企業（会計期間）の公準の3つが一般的なものとして挙げられる。

2 わが国の会計制度においては，会社法では，会社の収益性や配当余力，証券投資の意思決定に重要と思われる情報を開示しているのに対し，金融商品取引法では，経営者の受託責任の遂行状況，会社の債務弁済能力および担保余力の把握に役立つと思われる情報を開示している。

3 企業会計原則は，企業会計における実践規範であり，一般原則，損益計算書原則および貸借対照表原則から構成されている。一般原則の中でも，正確な会計帳簿の作成を要求する正規の簿記の原則が，その他の一般原則の頂点に位置している。

4 わが国の監査制度の下では，会社法に基づく大会社は会計監査人を置かなければならないとされているが，大会社以外の会社は委員会設置会社であるか否かにかかわらず，監査役の設置を条件として会計監査人を任意に置くことができる。

5 国際的に統合された会計基準としては，国際会計基準審議会（IASB）が公表している国際財務報告基準（IFRS）が代表的である。平成27年に，わが国の会計基準設定機関である企業会計基準委員会（ASBJ）は日本基準とIFRSの統合を加速させることで合意したが，平成28年12月現在に至るまで，IFRSを適用している日本企業は存在していない。

No.3 会計の基礎に関するＡ～Ｄの記述のうち，妥当なもののみをすべて挙げているのはどれか。

【国税専門官／財務専門官・令和３年度】

Ａ：管理会計は，経営者，事業部長，工場長などの企業内部の経営管理者の意思決定や業績評価などに役立つ情報を提供することを目的とした会計である。また，財務会計は，株主，債権者などの企業外部の者に対し財務諸表などによって企業の経営成績などを報告することを目的とした会計である。

Ｂ：会計公準とは，一般に公正妥当と認められている会計慣行の中から特に基本的なものを抽出したものであり，代表的な公準としては企業実体の公準，継続企業の公準，貨幣的評価の公準の３つが挙げられる。このうち，継続企業の公準は，企業を無限に継続する継続企業と仮定するものであり，実務においては主に会計期間を限定する公準として機能する。

Ｃ：税務会計とは，企業の活動の成果をもとに課税所得を計算することを目的とした会計であり，法人税法等の規定に従って行われる。税務会計において，企業会計原則に基づいて算定される当期純利益と，事業年度の益金の額から損金の額を控除した課税所得は常に一致する。

Ｄ：「国際財務報告基準（IFRS）」とは，国際会計基準審議会（IASB）が策定する会計基準である。EU諸国においては，2005年からIFRSに基づく連結財務諸表の公表が義務づけられている。一方，わが国や米国においては，自国の投資者を保護するため，外国企業が自国内で上場する際に公表する連結財務諸表として，IFRSに基づく連結財務諸表を認めていない。

1 A

2 B

3 A，B

4 A，C

5 B，D

実戦問題 **1** の 解説

1◎ 正しい。

2× 企業実体には，**法的実体**と**経済的実体**があり，前者は**法人格別**の分類であり，後者は法人格は異にするものの，資金，人事などの**経済的見地**からすれば同一とみなされる**企業集団別**の分類をいう。したがって財務諸表は，前者の場合には，**法的実体別**に**個別財務諸表**として作成されるのに対して，後者の場合は，子会社や関連会社を一緒のグループにして**経済的実体**を反映した**連結財務諸表**として作成される。

3× 企業会計原則は，**正規の簿記の原則**の注解として**重要性の原則**を掲げている。これは特に重要性の乏しい項目については，本来の厳密な会計処理によらない簡便な方法を容認するものであり，これによって**簿外資産・簿外負債**が生ずることになるが，それは正規の簿記の原則に従った処理として認められる（企業会計原則注解1）。

4× 継続性の原則は，財務諸表の**期間的な比較可能性**を確保し，経営者の恣意的な利益操作を排除するために，1つの会計事実について2つ以上の会計処理の原則または手続きが認められる場合に，企業の選択した方法を毎期継続して適用することを要求するものであるが，「**正当な理由**」による場合には変更が認められる。その場合には，**財務諸表に注記**しなければならない（企業会計原則注解3）。

5× 企業に対する資金の提供者が，企業の総財産に対して有する**法的な請求権の総体**を持分（equity）という。この持分は，**債権者持分**と**出資者持分**からなり，**負債は債権者持分**であり，**他人資本**といわれるのに対して，資本は**出資者持分**であり，**自己資本**といわれる。

No.2 の解説 会計の基礎 → 問題はP.22 **正答1**

1 ◎ 正しい。

2 × 会社法と金融商品取引法の説明が逆になっており，会社の収益性や配当余力，証券投資の意思決定に重要と思われる情報を開示しているのが金融商品取引法であり，経営者の受託責任の遂行状況，会社の債務弁済能力および担保余力の把握に役立つと思われる情報を開示しているのは会社法である。

3 × 企業会計原則は，「一般原則」「損益計算書原則」「貸借対照表原則」から構成され，7つの一般原則のうち，頂点に位置しているのは「真実性の原則」である。

4 × わが国の監査制度の下では，会社法に基づく大会社は会計監査人を置かなければならないとされているが，大会社以外の会社であっても，「監査等委員会設置会社および指名委員会等設置会社」は，会計監査人を設置しなければならない（会社法327条5項）。

5 × 平成28年12月末現在，IFRSを適用している会社は，上場企業で129社，非上場企業では4社に上っていることが報告されている（金融庁「国際会計基準をめぐる最近の状況」平成29年2月14日）。

No.3 の解説 会計公準と管理会計 → 問題はP.23 **正答3**

A ◎ 正しい。

B ◎ 正しい。

C × 税務会計は，財務諸表の作成・報告を目的とするものではなく，**課税の公平性**の見地から**課税所得の計算**をするための会計であり，その計算は**確定決算基準**により，株主総会で承認された**財務諸表上の当期純損益に税法固有の規定によって加算・減算**等が行われ課税所得が計算されるため，**当期純利益と課税所得は必ずしも一致しない。**

D × 企業会計審議会は2009年6月に「わが国における国際会計基準の取り扱いに関する意見書（中間報告）」を公表している。この中間報告を踏まえ，2009年12月に関係内閣府令が改正され，**2010年3月期から，国際財務報告基準（IFRS）に準拠して作成した連結財務諸表を金融商品取引法の規定による連結財務諸表として提出することが認められている。**

以上から，妥当なものはAとBであり，正答は**3**である。

 No.4 企業会計における基本的事項に関する次の記述のうち，妥当なのはどれか。

【国税専門官・平成６年度】

1 会計理論の成立過程においては，18～19世紀の産業革命により複雑・多様な取引を行う大規模企業が出現したこと，株式会社の発達が株主・経営者・債権者の間の利害調整のため損益の正確な確定を必要としたことが大きく影響し，その結果，今日の会計理論は近代的な大規模会社を主な対象として組み立てられている。

2 企業実体・継続企業・貨幣的評価などのいわゆる会計公準は，一般に公正妥当と認められている事項として現実の会計の観察から帰納的に抽出されるものであり，したがって，経済・社会環境の変化により会計原則が変化しても，会計公準は将来にわたって常に不変である。

3 「財務諸表」の概念はさまざまであるが，現在，企業会計原則では，財務諸表として，損益計算書，貸借対照表，営業報告書，財務諸表附属明細書，利益処分計算書の５つを挙げている。

4 今日の企業活動の国際化に伴い，国際会計基準の必要性が提唱されているが，この分野で最も注目されるのは証券監督者国際機構（IOSCO）の活動であり，各国の会計団体からの活動は現在まで見られない。

5 税務会計も企業会計の一領域であり，法人税法（22条１項）で「所得の金額は，当該事業年度の益金の額から（中略）損金の額を控除した金額」と規定される税法上の「所得」の金額は，企業会計原則に基づいて算定される当期利益の金額と常に一致する。

 No.5 財務会計に関するＡ～Ｄの記述のうち，妥当なもののみをすべて挙げているのはどれか。

【国税専門官・平成24年度】

Ａ：財務会計は，企業外部の利害関係者に対して当該企業の経済活動および経済事象を財務情報を用いて報告することを目的としているが，この利害関係者には，株主や債権者のほか，税務当局も含まれると考えられる。

Ｂ：法規範は，一定のルール・秩序を打ち立てるために，その遵守が強制されるものであり，その強制力が国家などの一定の組織的な機構によって裏打ちされるものである。その意味で，会計規範は会計に関する法規範ということができる。

Ｃ：財務会計には利害調整機能があるが，株主と債権者との間では，利害は一致しており利害調整の必要はないため，会社法等においては分配可能額の計算

に関する規制を設けていない。

D：財務会計には契約支援機能があり，その中で中心的な役割を果たす連結財務諸表について，金融商品取引法適用会社は適時に開示する必要がある。しかし，当該会社が事業年度を1年としている場合，連結財務諸表の開示は1年に1度で足りるとされており，当該会社は四半期ごとに連結財務諸表を開示する必要はない。

1 A，B
2 A，C
3 A，D
4 B，C
5 B，D

**
No.6 **財務会計等の基礎に関する次の記述のうち，妥当なのはどれか。**

【国税専門官／財務専門官・平成28年度】

1 自己の利益を守り，適切な経済的意思決定を行うために，企業の動向に強い関心を有し，企業に関する情報を必要としている者を利害関係者という。利害関係者には，出資者，債権者，仕入先・顧客等の取引先等が含まれるが，従業員や政府機関は含まれない。

2 財務会計は，製造原価の削減や売価等の販売条件の決定などの経営上の意思決定・計画の設定のほか，各管理者の業績評価・統制等のために，企業の経済活動を測定・伝達する会計である。したがって，財務会計は内部報告会計とも呼ばれる。

3 財務会計には，法人税法による税務会計等の制度会計と，法規制を受けない財務会計領域がある。後者のうち，特に企業資本の提供者である投資家を対象にして企業が行う財務広報活動は，IR（Investor Relations）と呼ばれている。

4 税務会計は，課税所得の計算と財務諸表の作成・報告を目的とした会計であるから，損益計算書において収益の金額から費用・損失の金額を控除した当期純利益と，益金の額から損金の額を控除した課税所得は，常に一致する。

5 会計基準の国際的な統一が課題となっており，金融庁は，金融商品取引法のディスクロージャーに関して，所定の条件を満たした日本企業に対して，国際基準を任意に適用することを許容したが，2015年3月決算期現在，国際基準に準拠した連結財務諸表を公表している企業はない。

実戦問題 **2** の 解説

1 ◎ 正しい。

2 × 会計は一定の社会的・経済的条件の下に成立するものである以上，**会計公準**もそれらの諸条件が変化すれば当然に変化すべきものであって，**不変のものではありえない**。

3 × 企業会計原則によって作成される財務諸表は，損益計算書，貸借対照表，財務諸表附属明細表，利益処分計算書であり，**営業報告書は含まれない**。

4 × **国際会計基準**（IAS）は，国際会計基準委員会（IASC）の公表する会計基準であり，IASCは，1973年に9か国・16の職業会計士協会を設立メンバーとして設立された**会計基準設定のための国際的民間機関である**。各国のメンバー協会は，企業，政府および行政機関ならびに監査人の三者に，国際会計基準の遵守を説得する責務を負っている。なお，2001年4月に基準設定機関が国際会計基準審議会（IASB）に改組され，従来のIASは**国際財務報告基準（IFRS）**と呼ばれるようになった。

5 × 法人税法は企業会計上の**当期利益をそのまま税法上の「所得」として認める**のではなく，税負担の公平性，財政的・租税政策的な考慮から，「**別段の定め**」（益金不算入項目・損金不算入項目，益金算入項目・損金算入項目）を設け，調整計算が行われる。

A ○ 妥当である。**利害関係者**（または**ステークホルダー**，情報利用者）には，株主などの投資者，銀行などの債権者，**仕入先・得意先などの取引先**，税務当局などが含まれる。

B ○ 妥当である。法規範は，「社会を構成する人々の利害とニーズの対立を基盤として生まれ，一定のルール・秩序を打ち立てるために，その遵守が強制されるものであり，その強制力が国家などの一定の組織的な機構によって裏打ちされるもの」であり，「その意味で，**会計規範は，『会計に関する法規範』**」といわれる（広瀬義州『財務会計（第12版）』中央経済社，2014年，10頁）。

C × 妥当でない。株主には，**自益権**（利益配当請求権，残余財産分配請求権等株主が経済的利益を受けることを目的とする権利）や**共益権**（議決権行使など企業経営に参加することを目的とする権利）などの権益が与えられ保護されているが，**債権者にはなんら権益が与えられていない**ため，株主と債権者との利害調整が問題となる。たとえば，会社の所有主である株主に過度の利益配当を行うと，その分会社財産が流出し，債権者へ支払うべき利息や返済に充てるべき資金が消失するおそれが生じ，**両者の利害は対立する**ことになる。そのため，会社法では，債権者の元本を維持し，利息の支払いを確保する**債権者保護**の見地から，分配可能額の計算について規定している（会社法461条）。

D ✕ 妥当でない。財務会計の機能には，**利害調整機能**（または契約支援機能）と**情報提供機能**（または意思決定支援機能）があり，連結財務諸表の開示は後者の機能の表れであり，また金融商品取引法適用会社は有価証券報告書を公表するとともに**四半期ごとに四半期報告書を公表**しなければならず，四半期報告書で開示される連結財務諸表を**四半期連結財務諸表**という。

以上から，妥当なものはAとBであり，正答は**1**である。

No.6の解説 財務会計等の基礎 → 問題はP.27 **正答3**

1 ✕ **利害関係者**には，出資者，債権者，仕入先・顧客等の取引先のほかに，競争相手，消費者，従業員，証券アナリスト，金融商品取引所，税務当局，監督官庁などの政府機関，労働組合などが含まれるが，現行の**財務会計はこれらの利害関係者の中でも投資者や債権者のニーズと意思決定に焦点**を合わせているといわれる。

2 ✕ **財務会計**は外部の利害関係者に対して財務情報を提供する**外部報告会計**と呼ばれており，問題文にある経営上の意思決定・計画の設定，各管理者の業績評価・統制等のための会計は，**管理会計**と呼ばれる。

3 ◎ 妥当である。**IRは，制度開示ではなく，企業が自発的に行う「投資家向け広報」**であり，企業が投資家に向けて経営状況や財務状況，業績動向に関する情報を発信する活動をいう。

4 ✕ **税務会計**は，財務諸表の作成・報告を目的とするものではなく，**課税の公平の見地から課税所得の計算をするための会計**であり，その計算は**確定決算基準**により，株主総会で承認された財務諸表上の当期純利益に税法固有の規定によって加算・減算等が行われ**課税所得**が計算されるため，**当期純利益と課税所得は必ずしも一致しない**。

5 ✕ 企業会計審議会は2009年6月に「我が国における国際会計基準の取扱いに関する意見書（中間報告）」を公表した。この中間報告を踏まえ，2009年12月に関係内閣府令が改正され，**2010年3月期から，国際財務報告基準（IFRS）に準拠して作成した連結財務諸表を金融商品取引法の規定による連結財務諸表として提出することが認められた**。当該期から最初の任意適用企業による提出があったが，以後，2012年7月には7社，2013年6月には20社，そして2014年6月には44社と増加した。このように**IFRSの任意適用企業は，着実に増加**し，2023年6月末時点では254社となっている。

一般原則

必修問題

企業会計の一般原則に関する次の記述のうち，妥当なのはどれか。

【国税専門官／財務専門官・令和4年度】

1　保守主義の原則とは，企業の財政に有利または**不利な影響**を及ぼす可能性がある場合には，それぞれを控え目に計上する会計処理を行うことを義務付ける原則である。保守主義の原則は，将来の不確実性に対処して企業の存続を確保するためであるから，他のどの一般原則よりも優先され，その適用範囲に制限はない。

2　継続性の原則は，経営者による**利益操作**を防ぐため，会計基準の変更以外の理由によって一度選択した会計処理を変更することを認めていない。たとえば，事業環境の変化に対応し，より適切な方法となるよう減価償却の方法を定額法から定率法へ変更することはできない。

3　単一性の原則とは，企業会計は，財務諸表によって，利害関係者に対し必要な会計事実を**明瞭に表示**し，企業の状況に関する判断を誤らせないようにしなければならないとする原則である。これに従えば，株主総会提出や租税目的など，財務諸表の作成目的が異なるときは，それぞれの目的に沿った会計処理を施した実質内容が異なる財務諸表を作成することが認められる。

4　正規の簿記の原則は，一会計期間内に発生したすべての取引を実際の取引事実等に基づいて，網羅性・検証可能性等を備えた**正確な会計帳簿**の作成を要求している。そのため，原則として，帳簿に記録されないような簿外の資産や負債が生じることは認められていない。

5　真実性の原則とは，企業会計は，企業の財政状態および経営成績に関して，**真実な報告**を提供するものでなければならないとする原則である。この原則は企業会計の一般原則の中では独立の原則として明示されていないものの，実務で頻繁に援用される原則で，会計処理において絶対的な真実を要求しているため，経営者の主観的な見積りが含まれることは許されない。

難易度　＊

必修問題の 解説

本問は一般原則の理解を問うものであるが，それぞれの原則の解答に際しては，保守的な処理の意味，会計処理の原則および手続きの変更が認められる条件，実質一元・形式多元，重要性の原則と簿外資産・簿外負債，絶対的真実性と相対的真実性等についての正確な理解が必要である。

1 ✕ 保守主義の原則は，収益は少なめに費用は多めの計上を要請している。

保守主義の原則は，**企業の財政に不利な影響を及ぼす可能性**がある場合には，できる限り**安全で保守的な処理方法**を選択せよという要請であり，その適用範囲は無制限に認められるのではなく，**過度の保守主義**の適用は禁止されている（企業会計原則注解４）。

2 ✕ 継続性の原則は，正当な理由による会計処理・手続きの変更を認めている。

継続性の原則は，財務諸表の期間的な比較可能性を確保し，経営者の**恣意的な利益操作を排除**するために，企業の選択した方法を**毎期継続して適用**することを要求するものである。したがって，いったん採用した会計処理の原則および手続きは「**正当な理由**」により変更を行う場合を除き，財務諸表を作成する各時期を通じて継続して適用しなければならない。

3 ✕ 単一性の原則は，実質一元，形式多元を要請するものである。

単一性の原則は，目的によって財務諸表の記載方法や形式が多少異なるのはやむをえないが，いずれの場合でも，その内容は**正規の簿記の原則に従って記録された正確な会計帳簿**に基づいており，真実を表示する点で同一のものでなければならないとするもので，いわゆる**二重帳簿を否定した実質一元，形式多元**を要請するものである。

4 ◎ 正規の簿記の原則は，重要性の原則の適用による簿外資産・負債を容認している。

正しい。企業会計原則は，原則として簿外資産・負債は認めていないが，正規の簿記の原則の注解として重要性の原則を掲げ，**重要性の乏しい項目については，本来の厳密な会計処理によらない簡便な方法を容認**しており，これによって**簿外資産・簿外負債**が生ずることになるが，それは正規の簿記の原則に従った処理として認められる（企業会計原則注解１）。

5 ✕ 財務諸表は，経営者の主観的判断による相対的真実性を示す。

企業の財務諸表は，取引の帳簿記録を基礎とするばかりでなく，実務上慣習として発達したさまざまな会計処理手続きや方法を選択適用し，**経営者の主観的判断**に基づいて作成される。したがって，真実性の原則においては，**客観的な絶対的真実性**が保証されるものではなく，**一般に認められた会計諸原則への継続的準拠性を前提とした「相対的真実性」**が要請される。

正答 **4**

FOCUS

一般原則は，真実性の原則を頂点として以下６つの原則からなっているが，それらの６つの原則は，その対象という観点からは，記録に関する一般原則（正規の簿記の原則，資本取引と損益取引区別の原則），表示に関する一般原則（明瞭性の原則，単一性の原則），そして会計基準の適用に関する一般原則（継続性の原則，保守主義の原則）に分類することができる。

重要ポイント 1 　一般原則

　一般原則は，損益計算書原則，貸借対照表原則に共通する原則で，会計記録，表示，そして会計基準の適用に関する諸基準の基本的な原則を示し，「**真実性の原則**」を頂点に7つの原則から構成される。

真実性の原則

正規の簿記の原則	資本と利益区別の原則	明瞭性の原則	継続性の原則	保守主義の原則	単一性の原則

P／L原則・B／S原則

重要ポイント 2 　**真実性の原則**

　真実性の原則は，企業会計は企業の財政状態および経営成績に関して，真実な報告を提供するものでなければならないとする原則である。この真実性の概念は，旧ドイツ商法でいう「**絶対的真実性**」とは異なり，一般に認められた会計諸原則への継続的準拠性を前提とした「**相対的真実性**」を意味する。

重要ポイント 3 　**正規の簿記の原則**

　正規の簿記の原則は，すべての取引を検証可能な客観的証拠に基づいて，秩序正しく明瞭に，かつ網羅的に記録するとともに，財務諸表はそのような要件を具備した「正確な会計帳簿」から誘導的に作成されなければならないこと（**誘導法**）を要請するものである。したがって「正規の簿記」は，複式簿記を前提とするのが普通である。

重要ポイント 4 **資本と利益区別の原則（資本取引と損益取引区別の原則）**

　資本取引と損益取引とを明瞭に区別し，特に資本剰余金と利益剰余金とを混同してはならないとする原則であり，**資本取引と損益取引区別の原則**または**剰余金区分の原則**とも呼ばれる。資本と利益の混同を禁止するのは，資本とすべきものを利益に計上すると資本配当や資本課税が行われたり，また逆の場合には利益の隠蔽や過大表示を招いたりして，企業の経営成績や財政状態の適正な表示をゆがめてしまうことになるからである。

重要ポイント 5 **明瞭性の原則**

　公開性の原則とも呼ばれ，企業会計は，財務諸表によって，利害関係者に対し必要な会計事実を明瞭に表示し，企業の状況に関する判断を誤らせないようにしなければならないことを要請する原則である。明瞭性を高めるための主な基準としては，(1) 総額主義による記載，(2) 損益計算書および貸借対照表の区分表示，科目の明瞭な分類と配列，(3) 重要事項の注記，(4) 財務諸表の主要項目についての附属明細表の作成，(5) 重要性の原則の適用等が挙げられる。

重要ポイント 6 **継続性の原則**

　この原則は，財務諸表の期間的な比較可能性を確保し，経営者の恣意的な利益操作を排除するために，1つの会計事実について2つ以上の会計処理の原則または手続きが認められる場合に，企業の選択した方法を「**正当な理由**」によって変更する場合を除いて，毎期継続して適用することを要求するものである。

重要ポイント 7 **保守主義の原則**

　保守主義という考え方は，イギリス企業会計の伝統的な考え方で，一般に認められた会計処理方法の選択に際しては，予測される将来の危険に備えてできる限り安全で保守的な処理方法を選択せよという要請であり，それが真実性の原則にかなった健全な会計であるとされる。

重要ポイント 8 **単一性の原則**

　この原則は，目的によって財務諸表の記載方法や形式が多少異なるのはやむをえないが，いずれの場合でも，その内容は正規の簿記に従って記録された正確な会計帳簿に基づいており，真実を表示する点で同一のものでなければならないとするもので，いわゆる二重帳簿を否定した実質一元，形式多元を要請する。

＊
No.1 わが国の企業会計原則に関する次の記述のうち，妥当なのはどれか。

【国税専門官／財務専門官・平成26年度】

1　企業会計は，企業の財政状態および経営成績に関して，真実な報告を提供するものでなければならないとするのが真実性の原則である。ここでいう真実とは，相対的な真実ではなく，主観的な見積もりを一切許さない絶対的な真実を意味する。

2　企業会計は，すべての取引につき，正規の簿記の原則に従って正確な会計帳簿を作成しなければならない。企業は，発生したすべての取引を，事実や証拠に基づいて，継続的・組織的に記録することによって，網羅性，検証可能性などを備えた会計帳簿を作成しなければならない。

3　資本取引・損益取引区分の原則とは，資本取引と損益取引とを明瞭に区別し，特に資本準備金とその他資本剰余金とを混同してはならないとする原則である。この原則は，払込資本と留保利益からなる株主資本を，社外に流出することができる「資本剰余金」と，社外に流出させてはならない「利益剰余金」とに区別することを意味している。

4　企業会計は，その処理の原則および手続きを毎期継続して適用し，みだりにこれを変更してはならない，とするのが継続性の原則である。この原則は経営者の利益操作を防止するとともに，財務諸表の期間相互の比較可能性を確保しようとするものであるから，企業がいったん採用した会計処理方法を変更することは理由を問わず許されない。

5　保守主義（安全性）の原則とは，企業の財政に不利な影響を及ぼす可能性がある場合には，これに備えて適当に健全な会計処理をしなければならないとする原則である。ここでいう健全な会計処理とは，利益を控え目に計上することではなく，利益を予想して早期に計上する会計処理を意味している。

No.2 企業会計原則における一般原則に関する次の記述のうち，妥当なのはどれか。【国税専門官／財務専門官・平成28年度】

1　1つの会計事実について2つ以上の会計処理の原則または手続きの選択適用が認められている場合に，無制限な会計処理方法の変更による恣意的な利益操作を防ぐことなどを目的として，企業がいったん採用した会計処理の原則または手続きを毎期継続して適用することを要求する原則を，単一性の原則という。

2　剰余金のうち，資本取引から生じた資本剰余金と損益取引から生じた利益剰余金を区別することを要求する原則のことを，資本取引・損益取引区分の原則という。正しい期間利益の金額は，損益取引から生じた純資産の増加分だけに限定されるべきであり，資本取引による純資産の増加分を利益に混入させてはならないとするのが，この原則の趣旨である。

3　保守主義の原則とは「予想の利益は計上し，予想の損失は計上してはならない」という格言によって表現され，企業財政に有利な影響を及ぼす可能性がある場合には，これを積極的に計上する会計処理をしなければならないとする原則である。この原則の適用は，一般に公正妥当と認められる会計基準の範囲内においてのみ是認されるものである。

4　正規の簿記の原則とは，正確な会計帳簿の作成を要求する原則のことであり，他の一般原則の中でも上位に立つ最高規範として位置づけられている。この原則によると，帳簿に記録されないような簿外資産・負債は原則として存在してはならないが，重要性の乏しいものについては，本来の厳密な会計処理によらず，他の簡便な会計処理も認められる。

5　企業の財政状態および経営成績に関して，真実な財務諸表の報告を要求する原則のことを，真実性の原則といい，財務諸表が真実性の原則を除くすべての原則に従って作成されたとき，その財務諸表は真実であるとみなされる。この原則でいうところの「真実性」とは，会計処理における絶対的な真実のことである。

❖ No.3 わが国の企業会計原則に関する次の記述のうち，妥当なのはどれか。

1 真実性の原則とは，企業会計は，企業の財政状態および経営成績に関して，真実な報告を提供するものでなければならないとする原則である。企業会計では，会計の選択適用が認められている場合が多いため，ここでいう真実とは，絶対的な真実を追求するものではなく，相対的な真実を意味している。

2 保守主義の原則においては，予想の損益は計上してはならないとされる。また，この原則に基づく会計処理として，収益面については，資産を原価主義によって測定し収益を発生主義によって計上する。

3 重要性の原則とは，企業会計は，財務諸表によって，利害関係者に対し必要な会計事実を明瞭に表示し，企業の状況に関する判断を誤らせないようにしなければならないとする原則である。これは，財務諸表が一般投資家にとっても，またその他の利害関係者にとっても，企業の財政状態および経営成績に関する判断を下すために重要な情報手段となるためである。

4 継続性の原則とは，企業会計は，その処理原則および手順を毎期継続して適用し，みだりにこれを変更してはならないとする原則である。この原則は，経営者の恣意的な会計処理を抑えることを目的としており，企業は，法令や会計原則等の会計規範が変更された場合のみ，いったん採用した会計処理方法を変更することが認められるが，変更後の新しい会計処理方法をさかのぼって適用し，過去の財務諸表を作り替えることは認められていない。

5 正規の簿記の原則とは，企業会計は，すべての取引につき，正確な会計帳簿を作成しなければならないとする原則である。この原則は，すべての取引を網羅的に正しく記録すべきことを要求していることから，現在，会計帳簿の作成において，項目の性質や金額の大小から見て重要性が乏しいからといって，簿外資産または簿外負債を持つことは認められていない。

36

実戦問題 1 の解説

→ 問題はP.34 **正答2**

No.1 の解説 正規の簿記の原則

1 ✕ 真実性の原則でいう真実とは，**絶対的真実性**を意味するものではなく，**一般に認められた会計諸原則への継続的準拠性**を前提とした**相対的真実性**を意味する。したがって，たとえば減価償却方法として一般に認められた定額法を採用する場合において，耐用年数の見積もりに**主観的判断が介入**することは許される。

2 ◎ 正しい。

3 ✕ 資本取引・損益取引区分の原則とは，資本取引と損益取引とを明瞭に区別し，特に資本剰余金と利益剰余金とを混同してはならないとする原則であり，株主資本のうち，**社外に流出させてはならない資本剰余金（資本と資本剰余金）**と，**社外に流出することができる利益剰余金**とに区分することを意味する。

4 ✕ 継続性の原則は，財務諸表の期間的な比較可能性を確保し，経営者の恣意的な利益操作を排除するために，1つの会計事実について2つ以上の会計処理の原則または手続きが認められる場合に，企業の選択した方法を毎期継続して適用することを要求するものであるが，**「正当な理由」による場合には変更が認められる**。

5 ✕ 保守主義の原則とは，**「予想の利益は計上すべからず，予想の損失は計上すべし」**という格言で表現されるように，将来の不確実性に対する企業の健全な財務的配慮を意味する。

1✕ 問題文は継続性の原則を述べたものである。**単一性の原則**とは，目的によって財務諸表の記載方法や形式が多少異なるのはやむをえないが，いずれの場合でも，その内容は**正規の簿記に従って記録された正確な会計帳簿**に基づいており，真実を表示する点で同一のものでなければならないとするもので，いわゆる二重帳簿を否定した**実質一元，形式多元**を要請するものである。

2◎ 正しい。

3✕ **保守主義の原則**は，一般に認められた会計処理方法の選択に際しては，予測される将来の危険に備えてできる限り**安全で保守的な処理方法を選択**せよという要請であり，したがって「**予想の損失は計上し，予想の利益は計上してはならない**」とするものである。「この原則の適用は～」以下の記述は正しい。

4✕ **正規の簿記の原則**は，**正確な会計帳簿の作成**を要求するものとして，企業会計の**真実性を記録形式の側面から保証する原則**であるが，一般原則の中でも上位に立つ最高規範として位置づけられるものではない。最高規範となるものは真実性の原則である。企業会計原則では，正規の簿記の原則の注解として重要性の原則を掲げており，**重要性の乏しい項目については，本来の厳密な会計処理によらない簡便な方法を容認する**ものであり，これによって**簿外資産・簿外負債が生ずる**ことになるが，それは正規の簿記の原則に従った処理として認められる（企業会計原則注解1）。

5✕ **真実性の原則**でいう「真実性」とは，「**絶対的真実性**」ではなく，一般に認められた**会計諸原則への継続的準拠性**を前提とした「**相対的真実性**」を意味する。

No.3 の解説 一般原則（真実性の原則）　　　→ 問題はP.36　**正答1**

1◎　正しい。

2×　**保守主義**という考え方は，イギリス企業会計の伝統的な考え方で，**「予想の利益は計上すべからず，予想の損失は計上すべし」**という格言に端的に表現されているように，将来の不確実性に対する企業の健全な財務的配慮を意味する。つまり保守主義の原則は，企業会計原則で認められている会計処理方法の選択に際しては，予測される将来の危険に備えてできる限り安全で保守的な処理方法を選択せよという要請であり，それが真実性の原則にかなった健全な会計であるとされるのである。したがって，**収益を発生主義によって計上することは未実現収益を計上**することになり，認められない。

3×　企業会計は，定められた会計処理の方法に従って正確な計算を行うべきものであるが，企業会計が目的とするところは，企業の財務内容を明らかにし，企業の状況に関する利害関係者の判断を誤らせないようにすることにあるから，**重要性の乏しいものについては，本来の厳密な会計処理方法ならびに表示方法によらないで簡便な方法を容認**するものである（企業会計原則注解1）。本文の説明は明瞭性の原則について述べたものである。

4×　継続性の原則は，いったん採用した会計処理の原則および手続きは「正当な理由」により変更を行う場合を除き，財務諸表を作成する各時期を通じて継続して適用しなければならない。この**正当な理由**には，**会計基準等の改正による会計方針の変更以外**に，①会計方針の変更は企業の事業内容および企業内外の経営環境の変化に対応して行われるものであること，②変更後の会計方針が一般に公正妥当と認められる企業会計の基準に照らして妥当であること，③会計方針の変更は会計事象等を財務諸表により適切に反映するために行われるものであること，④会計方針の変更が利益操作等を目的としていないことなどが含まれる（日本公認会計士協会監査委員会報告第78号）。なお，「正当な理由」によって会計処理の原則または手続きに重要な変更を加えたときには，期間比較の有意性を保つため，これを当該財務諸表に注記しなければならない（企業会計原則注解3）。なお，正当な理由によって会計処理方法等を変更した場合は，遡及適用を行わないことが定められている場合を除き，過去の財務諸表を新たに採用した方法で遡及処理しなければならない（「会計方針の開示，会計上の変更及び誤謬の訂正に関する会計基準」6）。

5×　企業会計原則は，正規の簿記の原則の注解として重要性の原則を掲げている。これは特に**重要性の乏しい項目については，本来の厳密な会計処理によらない簡便な方法を容認**するものであり，これによって**簿外資産・簿外負債が生ずる**ことになるが，それは正規の簿記の原則に従った処理として認められる（同注解1）。

💎 **No.4** わが国の企業会計に関するア～エの記述のうち，妥当なもののみをすべて挙げているのはどれか。 【国税専門官／財務専門官・平成25年度】

ア：会計公準とは，会計を成立させるための基礎的前提のことであり，一般的には企業実体の公準，継続企業の公準および貨幣的測定の公準の3つであると考えられている。このうち，企業実体の公準における企業実体は，法的に独立した個々の企業であるが，親会社が多くの企業を支配下において企業グループとして経営が行われている場合は，そのグループ全体が一つの企業実体として取り扱われる。

イ：真実性の原則とは，企業会計は企業の財政状態および経営成績に関して，真実な報告を提供するものでなければならないとする，企業会計原則における一般原則の一つである。一つの取引に対して複数の会計処理方法が認められる場合においては，結果的に算定される利益が採用した会計処理方法により異なることがあるが，これについては真実性の原則でいう真実が相対的真実を意味していることから許される。

ウ：明瞭性の原則によれば，財務諸表によって，利害関係者に対し必要な会計事実を明瞭に表示し，企業の状況に関する判断を誤らせないようにすることが求められる。そのため，重要な後発事象と呼ばれる，貸借対照表日後に発生した事象で次期以後の財政状態および経営成績に重要な影響を及ぼすものは，財務諸表に注記されることになるが，主要な取引先の倒産や会社の合併については，重要な後発事象に該当しないことから注記の対象外とされている。

エ：重要性の原則とは，重要性の乏しいものについては本来の厳密な会計処理によらないで他の簡便な方法によることを認める原則である。重要性の原則は，財務諸表の表示面においては適用がないため，分割返済の定めのある長期の債権・債務のうち1年以内に期限が到来する部分は，金額的重要性に関係なく流動資産・流動負債として表示しなければならない。

1 ア，イ
2 ア，ウ
3 ア，エ
4 イ，ウ
5 ウ，エ

No.5 企業会計原則に関する次の記述のうち，妥当なのはどれか。

【国税専門官・平成22年度】

1 企業会計原則は，一般原則，損益計算書原則および貸借対照表原則から構成されており，上場企業に対象を絞った会計実務の指導規範としての役割を果たしているが，法律ではなく単なる事実たる慣習であるから，強制力は原則として有しない。

2 企業会計原則の一般原則は，損益計算書原則および貸借対照表原則の上位原則として位置づけられており，①真実性の原則，②正規の簿記の原則，③重要性の原則，④明瞭性の原則，⑤継続性の原則，⑥保守主義の原則および⑦単一性の原則の7つの原則から構成されている。

3 真実性の原則における「真実」とは，相対的な真実ではなく絶対的な真実を意味することから，実際の利益よりも利益が多いように見せかけたりする狭義の粉飾だけでなく，実際の利益よりも利益が少ないように見せかけたりする逆粉飾も許されない。

4 保守主義の原則は，企業が一度採用した会計処理の原則または手続きを，毎期，できるだけ続けて適用すべきことを要求するから，安全性の原則または慎重性の原則とも呼ばれる。この原則によれば，企業が不測のリスクに対応するため利益を過度に少なめに計上する逆粉飾については，その会計処理が毎期継続して行われている場合に限り認められることになる。

5 明瞭性の原則は，情報の送り手と受け手との間にコミュニケーション・ギャップが生じないように財務諸表を通じて必要な会計事実を表現することを要請している原則であり，その典型的な例として，会計方針の開示と後発事象の開示が挙げられる。

No.6 企業会計原則における一般原則に関する次の記述のうち，妥当なのはどれか。 【国税専門官・平成19年度】

1 正規の簿記の原則は，1会計期間内に発生したすべての取引について，複式簿記によって正確に会計帳簿を作成し，その会計帳簿から誘導して財務諸表を作成することを要求する。よって，たとえば，文具等の消耗品を消耗品費として処理することは，簿外資産を生じさせることになるため，許されない。

2 明瞭性の原則の典型的な例として，後発事象の開示を挙げることができる。このうち当該事業年度の財務諸表への注記として開示されなければならない後発事象は，当該事業年度終了後に発生したもので，当該事業年度の財政状態や経営成績に直接に影響を及ぼすものである。

3 財務諸表の比較可能性の確保や経営者の利益操作の排除のため，企業は一度採用した会計処理の原則や手続きを毎期継続して適用しなければならない。よって，企業会計上，その変更はいかなる理由があろうとも認められない。

4 企業会計では，一般に認められた会計原則の中から利益額がより少なくなる方法を選択することが認められている。これは，人為的に会計期間を設定することによる期間損益計算の構造的な不確実性を排除することや，債権者保護を目的として処分可能利益を抑制し財政基盤を強固にすること等の理由によるものである。

5 会計帳簿を基礎とした財務諸表については，株主総会提出のため，銀行に対する担保能力等の信用目的のため，租税目的のためなど，さまざまな目的に応じて，内容が実質的に同一でない複数のものを作成することが認められている。

実戦問題 ❷ の 解説

No.4 の解説　企業実体の公準（真実性の原則）　→ 問題はP.40　**正答1**

ア○　妥当である。企業会計は，企業の資本主やその他の利害関係者から独立した企業そのものを会計単位として行われる。これが**企業実体の公準**である。企業実体という概念は，通常，法人格を付与されたいわゆる**法的実体**をさす場合が多い。しかし，それのみではなく，法律上はそれぞれ独立した企業が複数集まって，**経済的実体**として1つの企業集団を構成しているような場合には，会計上この企業集団を1つの企業実体とみなすこともある。**法的実体別に作成する財務諸表は個別財務諸表**と呼ばれるのに対して，**経済的実体別に作成する財務諸表は連結財務諸表**と呼ばれ，現行企業会計は連結財務諸表中心の会計になっている。

イ○　妥当である。今日の企業会計における損益計算は，人為的な会計期間を前提とした期間的な収益と費用の対応計算として行われる。そこでは資産の評価や減価償却，あるいは債権の貸倒れなど，会計処理方法の選択適用に際して**主観的な判断や見積もりが必然的に介在**し，客観的な絶対性は本来保証しえないものとなる。したがって，そこでの真実性の概念は，かつての「**絶対的真実性**」とは異なり，**一般に認められた会計諸原則への継続的準拠性**を前提とした「**相対的真実性**」を意味するものとなる。そのため一つの取引に対して複数の会計処理方法が認められる場合において，結果的に算定される利益が採用した会計処理方法により異なることになったとしても，**会計諸原則に継続的に準拠している限り真実性の原則に違反することにはならない**。

ウ✕　妥当でない。企業の将来の財政状態および経営成績を理解するための補足情報として，財務諸表には損益計算書および貸借対照表を作成する日までに発生した**重要な後発事象を注記**しなければならない。ここに後発事象とは，貸借対照表日後に発生した事象で，次期以降の財政状態および経営成績に影響を及ぼすものをいい，**重要な後発事象の例**としては次のものが挙げられる（企業会計原則注解1−3）。

①火災，出水等による重大な損害の発生

②多額の増資または減資および多額の社債の発行または繰上償還

③**会社の合併**，重要な営業の譲渡または譲受

④重要な係争事件の発生または解決

⑤**主要な取引先の倒産**

　したがって，主要な取引先の倒産や会社の合併は上記⑤と③に相当し，重要な後発事象として注記しなければならない。

エ✕　妥当でない。**重要性の原則は，財務諸表の表示に関しても適用**される。重要性の原則の表示に関する適用例としては，「**分割返済の定めのある長期の債権または債務のうち，期限が1年以内に到来するもので重要性の乏しいものについては，固定資産または固定負債として表示することができる**」（企業会計原則注解1）とされている。

したがって，分割返済の定めのある長期の債権・債務のうち１年以内に期限が到来する部分は，金額的重要性に関係なく流動資産・流動負債として表示するのではなく，重要性の乏しいものについては，固定資産または固定負債として表示することになる。

以上から，妥当なものは**ア**と**イ**であり，正答は**1**である。

→ 問題はP.41

No.5 の解説　一般原則（明瞭性の原則）　　　正答5

1 × 企業会計原則は，上場企業のみでなく**すべての企業**が，**法令によって強制されなくともその会計を処理するに当たって従わなければならない基準**である（企業会計原則前文）。

2 × ③の**重要性の原則**は，正規の簿記の原則と明瞭性の原則の注解であり，7つの**一般原則には含まれない**。③は資本と利益区別の原則が正しい。

3 × **真実性の原則**における「真実」とは，**絶対的真実**ではなく一般に認められた**会計諸原則への継続的準拠性**を前提にした**相対的真実**を意味する。

4 × **保守主義の原則**は，将来の不確実性に備えて企業の**健全な財務的配慮を要請**するものであるが，**過度の保守主義**の適用は認められない（企業会計原則注解4）。

5 ◎ 正しい。

→ 問題はP.42

No.6 の解説　一般原則（保守主義の原則）　正答4

1 ✕　企業会計原則は，**正規の簿記の原則**の注解として**重要性の原則**を掲げている。たとえば，消耗品，消耗工具器具備品その他の貯蔵品等のうち，**重要性の乏しいもの**については，その買入時または払出時に費用として処理する方法を採用することができるとしており，これによって**簿外資産**が生ずることになるが，それは正規の簿記の原則に従った処理として認められる（同注解1）。

2 ✕　**後発事象**とは，**貸借対照表日後**に発生した事象で，**次期以降**の財政状態および経営成績に影響を及ぼすものをいう（企業会計原則注解1‐3）。

3 ✕　**継続性の原則**は，財務諸表の期間的な**比較可能性**を確保し，経営者の恣意的な**利益操作を排除**するために，1つの会計事実について2つ以上の会計処理の原則または手続きが認められる場合に，企業の選択した方法を毎期継続して適用することを要求するものであるが，「**正当な理由**」による場合には変更が認められる。

4 ◎　正しい。企業会計原則は，企業の財政に不利な影響を及ぼす可能性がある場合には，これに備えて適当に健全な会計処理をしなければならないとして，**保守主義の原則**を規定している。

5 ✕　**単一性の原則**は，目的によって財務諸表の記載方法や形式が多少異なるのはやむをえないが，いずれの場合でも，その内容は**正規の簿記の原則**に従って記録された**正確な会計帳簿**に基づいており，真実を表示する点で同一のものでなければならないとするもので，**二重帳簿**の作成を禁止した**実質一元**，**形式多元**を要請するものである。

第1章

企業会計と会計原則

第2章
資産会計

テーマ **3** 資産の評価
テーマ **4** 棚卸資産の払出価額の計算
テーマ **5** 固定資産と減価償却

試験別出題傾向と対策

試験名	国家専門職（国税専門官）														
年度	21	22	23	24	25	26	27	28	29	30	元	2	3	4	5
頻出度 テーマ・選択肢の内容 　出題数	2	2	2	3	2	3	3	2	2	3	1	3	2	2	4
A ③資産の評価															
有形固定資産	○		○	○	○			○				○			
棚卸資産	○		○	○	○				○						
有価証券					○		○		○					○	○
無形固定資産	○	○	○	○	○			○	○						
金銭債権							○	○	○			○			
繰延資産	○	○	○	○			○	○		○	○	○			
原価主義	○			○		○						○			
時価主義	○		○	○		○						○			
低価主義	○			○		○						○			
B ④棚卸資産の払出価格の計算															
最終仕入原価法				○											○
移動平均法				○										○	○
先入先出法				○	○			○				○	○		
個別法				○	○				○			○			
棚卸計算法・継続記録法				○	○				○						
費用配分の原則							○			○					
A ⑤固定資産と減価償却															
減価償却の三要素					○			○							
総合償却	○														
定額法・定率法			○									○	○		
取替法								○							
減価償却の意義・目的・効果	○	○						○						○	
非償却資産・建設仮勘定	○			○											
減損会計		○		○	○	○	○					○			
直接法・間接法														○	

　資産は，貸借対照表における財政状態の表示の問題にとどまらず，損益計算の正否に著しい影響を及ぼす。たとえば，資産を過小評価して，資産として計上すべきものを費用とすれば，貸借対照表上の資産が過小評価されるとともに，損益計算書上の費用が過大表示されることになる。その結果，利益が過小表示されて利益の隠ぺいが行われ，秘密積立金が生ずることになる。

　また，費用として計上すべきものを資産とすれば，貸借対照表上の資産が過大表示されるとともに，損益計算書上の費用は過小表示されることになる。その結果は逆に，利益が過大表示されて架空の利益が算出され，資本の水増しを生じ，この利益を配当すれば，事実上は資本を配当（蛸配当）することになる。

　このように，資産に関する問題は，その評価，すなわち貸借対照表価額の決定いかんによって損益計算に重大な影響を及ぼすことになり，期間損益計算を行ううえで表裏一体の関係を有する最重要テーマといっても過言ではない。

　過去の出題傾向は，①資産の評価基準とそれらが個々の資産にどのように適用されているかを問う問題，②先入先出法や平均原価法などによる棚卸資産の払出価額を計算する問題，そして③減価償却に関する問題である。これらのうち特に①に関する問題はほぼ毎年出題されているくらい頻出度の極めて高いテーマである。

　資産評価の問題は，記述式問題でも，平成8年度，10年度，12年度，16年度，17年度（東京都），18年度，19年度，20年度，21年度（東京都），22年度，26年度（東京都）と，過去たびたび出題されている分野であり，学習上の最重要テーマでもある。したがって，本章のテーマに関しては，記述式問題の出題も想定して，まず資産の評価基準（原価主義，時価主義，低価主義）を徹底的に理解し，それらを論理的に記述できるようにしておくことである。また，棚卸資産の払出価額の計算方法は，23年度，24年度に出題されているが，毎年出題されることを想定して，必ず計算問題によって反復練習しておかなければならない。なお，今後出題が予想される重要なテーマとしては，時価主義の問題が挙げられる。特に金融債権・債務や一部の有価証券・棚卸資産にはすでに時価主義が導入されてきており，その背景や意義，適用資産などについて整理しておく必要がある。

　固定資産と減価償却に関しては，記述式問題としても，8年度，12年度，19年度，24年度（東京都），26年度，平成30年度に出題されており，最重要テーマである。また，最近の傾向としては減損に関する出題が多くなっており（22年度，24年度，25年度，26年度，27年度，令和2年度），減価償却費の意義や効果，減価償却費の計算方法等とともに，減損に関する学習を十分行っておく必要がある。

資産の評価

必修問題

資産の分類や評価等に関する次の記述のうち，妥当なのはどれか。

【国税専門官／財務専門官・令和2年度】

1 資産は流動資産と固定資産の2つに分類される。分類の基準において，企業会計原則では，まず**1年基準**が適用され，当該基準で分類しえない資産項目については，**正常営業循環基準**が適用される。

2 取得した有形固定資産にかかる追加の支出には，**資本的支出**と**収益的支出**がある。資本的支出とは，その有形固定資産の価値を増加させる効果を持つ改良等の支出をいい，その支出がされた会計期間の費用に算入される。収益的支出とは，その有形固定資産の耐久性や使用能率を維持するにとどまる通常の修繕支出をいい，その有形固定資産の取得原価に算入される。

3 **非貨幣性資産**とは，将来の企業の経営活動において利用され，費用化されていく資産であり，原則として，時価を考慮して評価額を判断する。具体的には，棚卸資産，売上債権，無形固定資産などが挙げられる。

4 資産を評価する際の時価には一般に，**正味実現可能価額（正味売却価額）**と**再調達原価（取替原価）**の2つがある。正味実現可能価額とは，販売価格から販売までに要する費用を控除した価格のことであり，再調達原価とは，同一または同等の資産を現在取得する場合に要する支出額のことである。

5 低価基準とは，期末棚卸資産の取得原価と時価を比較して，いずれか低いほうの価格を，その棚卸資産の評価額とする基準である。低価基準の適用方法には，**切放し方式**と**洗替え方式**があるが，現在の会計基準で認められているのは，評価切下げ後の簿価を次期の取得原価とする洗替え方式のみである。

難易度 ＊＊

必修問題の解説

本問の解答に際しては，流動資産と固定資産の分類基準は正常営業循環基準が原則的な分類基準であること，有形固定資産への資本的支出と収益的支出による資産処理と費用処理の相違，非貨幣性資産の種類と取得原価による評価，正味実現可能価額と再調達原価の定義，棚卸資産の簿価切下額の戻入に関する洗替え法と切放し法の選択適用等について理解する必要がある。

1 ✕ **まず正常営業循環基準が提供され，次に1年基準が適用される。**

資産を流動資産と固定資産とに分類する基準には，正常営業循環基準と1年基準の2つがある。企業会計原則によれば，**まず正常営業循環基準が適用**され，次にこの基準で分類しえない資産項目については，1年基準が適用されることになる（「企業会計原則」第2の4の（1）のAおよび注解16）。

2 ✕ **資本的支出は取得原価に算入し，収益的支出は支出期間の費用に計上する。**

資本的支出とは，その有形固定資産の価値を増加させる効果を持つ改良等の支出をいい，**その支出額は当該有形固定資産の取得原価に算入**される。他方，**収益的支出**とは，その有形固定資産の耐久性や使用能率を維持するにとどまる通常の修繕支出をいい，**支出された会計期間の費用に算入**される。

3 ✕ **非貨幣性資産は取得原価で評価する。**

非貨幣性資産とは，棚卸資産，固定資産（土地・建設仮勘定を除く），繰延資産などのように将来の費用たる性格を有する費用性資産と，外部への長期的投資を目的とした投資資産とに大別される。したがって，本文中の**売上債権は非貨幣性資産ではなく貨幣性資産**であり，**非貨幣性資産の評価は原則として取得原価**で評価する。

4 ◎ **正味実現可能価額は，販売価格から販売までに要する支出額を控除したもの，再調達原価とは購買市場の時価に購入に付随する費用を加算したものである。**

正しい（「棚卸資産の評価に関する会計基準」5・6）。

5 ✕ **洗替え法と切放し法は選択適用できる。**

簿価切下額の戻入れに関しては，**当期に戻入れを行う方法（洗替え法）と行わない方法（切放し法）のいずれかの方法**を，棚卸資産の種類ごとに選択適用できる。また，売価の下落要因を区分把握できる場合には，物理的劣化や経済的劣化，もしくは市場の需給変化の要因ごとに選択適用できる。この場合，いったん採用した方法は，原則として，継続して適用しなければならない（「棚卸資産の評価に関する会計基準」14）。

正答 4

第2章 資産会計

FOCUS

　棚卸資産は，通常の販売目的で保有する棚卸資産とトレーディング目的で保有する棚卸資産によって評価が相違する。前者は取得原価をもって貸借対照表価額とし，後者は市場価額に基づく時価（正味実現可能価額，再調達原価）をもって貸借対照表価額としなければならない。

重要ポイント 1 ▶ 原価主義

取得原価を資産の評価基準とする方法であり，評価の客観性，その基礎となった数値の検証可能性において優れており，未実現利益を排除し，処分可能な資金的裏づけのある利益の測定が要請される今日の企業会計制度では，原則的な評価基準となっている。

しかしながら，物価変動の著しいときには，次のような欠点を有することになる。

(1) 原価と時価が著しく乖離しているにもかかわらず，財務諸表にはそのような企業の実態が反映されない。

(2) 収益は最近の時価を反映したものであるのに対して，費用は減価償却費などのように過去の原価に基づいて計上されるため，収益と費用との対応計算の合理性が失われる。

(3) その結果，算定された分配可能利益には物価変動による名目利益が混入し，それが課税・分配される。

(4) そのため，実質資本または実体資本維持（貨幣資本維持と対比される概念で，回収・維持すべき資本は企業に投下された財物そのものに置く考え方）が図られないことになる。

重要ポイント 2 ▶ 時価主義

貸借対照表日の時価（市場価格）を**資産の評価基準**とする方法であり，企業の実体資本維持または債権者保護のための債務弁済能力評価などの見地から主張されているが，今日では物価変動時における原価主義の欠点を補い，利害関係者の意思決定に役立つ最新の情報提供という見地から主張されている。

しかしながら，時価主義はその評価と記録という面で，客観性と検証可能性に問題を残しており，現在では一部の有価証券・棚卸資産やデリバティブ取引などの金融資産・金融負債に限り認められているにすぎない（「金融商品に関する会計基準」Ⅳ）。

重要ポイント 3 ▶ 低価主義

原価と時価を比較して，いずれか低いほうをもって資産を評価する方法であり，従来，各国の実務において広く行われてきた慣行的評価思考であり，保守主義の原則の見地より是認されてきたが，「棚卸資産の評価に関する会計基準（企業会計基準第9号）」（平成18年7月5日）の制定に伴って選択適用から強制適用に変更されることになった。

重要ポイント 4 **有価証券の評価**

市場価格	有価証券の種類	評価基準	強制評価減	評価差額の処理
有	売買目的有価証券	時　価		当期損益
	満期保有目的債券	取得原価(償却原価法適用可)	時価の著しい下落(ただし回復可能な場合を除く)	当期損失
	子会社・関連会社株式	取得原価	時価の著しい下落(ただし回復可能な場合を除く)	当期損失
	その他有価証券	時　価	時価の著しい下落(ただし回復可能な場合を除く)	評価益は純資産の部, 評価損は当期損失
無	社債その他の債券	取得原価(償却原価法適用可)		
	社債その他の債券以外の有価証券	取得原価	実質価額の著しい下落	当期損失

重要ポイント 5 **償却原価法**

　債権または債券を, 債権金額または債券金額より低い価額または高い価額で取得した場合において, 当該差額に相当する金額を弁済期または償還期に至るまで毎期一定の方法で貸借対照表価額に加減する方法をいう。なお, この場合には, 当該加減額を受取利息に含めて処理する（「金融商品に関する会計基準」注5）。

重要ポイント 6 **繰延資産**

　繰延資産とは,「既に代価の支払が完了し又は支払義務が確定し, これに対応する役務の提供を受けたにもかかわらず, その効果が将来にわたって発現するものと期待される費用」（企業会計原則注解15）をいい, **創立費**, **開業費**, **株式交付費**, **社債発行費**, **開発費**がある（貸借対照表原則4の(1)のC, 財務諸表規則36条・37条,「繰延資産の会計処理に関する当面の取扱い」2の(2)）。

　繰延資産に貸借対照表能力が認められるのは, その効果が将来の数期間にわたり, その金額が当期の収益にまったく貢献せず, むしろ次期以降の収益に対応すると考えられるためであり（**支出効果説**）, 費用配分の原則ならびに費用収益対応の原則による（「連続意見書第5」第1の2）。

**
No.1 資産会計に関する次の記述のうち，妥当なのはどれか。

【国税専門官・平成23年度】

1 原価基準は，資産の取得から売却に至るまで取得原価をベースとして計算・記録するものであるが，時価基準の持っている会計数値の追跡可能性や保守主義性，確定性という情報特性を持たないため，時価基準と比較して，客観性を欠くとの問題点がある。

2 有形固定資産に係る支出には，支出した金額を，当該資産の取得原価に算入する資本的支出と当期の費用に計上する収益的支出とがある。ある支出を資本的支出とすべきか収益的支出とすべきかは，その支出による資産価値の増大の有無や耐用年数の延長の有無が基準となる。

3 減価償却は，有形固定資産の経済的便益の減少をその耐用年数にわたって適正に原価配分する手続きである。減価償却の方法の一つである定額法は，定率法に比べて，取得直後に多くの減価償却費を計上することとなる。

4 繰延資産は，将来にわたって継続して役務の提供を受ける場合，いまだ提供されていない役務に対して支払われた対価であって，1年を超えた後に費用となるものである。繰延資産の例としては，株式交付費，社債発行費，創立費，開業費，開発費がある。

5 のれんとは，一般に投資額と受入純資産との差額をいい，減価償却に当たっては，定率法，定額法のいずれかを選択したうえで，その計上後30年以内に償却しなければならない。自己創設のれんについては，一定の基準の下，貸借対照表に資産項目として計上しなければならない。

**
◆ No.2 資産会計に関する次の記述のうち，妥当なのはどれか。

【国税専門官／財務専門官・平成27年度】

1 固定資産は，有形固定資産，無形固定資産および投資その他の資産に分類される。このうち，無形固定資産には，子会社株式その他流動資産に属しない有価証券が含まれ，投資その他の資産には，特許権のような法律上の権利や収益性の高い他企業の買収に伴って計上されるのれん（営業権）が含まれる。

2 資産を流動資産と固定資産とに分類する基準の一つに，正常営業循環基準がある。この基準によれば，企業の主目的たる営業取引過程にある資産のうち，1年以内に現金化される資産は流動資産，1年を超えて現金化される資産または現金化することを本来の目的としない資産は固定資産に分類される。

3 資産は，資産評価の観点からは，貨幣性資産と非貨幣性資産とに分類される。このうち，貨幣性資産とは，現金預金，取引先との通常の商取引によって生じた受取手形，売掛金等の債権，商品等の棚卸資産等であるから，流動資産に属する

ものは，必ず貨幣性資産に分類される。

4 保有中の資産と同じものを現在の購買市場で取得して取り替えるのに要する支出額を取替原価という。取替原価基準が採用されると，資産保有中の価格変化が資産の売却時点まで認識されないため，資産が売却市場で販売されるまでは，収益は計上されないこととなる。

5 資産評価について，評価が行われる現時点の資産の売価から，販売費等の費用を控除して算定した額を正味実現可能価額という。正味実現可能価額基準が採用されると，資産はその取得時点で直ちに売却時価で評価されることとなる。

No.3 ** 資産会計に関する次の記述のうち，妥当なのはどれか。

【国税専門官・平成28年度】

1 当座資産とは，現金あるいは現金と同程度の流動性を備えた資産のことであり，具体的には現金預金，売買目的有価証券，受取手形，売掛金，短期貸付金などが該当する。この当座資産は，企業の短期的な支払能力をみる尺度としても考えることができる。

2 金融商品に関する会計基準によると，有価証券の中でも，売買目的有価証券は流動資産に区分され，満期保有目的の債券は満期の到来時期にかかわらず，そのすべてが投資その他の資産に区分される。

3 物価上昇期に，棚卸資産の評価方法において先入先出法を採用した場合，物価水準を反映した売上収益に対して，単価の低い時代に取得した棚卸資産が売上原価に計上されるため，利益が押し下げられることとなる。

4 無形固定資産を，法律上の権利を有するものと，経済的な事実上の財産の2つに分類する場合，前者の例としては，同業他社に比べて超過収益力を持つ場合のその超過収益力に対する対価であるのれんが挙げられ，後者の例としては，特許権，商標権が挙げられる。

5 繰延資産とは，「すでに代価の支払が完了し又は支払義務が確定し，これに対する役務の提供を受けたのにもかかわらず，その効果が将来にわたって発現するものと期待される費用」のことをいい，計上することができる項目についての制限はない。

実戦問題 **1** の 解説

No.1 の解説 有形固定資産に係る支出（収益的支出と資本的支出）→ 問題はP.54 **正答2**

1× **原価基準**は，資産の取得から売却まで**取得原価**で計算・記録するので，会計数値の**追跡可能性**という**情報特性**を有し，また未実現利益の計上を排除するという意味で**保守主義性**および**確定性**という**情報特性**を持っており，時価基準より**客観性**に優れている。

2◎ 正しい。

3× **定額法**は**直線法**ともいわれ，耐用年数にわたって**毎期一定額**を減価償却費として計上するものであるのに対して，**定率法**は**逓減償却法**とも呼ばれ，固定資産の価値は取得直後のほうが著しく減少し，その後次第に減少幅が小さくなるという前提で減価償却費を計算するものである。

4× 繰延資産とは，すでに代価の支払いが完了しまたは支払義務が確定し，これに対応する役務の提供を受けたにもかかわらず，その効果が将来にわたって実現するものと期待される費用をいう。問題文は前払費用の定義である。

5× のれんは，**計上後20年以内**にその効果の及ぶ期間にわたって**定額法その他合理的な方法**によって償却しなければならない（「企業結合に関する会計基準」32）。また**自己創設のれん**の計上は認められない（企業会計原則注解25）。

No.2 の解説 資産会計 → 問題はP.54 **正答5**

1× 無形固定資産と投資その他の資産の例示が誤っており，説明が逆になっている。**無形固定資産**は，特許権，実用新案権，意匠権，商標権，鉱業権，漁業権，地上権，借地権，電話加入権などの**法律上認められた権利**と収益性の高い他企業の買収に伴って計上される**のれん（営業権）の２種類**に大別される。**投資その他の資産**は，**売買目的有価証券および１年以内に満期の到来する社債その他の債券以外の有価証券**（たとえば子会社株式など），**出資金，長期貸付金，投資不動産，長期性預金および未経過期間が１年を超える長期前払費用**などが投資その他の資産に属する（「企業会計原則」第3の4の(1)のB，「財務諸表等規則」31条・31条の2・31条の3・32条，「会社計算規則」106条3項4号）。

2× **正常営業循環基準**は，企業が原材料もしくは用役を購入し，それを生産・販売して再び現金を回収するに至る**正常な営業循環過程内**にあるか，あるいはその循環過程の基盤を形成するものであるかによって，流動資産と固定資産に分類する。これに対して，**貸借対照表日（決算日）の翌日から起算して1年以内に現金化または費用化するものを流動資産とし，1年を超えるものを固定資産とするのは，1年基準**による分類である。

3× **貨幣性資産**とは，現金預金，受取手形，売掛金，短期貸付金，一時所有の有価証券など，**法令または契約によってその金額（券面額または金銭回収額）が確定している資産**であり，財貨や用役の購買に当たって**即時あるいは短期**

的に利用可能な支払充足手段たりうる資産である。**それ以外の資産は非貨幣性資産**といわれ，商品等の棚卸資産などがこれに含まれる。

4 ✕ 取替原価基準は，資産を決算日現在の取替原価（再調達原価や現在原価ともいわれる），すなわち購入市場の時価によって評価することになるため，販売以前に個別資産の**価格変動の影響を保有損益として認識**し，分離把握が可能となる。

5 ◎ 正しい。

No.3 の解説 資産会計　　　　　　　→ 問題はP.55 **正答 1**

1 ◎ 正しい。

2 ✕ 有価証券の貸借対照表の表示区分については，**売買目的有価証券および1年内に満期の到来する社債その他の債券は「流動資産」の区分**に，それ以外の**有価証券は「投資その他の資産」の区分**に表示する（「金融商品に関する会計基準」23）。

3 ✕ **先入先出法**は，物価上昇期には期末棚卸資産が期末時価に近い価格で評価されるが，逆に売上原価は現在の時価を反映しない低い価格で計算されるため，**物価変動に伴う貨幣価値の下落が利益に含まれる**ことになり，利益が押し上げられることになる。

4 ✕ **無形固定資産**は，特許権，実用新案権，意匠権，商標権，鉱業権，漁業権，地上権，借地権，電話加入権などの**法律上認められた権利**と，のれんのように**経済的な事実上の財産**に大別される。

5 ✕ 「繰延資産の会計処理に関する当面の取扱い」（実務対応報告第19号）によれば，**繰延資産は，株式交付費，社債発行費，創立費，開業費，開発費の5項目に限定される**（同2の(2)）。繰延資産は担保価値（換金価値）のない**擬制資産**であり，会社法では限定列挙されていないが，「公正なる会計慣行」の斟酌規定（会社計算規則3条）からすれば，企業会計原則等に従うことになる。繰延資産の具体的な項目については，本実務対応報告の取扱いが企業会計原則の定めに優先することになるとされているため，上記の5つに限定されることになる。

No.4 ✦✦✦ **資産会計に関する次の記述のうち，妥当なのはどれか。**

【国税専門官／財務専門官・平成24年度】

1 資産を流動資産と固定資産とに分類する基準には，正常営業循環基準と1年基準がある。資産を分類するに当たって，まず正常営業循環基準を適用し，次いで，それで分類できない資産項目に対して1年基準を適用する。

2 貸借対照表における資産は，流動資産，固定資産および繰延資産に区別して表示される。このうち，繰延資産は，代価の支払いが未了であり，これに対応する役務提供をいまだ受けていないものであるが，換金価値が認められ，かつ法律上の権利性を有するため資産として計上されるものである。

3 資産を時点と市場のマトリックスを用いて評価した場合，取得原価と取替原価は販売市場での価格を基礎とする評価額であるという点で共通しており，取得原価と正味実現可能価額は過去の時点での価格を基礎とする評価額であるという点で共通している。

4 資産を評価する場合に用いられる現在価値基準においては，将来のキャッシュ・フローを見積もり，その見積金額を割り引くことにより割引現在価値を算定するが，将来のリスクが高まると割引率はより低くなるので，割引現在価値はより小さくなる。

5 低価主義とは，資産の評価について，原価または時価のいずれか低いほうを選択する考え方である。これにより生じる評価損は未実現の販売損失であるため，当該評価損を計上することは認められない。これは，低価主義を採用する目的が期末における資産を時価額で評価することにあるからである。

No.5 ✦✦ **資産会計に関する次の記述のうち，妥当なのはどれか。**

【国税専門官・平成19年度】

1 企業会計上の「のれん」は，取得企業が被取得企業のブランド，ノウハウ，経営能力等の超過収益要因を評価し，受入純資産よりも高い金額を投資した場合に生ずるものである。逆に，投資額が受入純資産を下回った場合には，「負ののれん」が生ずる。

2 ソフトウェアについて，その制作過程において将来の収益の獲得期待が高まった段階以降の制作費は，取得形態（自社製作，外部購入）別に設定された会計基準に基づき，無形資産のうちの研究開発費として計上される。

3 繰延資産とは，すでに代価の支払いが完了し，または支払義務が確定し，これに対応する役務の提供を受けたにもかかわらず，その効果が将来にわたって発現するものと期待される費用である。会社法は，この定義に該当するものはすべて繰延資産として計上する必要があるとしている。

4 繰延資産に類似するものに長期前払費用がある。長期前払費用は，一定の契約に従い継続して役務の提供を受ける場合に，すでに提供を受けている役務に対して支払われた対価であり，貸借対照表日の翌日から起算して1年以内に費用化される部分も含め固定資産として計上される。

5 天災等により固定資産等に生じた損失が，その期の純利益や当期未処分利益から当期の処分予定額を控除した金額をもって負担しえない程度に巨額な場合であっても，これを経過的に貸借対照表の資産の部に記載し繰延経理をすることは一切認められていない。

***
No.6 **無形資産および繰延資産の会計に関する次の記述のうち，妥当なのはどれか。**
【国税専門官・平成22年度】

1 無形資産は，繰延資産と同様に法律上の権利ではあるものの，有形資産とは異なり換金価値（担保価値）を有しないため，債権者に対する債務の弁済手段として利用できないことから，いわゆる擬制資産であるとみなされており，その資産性は認められていない。

2 わが国の企業会計制度上，無形資産には，法律上の権利を表す資産である特許権や著作権，商標権などが含まれる一方で，経済上の優位性を表す資産であるのれんなどは一切含まれておらず，この点で国際会計基準とは異なる。

3 繰延資産とは，企業会計原則上，一定の契約に従い，継続して役務の提供を受ける場合，いまだ提供されていない役務に対して支払われた対価であって，1年を超えた後に費用となるものであり，貸借対照表の資産の部に計上される。

4 繰延資産については，債権者保護を重視する動的会計思考に基づき，会社法において，創立費，開業費，研究費，開発費，新株発行費，社債発行費，社債発行差金および建設利息の8つの項目について，担保価値を有することから限定列挙され，その資産計上が認められている。

5 研究開発費等に係る会計基準によれば，研究開発費は，発生時には将来の収益を獲得できるかどうかが不明であるなどの理由により，貸借対照表に資産として計上されるのではなく，発生時に費用として処理される。

実 戦 問 題 ❷ の 解説

No.4 の解説　正常営業循環基準（１年基準）　　→ 問題はP.58　**正答 1**

1 ◎　正しい。企業会計原則では，現金，棚卸資産，および受取手形，売掛金，前払金，支払手形，買掛金，前受金等の当該企業の主目的たる営業取引により発生した債権および債務は，流動資産または流動負債に属するものとし，**正常営業循環基準を原則としている**（企業会計原則注解16）。

2 ×　繰延資産とは，**すでに代価の支払いが完了しまたは支払義務が確定し，これに対応する役務の提供を受けたにもかかわらず，その効果が将来にわたって発現するものと期待される費用**であり，その効果が及ぶ数期間に合理的に配分するため，**経過的に貸借対照表上に計上される**ものである（企業会計原則注解15）。

3 ×　下表のように，**取得原価および取替原価はいずれも購入市場の価格を基礎とする評価額**という点では共通しているが，時点については，**取得原価が過去を基礎としているのに対して，正味実現可能価額は現在を基礎としている**点で相違している。

市場 ＼ 時点	過　去	現　在	将　来
購入市場	取得原価 （HC）	取替原価 （RC，CC）	
販売市場		売却時価（SP） 正味実現可能価額 （NRV）	（割引）現在価値 （PV）

（出典）広瀬義州『財務会計（第12版）』中央経済社，2014年，167頁。

4 ×　割引現在価値は将来のリスクや不確実性が高いほど高い割引率で割引計算することになるので，**現在価値は小さくなる**。

5 ×　たとえば，商品，製品，原材料等の棚卸資産に低価基準を適用する場合に生ずる**評価損は，原則として，売上原価の内訳科目または営業外費用として表示**しなければならない（企業会計原則注解10）とされているように，低価主義を採用した場合の評価損は当期間の費用として計上しなければならない。なお，低価主義を採用する目的は，**評価損が発生した分だけ取得原価（または簿価）の切下げを行い，これを期末に計上すること**にあるのであって，資産を時価額で評価することにあるのではなく，**取得原価主義会計**となんら矛盾するものではない。

No.5 の解説　のれん・負ののれん　　→ 問題はP.58　**正答 1**

1 ◎　正しい（「企業結合に関する会計基準」31）。

2 ×　**ソフトウェアの制作費は**，その制作目的により，将来の収益との対応関係が異なること等から，**ソフトウェア制作費に係る会計基準は，取得形態（自社製作，外部購入）別ではなく，制作目的別（受注製作，市場販売，自社利**

用）に設定されている（「研究開発費等に係る会計基準の設定に関する意見書」3の3）。**市場販売目的**および**自社利用**のソフトウェアを資産として計上する場合には，**無形固定資産**の区分に計上しなければならない（「研究開発費等に係る会計基準」4の4）。なお，従来繰延資産とされていた**試験研究費**は，**研究開発費**に含められ，すべて**発生時に費用として処理**されることになった（同基準3）。

3✕ 「**会社法**」では，**繰延資産は列挙されていない**が，その用語の解釈および規定の適用に関しては，一般に公正妥当と認められる企業会計の基準その他の企業会計の慣行をしん酌しなければならない（会社計算規則3条）とされているため，**繰延資産は，株式交付費，社債発行費，創立費，開業費，開発費の5項目に限定される**（「繰延資産の会計処理に関する当面の取扱い」2の(2)）。

4✕ **長期前払費用**は，一定の契約に従い継続して役務の提供を受ける場合に，いまだ提供されていない役務に対して支払われた対価であり，貸借対照表日の翌日から起算して**1年を超える期間を経て費用となる**ものをいい，**1年以内に費用となるものは流動資産**に属する（企業会計原則注解16）。

5✕ 天災等により固定資産または企業の営業活動に必須の手段たる資産の上に生じた**損失**が，その期の純利益または当期未処分利益から当期の処分予定額を控除した金額をもって負担しえない程度に**巨額**であって特に**法令**をもって認められた場合には，これを経過的に貸借対照表の資産の部に記載して**繰延経理**することができる（企業会計原則注解15）。

No.6 の解説 研究開発費の処理 → 問題はP.59 **正答5**

1✕ **無形資産**は繰延資産と相違して，**担保価値**を有し，資産として**債務の弁済手段**に利用できるのに対して，繰延資産は法律上の権利ではなく，担保価値もない。

2✕ **無形資産**は，**法律上の権利を表す資産**（特許権，実用新案権，商標権，著作権，借地権，鉱業権など）と**経済上の優位性を表す資産**である「のれん」から構成される（財務諸表規則27条，会社計算規則74条3項3）。

3✕ 問題文は繰延資産ではなく**長期前払費用**に関する説明である。

4✕ 繰延資産は担保価値（換金価値）のない**擬制資産**であり，会社法では限定列挙されていないが，**「公正なる会計慣行」**の斟酌規定（会社計算規則3条）からすれば，**創立費，開業費，開発費，社債発行費，株式交付費の5つの項目**に限定して繰延資産計上が認められていると解される。

5◎ 正しい（「研究開発費等に係る会計基準」3）。

＊＊＊
No.7　企業会計に関するア～エの記述のうち，妥当なもののみをすべて挙げているのはどれか。　　　　　　　　　　　　　　　　【国税専門官・平成25年度】

ア：製品マスターまたは購入したソフトウェアの機能の改良・強化を行う制作活動のための費用は，著しい改良と認められない限り，発生時の費用として処理する。また，バグ取り等，機能維持に要した費用は，機能の改良・強化を行う制作活動であるため，資産に計上する。

イ：潜在株式とは，その保有者が普通株式を取得することができる権利もしくは普通株式への転換請求権またはこれらに準ずる権利が付された証券または契約のことであり，たとえば新株予約権や転換証券などである。この潜在株式に係る権利行使を仮定した場合の1株当たり当期純利益が，行使前の1株当たり当期純利益よりも減ることを希薄化効果という。

ウ：ファイナンス・リース取引については，通常の売買取引に係る方法に準じて処理される。このとき，借手側ではリース取引開始日にリース物件はリース投資資産として計上され，その計上額は契約締結時に合意されたリース料総額からこれに含まれている利息相当額を控除した額である。また，この控除された利息相当額は，原則として，リース期間にわたり定額法により各期に配分される。

エ：税効果会計とは，企業会計上の資産または負債の計上額と課税所得計算上の資産または負債の計上額に差異がある場合に，法人税等を適切に期間配分することにより，計上された法人税等と税引前当期純利益を合理的に対応させる手続きである。税効果会計の対象となるのは，一時差異と永久差異のうち一時差異である。

1　ア，イ
2　ア，ウ
3　イ，ウ
4　イ，エ
5　ウ，エ

No.8 **有価証券や金融商品の会計に関する次の記述のうち，妥当なのはどれか。**

【国税専門官・平成19年度】

1 有価証券は，「売買目的有価証券」「満期保有目的の債券」「子会社株式および関連会社株式」「その他有価証券」に分類される。「その他有価証券」は，直ちに売却する意図があるのか否かを必ずしも特定できないため，時価をもって貸借対照表価額とすることは許されない。

2 「満期保有目的の債券」「子会社株式および関連会社株式」「その他有価証券」のうち，市場価格のあるものについて，時価がわずかでも下落したときは，時価をもって貸借対照表価額とし，評価差額は当期の損失として処理しなければならない。

3 金融資産の発生は，商品等の売買や役務の提供の場合と異なり，その金融資産の契約上の権利を生じさせる契約を締結したときに認識するのが原則である。よって，有価証券については一般的に約定時に金融資産の発生を認識する。

4 デリバティブ取引では，その金融資産の契約上の権利の発生と，金融負債の契約上の義務の発生が，通常，同時に起こるものではないため，これらの権利と義務を一体のものとみなすことはできない。よって，このような権利と義務の価値の差額をもって貸借対照表価額とすることは許されない。

5 借入金や社債等の金融負債については，一般に，市場が存在することなどによって客観的な価額としての時価を把握できるとともに，その時価により容易に清算できることから，時価をもって貸借対照表価額とする。

【国税専門官／財務専門官・令和３年度】

1 有価証券は，「売買目的の有価証券」「満期保有目的の債券」「子会社株式・関連会社株式」「その他有価証券」に分類される。このうち，上場会社の株式などに投資し，その値動きを利用して利益を得ることを目的として保有する「売買目的の有価証券」のみが流動資産に区分される。

2 「満期保有目的の債券」は，取得原価をもって貸借対照表価額とする。ただし，債券を額面金額より低い価額または高い価額で取得した場合において，取得価額と額面金額との差額の性格が金利の調整と認められるときは，償却原価法に基づいて算定された価額をもって貸借対照表価額とする。

3 時価が不明なため，時価に評価替えすることができない有価証券は，株式については償却原価で評価し，社債やその他の債券については，金銭債権に準じて，取得原価または償却原価で評価する。

4 時価の把握が可能な「その他有価証券」は，時価をもって貸借対照表価額とし，評価差額については切放し方式が適用される。「その他有価証券」の時価は，投資者にとって有用な投資情報であるため，「その他有価証券」の評価差額はすべて当期の損益として処理する。

5 「満期保有目的の債券」や「子会社株式・関連会社株式」のうち，市場価格のあるものについて，その時価が著しく下落した場合は，回復する見込みの有無にかかわらず時価まで評価減して，評価差額を当期の損失として処理しなければならない。これを強制評価減という。一般に，著しく下落した場合とは，時価が取得原価の３分の２以上下落した場合などをいう。

実戦問題❸の解説

No.7 の解説　潜在株式（税効果会計）　　　　→ 問題はP.62　正答4

ア✕ 妥当でない。製品マスターまたは購入したソフトウェアの機能の**改良・強化を行う制作活動のための費用**は，著しい改良と認められない限り，**無形固定資産**に計上しなければならない（「研究開発費等に係る会計基準」4の4，同注解(3)）。なお，バグ取り等，**機能維持に要した費用**は，機能の改良・強化を行う制作活動には該当しないので，**発生時に費用**として処理することとなる（「研究開発費等に係る会計基準」4の2）。

イ◯ 妥当である。**潜在株式**とは，現時点で普通株式として存在はしていないが，新株予約権（転換社債）のように，普通株を手に入れることができる権利や，ストックオプションなどのように権利が行使されることにより**潜在的に増加する可能性がある株式**のことをいう。各企業は，「1株当たり利益」と並んで「潜在株式調整後1株当たり当期純利益」の開示が義務づけられている。**潜在株式が顕在化すれば1株当たりの利益の希薄化を招き，株式の安定化比率が低下したりする**ため，潜在株式がどの程度あるかはその企業の経営者にとっても投資家にとっても極めて重要な判断材料の一つになるからである。

ウ✕ 妥当でない。**ファイナンス・リース取引**とは，借手が当該契約に基づき使用する物件（以下「リース物件」という）からもたらされる経済的利益を実質的に享受することができ，かつ，当該リース物件の使用に伴って生じるコストを実質的に負担することとなるリース取引をいう。「**当該リース物件の使用に伴って生じるコストを実質的に負担する」とは**，当該リース物件の取得価額相当額，維持管理等の費用，陳腐化によるリスク等のほとんどすべてのコストを負担することをいう（「リース取引に関する会計基準」5・36）。ファイナンス・リース取引について，借手側がリース資産およびリース債務の計上額を算定するに当たっては，原則として，**リース契約締結時に合意されたリース料総額からこれに含まれている利息相当額の合理的な見積額を控除する方法**による。当該利息相当額については，原則として，リース期間にわたり**利息法により配分**する（「リース取引に関する会計基準」11）。

エ◯ 妥当である。税効果会計は，会計上と税務上の収益または費用（益金または損金）の認識時点の相違や，会計上と税務上の資産または負債の額に相違がある場合において，法人税等を適切に期間配分するための手続きである。**効果会計の対象となるのは一時差異**であり（「税効果会計に係る会計基準」第2の1の1），交際費の損金算入限度超過額や受取配当金の益金不算入額などの**永久差異は，税効果会計の対象外**となる。

以上から，妥当なものは**イ**と**エ**であり，正答は**4**である。

1 ✕　**その他有価証券**は，**時価**をもって貸借対照表価額とする。その場合の時価は，原則として，**期末日の市場価格**に基づいて算定された価額とする。ただし，継続して適用することを条件として，**期末前 1 か月の市場価格の平均**に基づいて算定された価額を用いることもできる（「金融商品に関する会計基準」18，同注解 7 ）。

2 ✕　「**満期保有目的の債券**」「**子会社株式および関連会社株式**」「**その他有価証券**」のうち，市場価格のあるものについて**時価が著しく下落**したときは，回復する見込みがあると認められる場合を除き，**時価**をもって貸借対照表価額とし，**評価差額は当期の損失**として処理しなければならない（「金融商品に関する会計基準」20）。

3 ◎　正しい。商品等の売買または役務の提供の対価に係る金銭債権は，原則として，当該商品等の受渡しまたは役務提供の完了によりその発生を認識するが，**金融資産の認識**は，原則として，**金融資産の契約上の権利を生じさせる契約を締結したとき**に当該金融資産の発生を認識しなければならない（「金融商品に関する会計基準」7，同注解 3 ）。

4 ✕　**デリバティブ取引**により生じる正味の**債権**および**債務**は，**時価**をもって貸借対照表価額とし，**評価差額**は，原則として，**当期の損益**として処理する（「金融商品に関する会計基準」25）。

5 ✕　支払手形，買掛金，借入金，社債その他の**債務**は，**債務額**をもって**貸借対照表価額**とする。ただし，**社債**を社債金額よりも低い価額または高い価額で発行した場合など，**収入に基づく金額と債務額とが異なる場合**には，**償却原価法**に基づいて算定された価額をもって，貸借対照表価額としなければならない（「金融商品に関する会計基準」26）。

No.9の解説　満期保有目的の債券の評価　　　　→ 問題はP.64　**正答2**

1✗　売買目的有価証券および**1年内に満期の到来する社債その他の債券**は流動資産に属するものとし，それ以外の有価証券は投資その他の資産に属するものとする（「金融商品に関する会計基準」23）。

2◎　正しい（「金融商品に関する会計基準」16）。

3✗　時価を把握することが極めて困難と認められる有価証券の貸借対照表価額は，次のいずれかによって評価する。①**社債その他の債券**の貸借対照表価額は，債権の貸借対照表価額に準じて，**償却原価法**によって評価する。②**社債その他の債券以外**の有価証券は，**取得原価**をもって貸借対照表価額とする（「金融商品に関する会計基準」19）。

4✗　その他有価証券は，時価をもって貸借対照表価額とし，評価差額は**洗い替え方式**に基づき，次のいずれかの方法により処理する。①評価差額の合計額を**純資産の部**に計上する。②時価が取得原価を上回る銘柄に係る評価差額は**純資産の部**に計上し，時価が取得原価を下回る銘柄に係る評価差額は**当期の損失**として処理する（「金融商品に関する会計基準」18）。

5✗　満期保有目的の債券，子会社株式および関連会社株式並びにその他有価証券について時価が著しく下落したときは，**回復する見込があると認められる場合を除き**，時価をもって貸借対照表価額とし，評価差額は当期の損失として処理しなければならない（「金融商品に関する会計基準」20）。なお，**著しく下落した場合とは，時価が取得原価の2分の1以上下落した場合をいう**。

棚卸資産の払出価額の計算

必修問題

　次の資料に基づき，A社の平成3年度（平成3年1月1日〜平成3年12月31日）におけるB商品の期末商品棚卸高を原価法により計算した場合，正しいのはどれか。　【国税専門官・平成4年度】

B商品有高帳		数量	単価（円）
平成3年1月1日	期首棚卸高	300	@1,200
2月18日	仕入	200	@1,000
3月29日	売上	300	@1,400
5月21日	仕入	200	@1,100
8月1日	売上	200	@1,400
10月7日	仕入	300	@1,300
12月20日	売上	400	@1,400

1 先入先出法によれば，期末商品棚卸高は120,000円になる。

2 後入先出法によれば，期末商品棚卸高は112,000円になる。

3 移動平均法によれば，期末商品棚卸高は111,000円になる。

4 総平均法によれば，期末商品棚卸高は117,000円になる。

5 最終仕入原価法によれば，期末商品棚卸高は140,000円になる。

難易度　＊＊

必修問題の解説

棚卸資産の計算は，数量計算と金額計算に分けられる。本問は，後者に関する計算方法（先入先出法，後入先出法，移動平均法，総平均法，最終仕入原価法）について問うており，それぞれの方法の意義（FOCUS参照）とともに具体的な数値例での計算方法についても理解しておく必要がある。

1 ✕ 先入先出法＝最も古く仕入れたものから順次払出が行われる方法

日付	摘要	受入 数量	単価	金額	払出 数量	単価	金額	残高 数量	単価	金額
1/1	前期繰越	300	1,200	360,000				300	1,200	360,000
2/18	仕 入	200	1,000	200,000				200	1,000	200,000
3/29	売 上				300	1,200	360,000	200	1,000	200,000
5/21	仕 入	200	1,100	220,000				200	1,100	220,000
8/1	売 上				200	1,000	200,000	200	1,100	220,000
10/7	仕 入	300	1,300	390,000				300	1,300	390,000
12/20	売 上				200	1,100	220,000	100	1,300	130,000
					200	1,300	260,000			
12/31	次期繰越				**100**	**1,300**	**130,000**			
		1,000		1,170,000	1,000		1,170,000			
1/1	前期繰越	100	1,300	130,000				100	1,300	130,000

2 ✕ 後入先出法＝最も新しく仕入れたものから払出が行われる方法

日付	摘要	受入 数量	単価	金額	払出 数量	単価	金額	残高 数量	単価	金額
1/1	前期繰越	300	1,200	360,000				300	1,200	360,000
2/18	仕 入	200	1,000	200,000				200	1,000	200,000
3/29	売 上				200	1,000	200,000	200	1,200	240,000
					100	1,200	120,000			
5/21	仕 入	200	1,100	220,000				200	1,100	220,000
8/1	売 上				200	1,100	220,000	200	1,200	240,000
10/7	仕 入	300	1,300	390,000				300	1,300	390,000
12/20	売 上				300	1,300	390,000	100	1,200	120,000
					100	1,200	120,000			
12/31	次期繰越				**100**	**1,200**	**120,000**			
		1,000		1,170,000	1,000		1,170,000			
1/1	前期繰越	100	1,200	120,000				100	1,200	120,000

3 ✕ 移動平均法＝仕入単価の相違する都度平均単価を算定する方法

日付	摘要	受入 数量	単価	金額	払出 数量	単価	金額	残高 数量	単価	金額
1/1	前期繰越	300	1,200	360,000						
2/18	仕 入	200	1,000	200,000				500	1,120	560,000
3/29	売 上				300	1,120	336,000	200	1,120	224,000
5/21	仕 入	200	1,100	220,000				400	1,110	444,000
8/1	売 上				200	1,110	222,000	200	1,110	222,000
10/7	仕 入	300	1,300	390,000				500	1,224	612,000
12/20	売 上				400	1,224	489,600	100	1,224	122,400
12/31	次期繰越				**100**	**1,224**	**122,400**			
		1,000		1,170,000	1,000		1,170,000			
1/1	前期繰越	100	1,224	122,400				100	1,224	122,400

4 ◎ 総平均法＝一定期間末に加重平均単価を一つ算定する方法

日 付	摘 要	受 入			払 出			残 高		
		数量	単価	金額	数量	単価	金額	数量	単価	金額
1/1	前期繰越	300	1,200	360,000						
2/18	仕 入	200	1,000	200,000				500		560,000
3/29	売 上				300	1,170	351,000	200		209,000
5/21	仕 入	200	1,100	220,000				400		429,000
8/1	売 上				200	1,170	234,000	200		195,000
10/7	仕 入	300	1,300	390,000				500		585,000
12/20	売 上				400	1,170	468,000	100	1,170	117,000
12/31	**次期繰越**				**100**	**1,170**	**117,000**			
		1,000	1,170	1,170,000	1,000	1,170	1,170,000			
1/1	前期繰越	100	1,170	117,000				100		117,000

5 ✕ 最終仕入原価法＝最終仕入原価によって期末棚卸資産を評価する方法
期末商品棚卸数量100個×最終取得単価1,300円＝**130,000円**

正答 **4**

FOCUS

必修問題の各種払出計算方法の結果をまとめると，次のようになる。

払出計算方法	期末棚卸資産価額	売上原価
先 入 先 出 法	130,000	1,040,000
後 入 先 出 法	120,000	1,050,000
移 動 平 均 法	122,400	1,047,600
総 平 均 法	117,000	1,053,000
最終仕入原価法	130,000	1,040,000

　先入先出法は，物価上昇期には期末棚卸資産が期末時価に近い価格で評価されるが，逆に売上原価は現在の時価を反映しない低い価格で計算されるため，物価変動に伴う貨幣価値の下落が利益に含まれてしまうことになる。逆に，後入先出法によると，売上原価は時価を反映した金額で計上されるため，先入先出法と違って，貨幣価値の下落が利益に含まれることは避けられるので実体資本維持計算には適するが，逆に期末棚卸資産は，現在の時価とかけ離れた価額で評価されることになる。このため，平成22年4月からは廃止された。平均原価法は，物価上昇期には価格変動を中和化することになる。最終仕入原価法は，本問のように期末在庫量が最終取得原価で取得される場合には先入先出法と同じ結果になるが，期末在庫量が最終仕入数量よりも多い場合には，その超過分を時価主義によって評価を行うことになる。

―POINT―

重要ポイント **1** 棚卸資産の払出価額の算出方法

（1）個別法

取得原価を異にするものは区別して記録し，その個々の実際原価によって**期末棚卸資産**の価額を算定する方法であり，貴金属のように高価で受払回数が少なく，かつ厳重な管理の必要な物品に適した方法である。

（2）先入先出法（FiFo）

買入順法ともいわれ，最も古く取得されたものから順次払出が行われ，期末棚卸品は最も新しく取得されたものからなるとみなして期末棚卸品の価額を算定する方法である。実際の物品の流れと一致した方法であるが，物価上昇期には期末棚卸資産が期末時価に近い価額で評価されるが，逆に売上原価は現在の時価を反映しない低い価額で計算されるため，物価変動に伴う貨幣価値の下落が利益に含まれてしまうことになる。

（3）後入先出法（LiFo）

最も新しく取得されたものから払出が行われ，期末棚卸品は最も古く取得されたものからなるとみなして期末棚卸品の価額を算定する方法であり，適用期間によって期別（会計年度単位別）・月別・**その都度後入先出法**に分けられる。物価上昇期には，売上原価は時価を反映した金額で計上されるため，先入先出法と違って，貨幣価値の下落が利益に含まれることは避けられるが，逆に期末棚卸資産は，現在の時価とかけ離れた価額で評価されることになるため，平成22年4月に廃止された。

（4）平均原価法

取得した棚卸資産の平均原価を算出し，この平均原価によって期末棚卸資産の評価を行う方法であり，平均原価の計算のしかたによって，仕入単価の相違する都度平均原価を算定する**移動平均法**と，平均単価は一定期間末に加重平均原価を一つ算定する**総平均法**に分けられる。この方法は，平均原価を算定することによって，価格の変動を中和化することができる。

（5）最終仕入原価法

最終取得原価をもって期末棚卸資産を評価する方法であり，期末在庫量の大部分が最終仕入原価で取得される場合には合理性があるが，期末在庫量が最終仕入数量よりも多い場合には，その超過分を時価主義によって評価することになる。

（6）売価還元原価法

この方法は，**小売棚卸法**または**売価棚卸法**ともいわれ，取扱品種の極めて多い小売業および卸売業に適用される方法で，異なる品目の資産を値入率の類似性に従って適当なグループにまとめ，1グループに属する期末商品の売価合計額に原価率を乗じて期末棚卸資産の価額を算定する方法である。

重要ポイント 2 棚卸資産の範囲

棚卸資産は，商品，製品，半製品，原材料，仕掛品等の資産であり，企業がその営業目的を達成するために所有し，かつ，売却を予定する資産のほか，売却を予定しない資産であっても，販売活動および一般管理活動において短期間に消費される事務用消耗品等も含まれる。

なお，売却には，通常の販売のほか，活発な市場が存在することを前提として，棚卸資産の保有者が単に市場価格の変動により利益を得ることを目的とするトレーディングを含む（「棚卸資産の評価に関する会計基準」3）。

重要ポイント 3 棚卸資産の期末評価

(1) 販売目的棚卸資産

通常の販売目的（販売するための製造目的を含む）で保有する棚卸資産は，取得原価をもって貸借対照表価額とし，期末における正味売却価額（売価から見積追加製造原価および見積販売直接経費を控除したもの）が取得原価よりも下落している場合には，当該正味売却価額をもって貸借対照表価額とする（「棚卸資産の評価に関する会計基準」7）。この場合において，取得原価と当該正味売却価額との差額（簿価切下額）は売上原価として処理するが，棚卸資産の製造に関連し不可避的に発生する（原価性を有する）と認められるときには製造原価として処理する。

また，収益性の低下に基づくが，臨時の事象（たとえば，重要な事業部門の廃止，災害損失の発生）に起因し，かつ，多額であるときには，特別損失に計上する（同基準17）。なお，表記に関しては，注記による方法または売上原価等の内訳項目として独立掲記する方法による。ただし，当該金額の重要性が乏しい場合には，この限りではない（同基準18）。

(2) トレーディング目的棚卸資産

トレーディング目的で保有する棚卸資産については，市場価格に基づく価額をもって貸借対照表価額とし，帳簿価額との差額（評価差額）は，当期の損益とし，表記に関しては，原則として純額で売上高に表示する（「棚卸資産の評価に関する会計基準」15・19）。

実戦問題 ❶　基本レベル

No.1 棚卸資産の会計に関する次の記述のうち，妥当なのはどれか。

【国税専門官・平成23年度】

1　棚卸資産は，通常の営業取引過程において販売するために保有する財貨または用役であり，流動資産に区分されるものであるから，不動産販売会社が販売目的で保有する土地などの不動産は棚卸資産に含まれない。棚卸資産を購入した場合は，購入代価が取得原価となり，取得原価に付随費用を算入することはできない。

2　個別法は，払出単価の計算方法の一つであり，棚卸資産を受け入れる都度，その取得原価を把握・記録し，払い出すたびに当該取得原価をもって払出単価とする方法である。この方法は，実務的に簡便な方法であり，客観的な方法でもあるため，貴金属業者などを除く幅広い業種で採用されている。

3　先入先出法は，払出単価の計算方法の一つであり，先に仕入れた棚卸資産から順に売却すると仮定して払出単価を決定する方法である。物価が上昇しており期首在庫の取崩しがない場合，先入先出法では，期末の棚卸資産価額が棚卸資産の時価よりも小さくなるが，後入先出法では，期末の棚卸資産価額が棚卸資産の時価と等しくなる。

4　棚卸計算法は，棚卸資産の払出数量の計算方法の一つであり，期末に実地棚卸を行うことで実際の在庫数量を確かめ，当期の払出数量を逆算する方法である。この方法は，減耗から生じた数量と実際の払出数量とを区別して把握することができないという問題点がある。

5　通常の販売目的で保有する棚卸資産は，市場価格に基づく価額をもって貸借対照表価額とする。ただし，期末において，品質低下や陳腐化のため正味売却価額が取得原価よりも下落している場合には，当該正味売却価額をもって貸借対照表価額とし，その際の評価損については，金額の多寡にかかわらず，特別損失とする。

No.2 棚卸資産に関する次の記述のうち，妥当なのはどれか。

【国税専門官／財務専門官・平成29年度】

1 棚卸資産は，生産・販売・管理活動を通じて売上収益をあげることを目的として費消される資産であり，通常の営業取引過程において販売するために保有する財貨または用役等が該当するが，不動産業者が販売目的で保有する土地や建物は棚卸資産に該当する一方で，証券会社や銀行が保有する有価証券は，販売目的で保有する場合であっても，棚卸資産には該当しない。

2 棚卸資産を購入した場合の取得原価は，購入代価に付随費用（副費）を加算して決定する。付随費用は外部副費と内部副費とに分けられ，外部副費の例としては，購入事務費，保管費，移管費等があり，内部副費の例としては，引取運賃，購入手数料，関税等がある。

3 棚卸資産を企業が自社で生産した場合の取得原価は，適正な原価計算の基準に準拠して算定された製造原価によることとされている。企業会計審議会の原価計算基準では，製造に要する諸費用のうち，生産量に比例して発生する変動費だけを用いて製品の原価を計算する直接原価計算による製造原価が，財務諸表の作成に当たって採用できる適切な取得原価として認められている。

4 棚卸資産の原価配分を行うに当たり，売上原価を算定する基礎となる払出数量の把握方法については，棚卸計算法と継続記録法がある。このうち，棚卸計算法については，払出しの記録を必要としないため，事務的には簡便であるが，紛失や横領によって資産が減少しても，それらが自動的に払出数量に算入されてしまうという問題点がある。

5 棚卸資産の払出単価を計算する方法のうち，個別法による場合には，物価水準を反映した売上収益に対して，単価の低い時代に取得した資産部分が売上原価に計上されるため，保有期間中の価格上昇分が利益に含まれることとなる一方で，期末棚卸高は決算時の時価に近い評価額で計上される。

No.3 ** **棚卸資産に関する次の記述のうち，妥当なのはどれか。**

1　通常の営業過程において販売するために保有する財貨または用役は，棚卸資産とされている。したがって，証券会社が通常の営業過程において販売するために保有する有価証券については棚卸資産に該当する。

2　棚卸資産を購入した場合の取得原価は，購入代価に副費（付随費用）の一部または全部を加算することにより算定される。その際，購入に要した借入金の利子も取得原価に含めなければならない。また，購入代価につき値引きがあった場合，これを控除してはならない。

3　棚卸計算法とは，期末に実地棚卸を実施することにより当期の払出数量を計算する方法である。この方法では，帳簿上で常に期中の在庫数量を把握できるため，期中に生じた紛失，目減りなどの減耗数量と実際の払出数量を明確に区別できるという長所がある。

4　払出単価の計算方法としては，個別法，先入先出法，移動平均法などがあるが，払出単価の計算に当たっては取得原価を用いなければならず，予定価格や標準原価などを用いてはならない。このうち，個別法は，大量の棚卸資産を受け入れている場合，実務上，事務負担の観点から有益な計算方法であるとされている。

5　最終仕入原価法とは，最後に取得した棚卸資産の単価で期末棚卸資産の原価を算定する方法である。この方法によれば，期中のいつでも売上原価を簡便に計算でき，また，期末在庫数量が最終受入数量を超過する場合では，期末棚卸資産はすべて実際の取得原価で評価されることになる。

No.1 の解説　棚卸資産の払出数量の計算（棚卸計算法）　→ 問題はP.73　**正答4**

1 ✕　棚卸資産とは，企業がその**営業目的を達成するために**所有し，かつ，**売却を予定する資産**をいい，不動産販売会社が所有する販売用不動産は棚卸資産とされ（「棚卸資産の評価に関する会計基準」3・32），購入した場合の取得原価は**購入代価に付随費用を加算**する（貸借対照表原則5のA）。

2 ✕　個別法は，**貴金属業者**の扱う貴金属商品のように**個別性が強い棚卸資産の評価に適した方法**である（「棚卸資産の評価に関する会計基準」6-2(1)）。

3 ✕　物価が**上昇**している場合，**先入先出法**では，**期末の棚卸資産価額**が**棚卸資産の時価と等しくなり**，**後入先出法**では，期末の棚卸資産価額が**棚卸資産の時価より小さくなる**。

4 ◎　正しい。

5 ✕　通常の**販売目的**（販売するための製造目的を含む）で保有する棚卸資産は，**取得原価をもって貸借対照表価額**とし，期末における**正味売却価額が取得原価よりも下落**している場合には，当該**正味売却価額**をもって貸借対照表価額とする。この場合において，収益性の低下による簿価切下額は，**臨時の事象に起因し，かつ多額である場合を除き**，**売上原価**とするが，棚卸資産の製造に関連し不可避的に発生すると認められるときには**製造原価**として処理する（「棚卸資産の評価に関する会計基準」7・17）。

No.2 の解説　棚卸資産

→ 問題はP.74　**正答4**

1 ✕　**棚卸資産**とは，企業がその営業目的を達成するために所有し，かつ，**売却を予定する資産**であるので，証券会社や銀行が保有する有価証券が，販売目的で保有する場合には，棚卸資産となる。なお，売却には，通常の販売のほか，活発な市場が存在することを前提として，棚卸資産の保有者が単に市場価格の変動により利益を得ることを目的とする**トレーディングを含む**（「棚卸資産の評価に関する会計基準」3）。

2 ✕　棚卸資産を**購入した場合の取得原価**は，**購入代価に付随費用（副費）を加算**して決定する。付随費用は**外部副費**と**内部副費**とに分けられ，外部副費の例としては，引取運賃，購入手数料，関税等があり，内部副費の例としては，購入事務費，保管費，移管費等がある。

3 ✕　棚卸資産を企業が自社で**生産した場合の取得原価**は，適正な原価計算の基準に準拠して算定された**製造原価**によることとされており，企業会計審議会の原価計算基準では，財務諸表の作成に当たって採用できる適切な取得原価として認められているのは，製造に要する諸費用のうち，生産量に比例して発生する変動費だけではなく，固定費も含めた**すべての製造費用を取得原価としなければならない**。

4 ◎　正しい。

5 ✕　棚卸資産の払出単価を計算する方法のうち，物価水準を反映した売上収益に対して，単価の低い時代に取得した資産部分が売上原価に計上され，**保有期間中の価格上昇分が利益に含まれる**こととなり，**期末棚卸高は決算時の時価に近い評価額で計上される**ことになるのは，個別法ではなく**先入先出法**である。

1 ◎ 正しい。**棚卸資産の範囲**には，①**通常の営業過程において販売するために保有する財貨または用役**，②**販売を目的として現に製造中の財貨または用役**，③**販売目的の財貨または用役を生産するために短期間に消費されるべき財貨**，④**販売活動および一般管理活動において短期間に消費されるべき財貨**，が含まれる。**証券会社が保有する有価証券は上記①に該当する**ことになり，棚卸資産とされる。

2 × 棚卸資産を購入した場合の取得原価は，購入代価に付随費用（引取運賃，運送保険料，購入手数料，関税等の外部副費と購入事務費，保管費，移管費等の内部副費）の全部または一部を加えて算定される。その際，**購入代価について値引額や割戻額がある場合はこれを控除**し，また付随費用には生産・販売という経営目的に関連しない価値である**財務費用（借入金の利子）は取得原価に算入してはならない**とされている（「原価計算基準」5の(1)の3）。

3 × **帳簿上で常に期中の在庫数量を把握できるのは継続記録法**である。また，**棚卸計算法**では，当期の受入数量から期末実地棚卸数量を控除して当期の払出数量が算定されるため，期中に生じた紛失や目減りなどの**棚卸減耗数量**は，当期の払出数量に結果的に含められてしまうことになり，**その明細は不明**となる。

4 × 製品等の製造原価については，適正な原価計算基準に従って，**予定価格または標準原価を適用して算定した原価によることも認められている**（企業会計原則注解21の(2)）。なお，**個別法**は，取得原価の異なる棚卸資産を区別して記録し，その個々の実際原価によって期末棚卸品の価額を算定する方法であり，大量の棚卸資産を受け入れている場合には，**実務上極めて煩雑であり過大な事務負担が生ずる**ことになる。

5 × **最終仕入原価法**は，最終仕入原価によって期末棚卸資産の価額を算定する方法であるため，**最終仕入時まで売上原価は計算できない**。また，最終仕入原価法によれば，**期末棚卸資産の一部だけが実際取得原価で評価されるものの，その他の部分は時価に近い価額で評価されることとなる**場合が多いと考えられ，無条件に取得原価基準に属する方法として適用を認めることは適当ではないとされている。このため，期末棚卸資産の大部分が最終の仕入価格で取得されているときのように期間損益の計算上弊害がないと考えられる場合や，期末棚卸資産に重要性が乏しい場合においてのみ容認される方法と考えられている（「棚卸資産の評価に関する会計基準」34-4）。

実 戦 問 題 **②**　応用レベル

No.4 　棚卸資産に関する次の記述のうち，妥当なのはどれか。

1　棚卸資産の範囲には，商品や原材料のような有形の財貨だけでなく，無形の用役も含まれることがある。例としては，加工のみを委託された場合に現れる加工費のみからなる仕掛品などが挙げられる。

2　棚卸資産の取得原価は，これを正確に算定する必要があることから，購入によって取得した棚卸資産の取得原価については，購入にかかる引取運賃や保管費といった副費を含んではならない。

3　貸借対照表における棚卸資産の評価基準の一つに低価基準がある。この基準は，決算の際に時価が取得原価を下回った場合，時価によって資産を評価することが認められており，取得原価基準よりも適正な期間，損益計算がなされるため，資産評価の一般原則とされている。

4　棚卸資産の取得原価を期間配分するための具体的方法の例として，先入先出法と後入先出法があるが，継続的な物価上昇の局面を想定した場合，貨幣価値の下落による名目的な利益の計上を排除するためには，後入先出法よりも先入先出法を採用することが望ましい。

5　品質低下，陳腐化等の原因によって生ずる棚卸資産の評価損については，原価性を有しないと認められる場合にはこれを特別損失として表示し，原価性を有すると認められる場合にはこれを営業外費用として表示しなければならない。

【国税専門官・平成13年度】

1　購入品の取得原価は，購入代価に付随費用の全部または一部を加算することにより算定される。購入代価は，通常，送状価額であり，仕入値引や仕入割戻などの仕入控除項目がある場合には，これらの額を控除しない金額とする。

2　生産品については，適正な原価計算の手続きにより算定された正常実際製造原価をもって取得原価とし，販売費及び一般管理費は，原則として，取得原価に算入する。

3　棚卸資産の帳簿棚卸高と実地棚卸高の差額は，通常，棚卸減耗損と評価損に分けられる。このうち，棚卸減耗損は，損益計算書上，原価性の有無に関係なく，販売費として表示される。

4　棚卸資産はその保有目的によって評価基準が相違し，取得原価，正味売却価額，市場価額によって評価される。

5　企業会計原則注解によれば，棚卸資産に低価基準を適用する場合に生ずる評価損は，原則として，販売費として表示されることになる。

No.6 商品Ａの期首棚卸高および仕入高が次のように示されている。原価基準による場合の商品Ａの期末の貸借対照表価額について，表の各方法に従って計算したとき，空欄（1）〜（4）に入る数値の組合せとして妥当なのはどれか。

【国税専門官・平成９年度】

期首棚卸高	60個	¥ 4,800
第１回仕入高	100個	¥ 8,500
第２回仕入高	150個	¥13,200
第３回仕入高	90個	¥ 7,560
計	400個	¥34,060

なお，商品Ａの期末棚卸数量は100個，当期の販売数量は300個であり，１個の売価は¥100，当期売上高は¥30,000であった。また，期末における時価は最終の仕入原価とする（単位計算では円未満，原価率計算では％未満四捨五入する）。

（単位：円）

貸借対照表価額算定の ための方法の名称	商品Ａの期末の貸借 対照表価額（原価基準）
先入先出法	（1）
後入先出法	（2）
平均原価法	（3）
売価還元原価法	（4）

	（1）	（2）	（3）	（4）
1	8,200	8,440	8,500	8,400
2	8,200	8,440	8,500	8,200
3	8,400	8,440	8,400	8,500
4	8,440	8,200	8,515	8,400
5	8,440	8,200	8,515	8,500

実戦問題 ❷ の 解説

No.4 の解説 棚卸資産の範囲　　　　　　　　　　　　　　　→ 問題はP.79　**正答 1**

1 ◎　正しい。棚卸資産は有形の財貨に限らない。**無形の用役も棚卸資産を構成する**ことがある。たとえば加工のみを委託された場合に現れる加工費のみからなる仕掛品，材料を支給された場合に現れる労務費，間接費のみからなる半成工事は棚卸資産である（「連続意見書第 4」第 1 の 7）。

2 ✕　**棚卸資産の取得原価は，購入代価**または**製造原価に引取費用**などの**付随費用**を加算して決定される（企業会計原則第 3 の 5 の A）。ここで購入代価は，値引き・割戻しなどを控除した金額であり，引取費用などの付随費用には，買入手数料，引取運賃，運送保険料，関税，買入事務費，移管費，保管費などが含まれるが，これらの付随費用のうち重要性の乏しいものについては取得原価に算入しないことができる（企業会計原則注解 1 の(4)）。

3 ✕　棚卸資産は，通常の**販売目的**で保有する棚卸資産と**トレーディング目的**で保有する棚卸資産に分けられ，通常前者については**取得原価**をもって貸借対照表価額とし，後者のトレーディング目的で保有する棚卸資産については**市場価格**に基づく価額をもって貸借対照表価額とし，帳簿価額との差額（**評価差額**）は，**当期の損益**として処理する（「棚卸資産の評価に関する会計基準」7・15）。なお，従来，棚卸資産の評価について**低価基準**の適用が認められていたが，「**棚卸資産の評価に関する会計基準**」（平成18年 7 月 5 日）の制定に伴って選択適用から強制適用されることになった。

4 ✕　**後入先出法**は，物価上昇期には売上原価が時価を反映した金額で計上されるため，貨幣価値の下落による**名目的な利益の計上**を排除することができる。

5 ✕　通常の**販売目的**で保有する棚卸資産について，**品質低下・陳腐化などの原因による収益性の低下**によって発生する簿価切下額は**売上原価**とするが，棚卸資産の製造に関連し不可避的に発生する（**原価性を有する**）と認められるときには**製造原価**として処理する。また，収益性の低下に基づく簿価切下額が，**臨時の事象**（たとえば，重要な事業部門の廃止，災害損失の発生）に起因し，かつ，**多額**であるときには，**特別損失**に計上する（「棚卸資産の評価に関する会計基準」17）。**トレーディング目的**で保有する棚卸資産に係る損益は，原則として，**純額で売上高に表示**する（同基準19）。

No.5 の解説 棚卸資産の取得原価と評価損の処理　→ 問題はP.80　**正答4**

1 × 仕入値引や仕入割戻などの**仕入控除項目は購入代価から控除する**（「連続意見書第4」第1の5の1）。

2 × 生産品の取得原価には，**販売費及び一般管理費は原則として含めない**（「連続意見書第4」第1の5の2）。

3 × 棚卸減耗費は，それが**原価性を有しない**と認められる場合には，**営業外費用または特別損失**とし，**原価性が認められる場合**には，**製造原価，売上原価の内訳科目または販売費**として表示しなければならない（企業会計原則注解10の(3)）。

4 ◎ 正しい。棚卸資産は，通常の**販売目的**で保有する棚卸資産と**トレーディング目的**で保有する棚卸資産に分けられ，通常前者については**取得原価**をもって貸借対照表価額とし，期末における**正味売却価額が取得原価よりも下落**している場合には，当該**正味売却価額**をもって貸借対照表価額とする（「棚卸資産の評価に関する会計基準」7）。この場合において，**取得原価と当該正味売却価額との差額は当期の費用**として処理する。後者の**トレーディング目的**で保有する棚卸資産については**市場価格**に基づく価額をもって貸借対照表価額とし，帳簿価額との**差額（評価差額）は，当期の損益**として処理する（同基準15）。

5 × **低価基準**の適用によって生ずる評価損は，原則として**売上原価の内訳科目**または**営業外費用**として表示しなければならない（企業会計原則注解10の(1)）。なお，従来，棚卸資産の評価について低価基準の適用が認められていたが，「棚卸資産の評価に関する会計基準」（平成18年7月5日）の制定に伴って選択適用から強制適用されることになった。

No.6 の解説 棚卸資産の払出価額の算定（売価還元原価法）→ 問題はP.81　**正答5**

(1) 先入先出法
　　（13,200円÷150個）×10個＋7,560円＝8,440円
(2) 後入先出法
　　（8,500円÷100個）×40個＋4,800円＝8,200円
(3) 平均原価法（総平均法）
　　（34,060円÷400個）×100個＝8,515円
(4) 売価還元原価法
　　原価率＝34,060円÷（400個×売価100円/個）＝0.8515≒0.85
　　（100個×売価100円/個）×0.85＝8,500円
　したがって，正答は**5**である。

固定資産と減価償却

必修問題

資産会計に関する次の記述のうち，妥当なのはどれか。

【国税専門官・平成20年度】

1 有形固定資産に係る支出のうち，当該有形固定資産の取得原価に算入される支出を**収益的支出**といい，これに対して当該支出時の会計期間の費用に算入される単なる維持・管理にすぎない支出であって，当該有形固定資産の取得原価に算入してはならない支出を**資本的支出**という。

2 減価償却の方法の一つである**生産高比例法**は，鉱業用設備，航空機，自動車など，当該固定資産の総利用可能量が物理的に確定でき，かつ，減価が主として固定資産の利用に比例して発生するものについて適用することが認められている。

3 減価償却の方法としては，個々の固定資産ごとに減価償却費を計算し記帳する**個別償却**に加え，複数の固定資産を一括してその減価償却費を計算し記帳する**総合償却**も認められているが，総合償却は耐用年数を異にする資産には適用することができない。

4 **開業費**とは，会社設立のための費用であり，定款作成費，発起人が受ける報酬，設立登記の登録免許税などがある。開業費を繰延資産に計上する場合には，会社成立のときから5年以内のその効果の及ぶ期間にわたり，**定額法**で償却しなければならない。

5 **開発費**とは，新技術または新経営組織の採用，新市場の開拓などの特定の目的をもって支出した費用などをいい，経常的な性格を持つものも含まれる。開発費は原則として繰延資産に計上し，支出のときから5年以内のその効果の及ぶ期間にわたり，定額法で償却しなければならない。

難易度 ＊＊

必修問題の解説

　本問の解答に際しては，有形固定資産に関する資本的支出と収益的支出，配分基準（期間か生産高・利用高か）と償却単位（個々の資産か複数の資産か）の相違による減価償却方法の意義，ならびに繰延資産に関しては，支出時の費用処理が原則的処理であること，開業費は開業から5年以内の定額法償却，開発費には経常費の性格を持つものは含まれないこと，等について留意する必要がある。

1 ✕ 収益的支出＝支出時の費用処理，資本的支出＝取得原価に算入

有形固定資産に係る支出のうち，当該固定資産の**取得原価に算入される支出を資本的支出**といい，これに対して当該支出時の会計期間の費用に算入される単なる維持・管理にすぎない支出であって，当該有形固定資産の**取得原価に算入してはならない支出を収益的支出**という。

2 ◎ 生産高（利用高）を配分基準とする減価償却方法＝生産高比例法

正しい。減価償却の計算方法は，一般に**期間を配分基準とする方法**（定額法，定率法，級数法）と**生産高（利用高）を配分基準とする方法**（生産高比例法）の２つに大別される。

3 ✕ 総合償却は平均耐用年数を算定し，一括的に償却計算を行う。

総合償却には**２種の方法**がある。その一つは，耐用年数を異にする多数の異種資産につき平均耐用年数を用いて一括的に減価償却および記帳を行う方法であり，もう一つは，耐用年数の等しい同種資産または，耐用年数は異なるが，物質的性質ないし用途等において共通性を有する幾種かの資産を１グループとし，各グループにつき平均耐用年数を用いて一括的に減価償却計算および記帳を行う方法である（「連続意見書第3」第1の10）。

4 ✕ 開業費＝会社成立後営業開始時までの開業準備費用で5年以内償却

開業費とは，**会社成立後営業開始時までに支出した開業準備のための費用**をいう。開業費を繰延資産に計上した場合には，**開業のときから5年以内**のその効果の及ぶ期間にわたって，**定額法**により償却をしなければならない（「繰延資産の会計処理に関する当面の取扱い」3の(4)）。

5 ✕ 開発費には経常費の性格を持つものは含まれず，支出時に費用処理する。

開発費とは，新技術または新経営組織の採用，資源の開発，市場の開拓等のために支出した費用をいい，**経常費の性格を持つものは開発費には含まれない**。開発費は，原則として，**支出時に費用**（売上原価または販売費及び一般管理費）として処理する。ただし，開発費を繰延資産に計上することができる。この場合には，支出のときから**5年以内**のその効果の及ぶ期間にわたって，**定額法その他の合理的な方法**により規則的に償却しなければならない（「繰延資産の会計処理に関する当面の取扱い」3の(5)）。

正答 **2**

FOCUS

　国際財務報告基準や米国の会計基準では，固定資産の価値の下落について評価減を要求する会計基準（減損会計）を設けているが，わが国においても「固定資産の減損に係る会計基準」が制定され，2005年4月1日以後開始する事業年度から適用されている。減損会計では，土地の市場価格の下落や設備のキャッシュ・フロー創出能力の低下なども評価損上の対象となるため，バブル期に取得した土地や過剰生産設備を保有する企業では，影響が大きい。

─POINT─

重要ポイント 1 　有形固定資産の取得原価

減価償却の基礎となる**有形固定資産の取得原価**は，その取得形態に応じて次のように決定される。

取得形態	取得原価
購入	購入代価＋付随費用
自家建設	適正な原価計算基準によって算定された製造原価
現物出資	出資者に対して交付された株式の発行価額
交換	交換に供された自己資産の適正な簿価または時価
贈与	時価等を基準とした公正な評価額

重要ポイント 2 　減価償却の意義と自己金融効果

土地および**建設仮勘定**を除く有形固定資産は，使用または時の経過（**物質的減価原因**）と陳腐化・不適応化（**機能的減価原因**）によって漸次その価値が減少するが，その価値を一定の計算方法によって規則的・継続的に費用（**減価償却費**）として計上するとともに，減価償却累計額を設定してその金額だけ固定資産の帳簿価額を減少させる手続きを**減価償却**という。

減価償却の目的は，適正な費用配分を行うことによって毎期の期間損益を正確に行うことにある。これを資金的な側面から見れば，過去に支出された投下資本の回収過程であり，収益から差し引かれた減価償却費はなんら支出を伴わない費用であるから，それだけ収益活動による流入資金が企業内に留保されることになる。このような減価償却の財務的効果を**自己金融**ないしは**固定資産の流動化**という。

重要ポイント 3 　定額法

固定資産の耐用期間中，毎期均等額の減価償却費を計上する方法をいう。

$$毎期の減価償却費＝\frac{取得原価－残存価額}{耐用年数}$$

重要ポイント 4 　定率法

未償却残高（＝取得原価－**減価償却累計額**）に一定率を乗じて減価償却費を計算する方法で，耐用年数の比較的初期に多額の減価償却費が計上されるため投下資金の早期回収や保守主義の原則に合致した方法といわれる。

$$毎期の減価償却費＝未償却残高×定率$$

$$定率＝1－\sqrt[耐用年数]{\frac{残存価額}{取得原価}}$$

重要ポイント**5** 級数法

毎期の償却額を算術級数的に逓減した減価償却費を計上する方法であり，定率法の簡便法として考案された方法である。

$$毎期の減価償却費＝（取得原価－残存価額）×\frac{残り耐用年数}{耐用年数の級数総和}$$

$$耐用年数の級数総和＝\frac{耐用年数×（1＋耐用年数）}{2}$$

重要ポイント**6** 生産高比例法

この方法は，減価が主として固定資産の利用に比例して発生するような固定資産（鉱業用設備，航空機，自動車等）に適用される方法である。

$$毎期の減価償却費＝（取得原価－残存価額）×\frac{各期実際生産量}{予測総生産量}または\frac{各期実際利用時間数}{予測総利用時間数}$$

重要ポイント**7** 総合償却

減価償却は，償却を個々の固定資産ごとに行う**個別償却**と，個々の固定資産をグループ化して一括的に償却を行う**総合償却**に分けられる。

総合償却には，耐用年数を異にする多数の異種資産につき平均耐用年数を用いて一括的に減価償却計算および記帳する方法と，耐用年数の等しい同種資産または，耐用年数は異なるが，物質的性質ないし用途等において共通性を有する幾種かの資産を1グループとし，各グループにつき平均耐用年数を用いて一括的に減価償却計算および記帳を行う方法とがある。

重要ポイント**8** 取替法

同種の物品が多数集まって1つの全体を構成し，老朽品の部分的取替えを繰り返すことにより全体が維持されるような固定資産（たとえば，軌条，信号機，送電線，需要者用ガス計量器，工器具器等）について適用される方法であり，部分的取替えに要する取替費用を収益的支出（費用）として処理するため，当該固定資産がその更新時まで常に取得原価のままで維持されることになり，取得原価をその耐用年数にわたって規則的かつ合理的な方法で費用配分する減価償却とは区別される。

重要ポイント**9** 固定資産の減損

（1）減損の意義

固定資産の減損とは，資産の収益性の低下により投資額の回収が見込めなくなった状態であり，減損処理とは，そのような場合に，当該資産の帳簿価額を**回収可能価額**まで減額する会計処理をいう。なお回収可能価額とは，資産または資産グループの**正味売却価額**と**使用価値**のいずれか高いほうの金額をいい，正味売却価額とは，資産または資産グループの時価（市場価格等の公正な評価額）から処分費用見込額を控除して算定される金額をいい，また使用価値とは，資産または資産グルー

プの継続的使用と使用後の処分によって生ずると見込まれる将来キャッシュ・フローの現在価値をいう（「固定資産の減損に係る会計基準」注解1）。

(2) 減損と臨時償却との相違

固定資産の帳簿価額を臨時的に減額する会計処理の一つとして，**臨時償却**がある。臨時償却とは，減価償却計算に適用されている耐用年数または残存価額が，予見することのできなかった原因等により著しく不合理となった場合に，耐用年数の短縮や残存価額の修正に基づいて一時に行われる減価償却累計額の修正であるが，資産の収益性の低下を帳簿価額に反映すること自体を目的とする会計処理ではないため，減損処理とは区別される。

(3) 減損の兆候

減損処理に関しては，まず資産または資産グループ（独立したキャッシュ・フローを生み出す最小の単位）ごとに**減損の兆候**の有無を検討する。ここに減損の兆候とは，減損が生じている可能性を示す事象をいい，たとえば①営業損益やキャッシュ・フローの継続的なマイナス，②事業の廃止・再編，資産等の早期処分・多用途への転用・遊休化，③経営環境の著しい悪化，④当該資産の市場価格の著しい下落，などの状況が生じた場合が挙げられる（「同基準」2の1）。

(4) 減損損失の認識と測定

減損の兆候が認められる場合は，当該資産から生み出される割引前将来キャッシュ・フローの合計額を見積もり，その額が帳簿価額を下回る場合には，**減損損失を**認識する（「同基準」2の2）。なお，複数の資産から構成される資産グループについて認識された減損損失の金額は，構成資産の帳簿価額などの合理的な基準によって配分し，各資産の帳簿価額を減額する。その資産グループにのれんが含まれている場合は，その超過収益力の喪失を反映させ減損損失を優先的に配分する（「同基準」2の6(2)・8）。

(5) 財務諸表上の表示

減額した金額は，減損損失として特別損失の区分に計上する。また当該資産の貸借対照表上の表示は，原則として減損処理前の取得原価から減損損失を直接控除し，控除後の金額をその後の取得原価とするが，当該資産に対する**減損損失累計額**を，取得原価から間接控除する形式で表示することも認められている。その場合には，減損損失累計額は減価償却累計額に合算して表示することができる（「同基準」4）。なお，いったん減損処理を実施した減価償却資産は，減額後の新しい帳簿価額を基礎として，その後の減価償却を規則的に実施し，また減損処理実施後に回収可能価額が回復しても，減損損失の戻し入れは行わないこととされている（「同基準」2の9）。

実戦問題 ❶　基本レベル

No.1 減価償却に関する次の記述のうち，妥当なのはどれか。

【国税専門官・令和4年度】

1　耐用年数を配分基準とする方法には，定率法や級数法があり，利用度を配分基準とする方法には定額法がある。特に，定額法については，減価償却費の負担が逓減していくことや，減価償却費と修繕費を合わせた固定資産費用の負担が期間的に平均化される特徴がある。

2　減価償却の会計処理については，直接法と間接法の2つの仕訳方法がある。直接法とは，減価償却費を取得原価から直接控除し，貸借対照表上，その差額（帳簿価額）のみを記載する方法である。一方，間接法とは，減価償却費を減価償却累計額勘定に計上する方法である。

3　企業会計基準に準拠すると，減価償却を継続的に行っている途中で耐用年数を変更すべき事情が生じた場合において，過去の耐用年数の見積りが誤っていたときは過年度の償却計算を修正することはできないが，新生産技術の発明などにより，当初に見積もった耐用年数を変更すべき事情が事後的に生じた場合であれば，過年度の償却計算を修正する必要がある。

4　減価償却の目的は，償却資産に投下された資金の回収という自己金融作用である。また，減価償却の効果としては，償却資産の取得原価を，当該資産の利用期間に配分することを通じて，各期間の利益を適切に算定することが挙げられる。

5　減価償却資産については，税法により従来は耐用年数経過時に残存簿価1円まで償却できることとされていたが，平成19年度税制改正により，平成19年4月1日以降に取得した有形固定資産については，残存価額を取得原価の10％とすることとされた。

♦ **No.2** 有形固定資産の減価償却および固定資産の減損に関する次の記述のA～

Eに入るものの組合せとして妥当なものはどれか。

【国税専門官／財務専門官・令和2年度】

図は，取得原価が10万円，耐用年数5年の設備の減価償却について，[A]

を適用した場合の考え方を表したものであり，図中の棒グラフは各期の減価償却

費を示している。図中の折れ線グラフは，取得原価から[B]を控除して算出

した[C]を示しており，逓減している。

一方，ある固定資産について，減損の兆候があるときは，その資産について割

引前将来キャッシュ・フロー総額を見積もり，その総額が資産の帳簿価額より

[D]場合には，減損を認識しなければならない。減損損失の測定に際して

は，回収可能価額を算定する必要があり，回収可能価額とは，資産の使用価値と

正味売却価額とのいずれか[E]金額のことである。

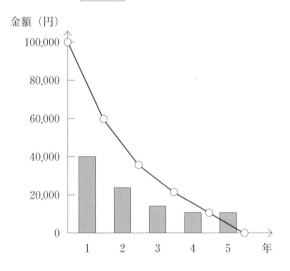

	A	B	C	D	E
1	定率法	減価償却累計額	未償却残高	低い	高い
2	定率法	減価償却累計額	未償却残高	低い	低い
3	定率法	未償却残高	減価償却累計額	高い	高い
4	定額法	減価償却累計額	未償却残高	低い	低い
5	定額法	未償却残高	減価償却累計額	高い	高い

✦ No.3 **有形固定資産に関する次の記述のうち，妥当なのはどれか。**

【国税専門官／財務専門官・平成28年度】

1 有形固定資産とは，企業が利用するために保有している資産で，物理的な形態を持ったものであり，このうち，減価償却の適用対象となる資産を償却資産という。償却資産の例としては，建物，土地，機械装置，船舶のほか，耐用年数が1年未満のものを含めたすべての工具・器具・備品が挙げられる。

2 有形固定資産の取得時点で行われる支出のうち，当該資産を使用可能な状態にするまでに要した付随費用は収益的支出として処理される一方で，有形固定資産の使用を開始した後に改良等を行った場合に要する支出は，当該資産の機能を維持・管理するために行う修繕の場合も含めて，当該固定資産の原価に算入されて資産となる資本的支出として処理される。

3 正規の減価償却は，有形固定資産の取得原価から残存価額を控除した差額を，一定の原価配分基準に基づき，各期に減価償却費として配分する会計手続であり，毎期継続して規則的に行われる。減価償却費の計算要素のうち原価配分基準については，利用度と耐用年数があるが，一般的には耐用年数が基準として用いられている。

4 減価償却は，期間配分された減価償却費自体が現金支出を伴わない費用であることから，当該償却費の計上分だけ資金が留保されることを通じて，投下資本が回収される効果がある。償却資産が販売・管理活動のためのものであるか，製造活動のためのものであるかにかかわらず，投下資本の回収方法は同一である。

5 有形固定資産のうち，電力会社の電柱や送電線，鉄道会社のレールなど，同種の資産が多数集まることで利用可能な資産については，老朽品の部分的取替が実際に生じるまで資産を取得原価のままで計上したうえで，部分的取替が生じた時点で取替前資産の取得原価を費用として処理し，取替後資産の取得原価を資産の金額に追加する取替法がとられる。

第2章

資産会計

No.4 A社は2010年度期首に，機械装置（耐用年数10年，残存価額ゼロ）を200万円で取得し，定額法により減価償却を行っていたが，2013年度末にこの機械装置に減損の兆候が確認されたため，減損テストを実施した結果，2013年度末に減損処理を実施する必要性が認められた。この場合における機械装置の減損損失はいくらか。

なお，2013年度末におけるこの機械装置の正味売却価格は55万円，使用価値は70万円である。　　　　　　　　　　　　　　　【国税専門官／財務専門官・平成26年度】

1　50万円　　　　**2**　65万円　　　　**3**　70万円　　　　**4**　85万円　　　　**5**　130万円

No.5 固定資産に関する次の記述のうち，妥当なのはどれか。

【国税専門官・平成21年度】

1　建物や機械などの有形固定資産は，使用や時の経過によりその経済的便益が減少し，やがて使用できなくなる。減価償却の目的は，使用不能になった会計年度に有形固定資産の簿価を一括して費用計上することにより，適正な期間損益計算を行うことにある。

2　固定資産の減価償却は，その償却単位の設定の違いによって個別償却，総合償却に分類される。総合償却は，耐用年数を異にする多数の同種資産について，平均耐用年数で一括してその減価償却費を計算し，記帳する方法である。現行の企業会計原則では，総合償却で用いられる減価償却の方法は取替法によるとされている。

3　有形固定資産に投下された資金は，減価償却の手続きを経て売上高と対応づけられ，売掛金や現金預金等の貨幣性資産の形で回収される。減価償却費は，資金の流出を伴わない費用項目であるから，減価償却を実施することにより，企業内にはそれに相応する額の資金が留保されることになる。

4　無形固定資産とは，物理的な形態を持たないが１年を超える長期にわたって利用される資産項目をいう。これには，特許権・地上権・商標権などの法律上の権利，コンピュータのソフトウェア制作費が含まれるが，収益性の高い他企業の買収に伴って計上される「のれん」は含まれない。現行の企業会計原則では，無形固定資産の取得価額は原則として償却不要とされている。

5　建設仮勘定は，建物や機械装置など完成までに相当の期間を要するものについて，工事が完成するまでの見積額を計上するための勘定であり，工事の完成後，その実際の取得価額をもって本来の資産勘定に振り替えられる。建設仮勘定は見積額であるが，減価償却を行う必要がある。

実戦問題 **1** の 解説

No.1 の解説 直接法と間接法 → 問題はP.89 **正答2**

1 ✕ 耐用年数（時間）を配分基準とする方法は定額法・定率法・級数法であり，利用度を配分基準とする方法は生産高比例法である。また，**減価償却費の負担が逓減**していくことや，減価償却費と修繕費を合わせた**固定資産費用の負担が期間的に平均化**される特徴を有するのは，**定率法・級数法**である。

2 ◎ 正しい。

3 ✕ 有形固定資産の耐用年数の変更について，問題文の**新生産技術の発明**のケースのように，過去に定めた耐用年数が，これを定めた時点での合理的な見積りに基づくものであり，それ以降の変更も合理的な見積りによるものであれば，当該変更は過去の誤謬の訂正には該当せず，**会計上の見積りの変更**に該当する。一方，過去に定めた耐用年数がその時点での合理的な見積りに基づくものでなく，これを**事後的に合理的な見積りに基づいたものに変更する場合には，過去の誤謬の訂正に該当**することになる（「会計上の変更及び誤謬の訂正に関する会計基準の適用指針」12）。

4 ✕ 減価償却の目的は，償却資産の取得原価を，当該資産の利用期間に配分することを通じて，各期間の利益を適切に算定することであり，償却資産に投下された資金の回収という**自己金融作用は減価償却の効果**である。

5 ✕ 平成19年度税制改正により，平成19年4月1日以後に取得された減価償却資産については，償却可能限度額および残存価額が廃止され，耐用年数経過時に残存簿価1円まで償却できるようになった。なお，償却可能限度額の廃止に伴いすでに償却可能限度額に達している資産に関しては，残存簿価につき改正後5年間にわたり均等償却できること，加えて，**従来の残存価額10%を前提とする定額法，定率法はこれを廃止し，残存価額を考慮しない方法に改正**された（「減価償却に関する当面の監査上の取扱い」30）。

No.2 の解説 有形固定資産の減価償却と減損 → 問題はP.90 **正答1**

定額法による減価償却とは，固定資産の耐用期間中毎期均等額（一定額）の減価償却費を計上する方法であるのに対して，定率法は**未償却残高（C）**（＝取得原価－**減価償却累計額（B）**）に一定率を乗じて減価償却費を逓減させる計算方法であり，問題文の減価償却方法は**定率法（A）**である。

また，固定資産の減損とは，資産の収益性の低下により投資額の回収が見込めなくなった状態であり，減損処理とは，そのような場合に，当該資産から生み出される割引前将来キャッシュ・フローの合計額を見積もり，その額が帳簿価額より**低い（D）**場合には減額を認識する会計処理をいう。なお回収可能価額とは，資産または資産グループ（独立したキャッシュ・フローを生み出す最小の単位）の正味売却価額と使用価値のいずれか**高い（E）**ほうの金額をいい，正味売却価額とは，資産または資産グループの時価（市場価

格等の公正な評価額）から処分費用見込額を控除して算定される金額をい
い，また使用価値とは，資産または資産グループの継続的使用と使用後の処
分によって生ずると見込まれる将来キャッシュ・フローの現在価値をいう
（「固定資産の減損に係る会計基準」注解１）。

　　したがって，正答は**1**である。

No.3 の解説　　有形固定資産の減価償却　　　　→ 問題はP.91　**正答3**

1 ✕　有形固定資産は，**償却資産，減耗性資産，非償却資産に大別**され，償却資産
には，建物，構築物，機械・装置，船舶，車両運搬具，航空機，工具・器
具・備品等が含まれるが，問題文に例示されている**「土地」は非償却資産**で
ある。なお，**減耗性資産**とは，山林や鉱山のように，採取するにつれて漸次
減耗し，涸渇する天然資源を表す。

2 ✕　有形固定資産に係る支出のうち，当該**固定資産の取得原価に算入される支出
を資本的支出**という。これに対して，当該**固定資産の単なる維持・管理にす
ぎない支出は収益的支出**といい，当該固定資産の取得原価に算入してはなら
ず，当該支出時の会計期間の費用に計上する。ある支出を資本的支出とすべ
きか，収益的支出とすべきかは，その支出が資産価値（経済的便益）を増大
または耐用年数を延長させるのかどうかが判断基準となる。したがって，有
形固定資産の取得時点で支出される付随費用および有形固定資産の改良等を
行った場合に要する支出は，資本的支出として取得原価に算入するが，当該
資産の機能を維持・管理するために行う**修繕のための支出は収益的支出**とし
て取得原価には算入せず，期間費用として処理することになる。

3 ◎　正しい。

4 ✕　減価償却の効果である投下資本の回収は，償却資産の性質によってその方法
が異なる。まず，減価償却が**販売・管理活動のための償却資産**に係るもので
ある場合には，減価償却費は期間原価として，**販売費及び一般管理費**の一部
を構成し，収益から控除されることを通じて投下資本が回収される。他方，
減価償却が**製造活動のための償却資産**に係るものである場合には，減価償却
費は**製造原価**として，仕掛品原価・製品原価に算入され，製品の販売段階で
売上原価に含められて投下資本が回収されることになる。

5 ✕　**取替法**は，軌道・送電線等，同種の物品が多数集まって１つの全体を構成
し，老朽品の部分的取替えを繰り返すことにより全体が維持されるような固
定資産について，その**部分的取替えに要する費用を収益的支出として処理す
る方法**である。したがって，当該固定資産は，その更新時まで取得前資産の
取得原価で常に維持されることになり，取得後資産の取得原価が収益的支出
として処理されることになる。

No.4 の解説　減損損失

→ 問題はP.92　**正答1**

STEP❶　減損とは何か

固定資産の減損とは，固定資産の収益性低下により投資額の回収が見込めなくなったときに，当該**資産の帳簿価額を回収可能価額まで減額する会計処理**をいう。

STEP❷　回収可能価額とは何か

回収可能価額とは，**正味売却価額と使用価値のいずれか高いほうの価額**をいう。

STEP❸　帳簿価額はいくらか

取得価額200万円－減価償却累計額80万円：（200万円÷10年）×4年
＝帳簿価額120万円

STEP❹　減損損失はいくらか

帳簿価額120万円－使用価値70万円＝減損損失50万円

したがって，正答は**1**である。

No.5 の解説　減価償却の自己金融効果

→ 問題はP.92　**正答3**

1 ✕　有形固定資産は，使用や時の経過（**物理的減価**）や陳腐化・不適応化（**機能的減価**）によって価値が減少する。**減価償却の目的**は，かかる減価を一定の計算方法によって規則的・継続的に計算し，毎期の費用（減価償却費）として**費用配分**を行うことによって，**適正な期間損益計算**を行うことにある。

2 ✕　**総合償却**は，**共通的な用途に用いられる固定資産群**，または耐用年数が等しい同種資産群を償却単位として設定し，**一括的に減価償却を行う方法**である。**取替法**は，同種の物品が多数集まって1つの全体を構成し，**部分的取替を繰り返すことによって全体が維持されるような固定資産**に適用されるもので，**部分的取替に要する費用を収益的支出として計上**するため，**取得原価が更新時まで維持される**結果になり，取得原価を耐用年数にわたって費用配分する減価償却とは異質なものとされる。

3 ◎　正しい。減価償却の財務的機能を**自己金融効果**という。

4 ✕　**無形固定資産**には，**経済上の優位性**を表す資産であるのれんも含まれ，**法律上の権利**を表す無形固定資産は，それぞれの法律または税法上の償却期間を上限に償却し，**のれんは20年以内に償却**する（「企業結合に関する会計基準」32）。また研究開発費に該当しない**ソフトウェア制作費**は無形固定資産に計上され，その性格に応じて，**見込販売数量・見込販売収益や定額法等合理的な償却方法で償却**しなければならない（「研究開発費及びソフトウェアの会計処理に関する実務指針」18・21）。

5 ✕　**建設仮勘定と土地は非償却資産**である。

No.6 有形資産および無形資産に関する次の記述のうち，妥当なのはどれか。

【国税専門官／財務専門官・平成24年度】

1 有形固定資産に係る支出のうち，耐用年数を延長させるなど資産価値を増大させる支出を収益的支出といい，それ以外を資本的支出という。資本的支出として処理すべき支出を収益的支出として処理した場合，当期の資産が過大計上されるとともに当期の費用が過小計上されることになる。

2 土地や建物などの有形資産の耐用年数にわたって各期に配分される減価償却費は，実際の現金支出を伴う費用であるため，計上額に相当する投下資金が企業内部に留保されることになる。この効果のことを減価償却の自己金融効果という。

3 減損会計は，収益性の低下などにより投資額の回収見込みがなくなった固定資産について，その簿価を取替原価まで切り下げる処理を行うものである。固定資産の取替原価が回復すれば，その水準まで減損損失の戻入れ処理を行い，評価増を行うことも可能である。

4 法律上の権利である無形資産には特許権，開業費，ブランドなどがある。このうち，特許権はその取得に直接要した費用のみならず，その使用により将来獲得するキャッシュ・フローの割引現在価値も考慮されるため，財務諸表上の特許権の計上額は常に公正価値を表示していることになる。

5 経済上の優位性を表す無形資産としてのれんがあるが，のれんの資産計上が認められるのは企業結合により有償取得した場合のみであり，無償取得した場合や自己創設した場合，のれんの資産計上は認められない。

No.7 資産会計に関する次の記述のうち，妥当なのはどれか。

【国税専門官／財務専門官・平成25年度】

1 有価証券の一つに自己株式があるが，これは自社が発行した株式を取得して保有しているものである。自己株式は，市場での換金価値があることおよび資本の払戻しであることから早期に処分すべきものであるとされ，貸借対照表上は流動資産に他の有価証券とは区別して表示される。

2 棚卸資産の取得原価は，購入代価に付随費用を加算して決定される。そのため，仕入代金の早期支払いによる減額された金額である仕入値引は購入代価に含めず，販売費として処理される。また，品質不良による単価の切下げ分である仕入割引は購入代価から控除される。

3 自家建設による有形固定資産の取得原価は，適正な原価計算の基準に準拠して算定される。取得原価は金額に客観性が必要であるため，当該取得原価は，経済的に独立した第三者間で成立する市場での取引価額となる。したがって，当該取得原価は製造に要した実際の原価と製作利益の合計として算定される。

4 有形固定資産における正規の減価償却とは，有形固定資産の取得原価から残存価額を控除した額を，耐用年数等を基準とした一定の組織的な方法で減価償却費として各期に配分していく手続きのことである。具体的には，取得原価，残存価額および耐用年数等の計算要素を決定し，選択した減価償却方法を毎期継続して適用するものである。

5 固定資産の減損処理における回収可能価額とは，資産または資産グループの正味売却価額と使用価値のいずれか高いほうの金額のことである。正味売却価額とは，取得原価から減価償却累計額を控除した金額のことであり，使用価値とは，継続的使用によって生ずると見込まれる将来キャッシュ・フローの将来価値である。

❖ No.8 固定資産の取得原価に関する次の記述のうち，妥当なのはどれか。

【国税専門官・平成15年度】

1 固定資産を自家建設した場合には，適正な原価計算基準に従って製造原価を計算し，これに基づいて取得原価を決定するが，建設に要する借入金の利子のうち，稼働前の期間に属するものについては営業外の費用であることから，取得原価に算入することができない。

2 株式を発行し，その対価として固定資産を受け入れた場合には，出資者に対して交付された株式の発行価額をもって取得原価とする。したがって，場合によっては受け入れた資産の公正な評価額よりも高い価額を株式の発行価額とすることが認められる。

3 固定資産を購入によって取得した場合は，購入代金に買入手数料，運送費，荷役費，据付費，試運転費等の付随費用を加えて取得原価とする。ただし，正当な理由がある場合には，付随費用の一部または全部を加算しない額をもって取得原価とすることができる。

4 自己所有の固定資産と交換に固定資産を取得した場合には，新たに取得した固定資産の評価額をもって取得原価とする。したがって，交換に供された自己所有の固定資産と新たに取得した固定資産との差額については，特別損益として計上しなければならない。

5 固定資産の贈与を受けた場合には，取得原価がゼロであるから，簿外資産とするか備忘価額1円を付さなければならない。また，公正な評価額よりも低い価額で固定資産を取得した場合は，取得に要した対価をもって取得原価とする。

***

No.9 流動資産および固定資産の会計に関する次の記述のうち，妥当なのはどれか。　　　　　　　　　　　　　　　　　　　【国税専門官・平成22年度】

1　資産を流動資産と固定資産に分類する基準には，正常営業循環基準と１年基準の２つがあるが，企業会計上は原則として１年基準が優先的に適用されるため，１年を超えて現金化される資産または現金化が予定されていない資産については，すべて固定資産に分類される。

2　有価証券は，その属性または保有目的によって，売買目的有価証券，満期保有目的の債券，子会社株式および関連会社株式，その他有価証券の４つに分類されるが，いずれの有価証券についても時価をもって貸借対照表価額としなければならない。

3　有形固定資産とは，具体的な形態を持っている非貨幣性の固定資産であり，①土地，建物，機械などの償却資産，②石油・ガス，その他の埋蔵資源などの減耗性資産，③棚卸資産，建設仮勘定などの非償却資産に大別できる。

4　減価償却は，費用収益対応の原則および原価配分の原則に基づく会計処理手続きであり，期間利益を適正に算定することをその目的とし，減価償却費の計上（販売費及び一般管理費または売上原価）によって投下貨幣資本が回収される効果を持っている。

5　減損会計（減損処理）とは，固定資産価値が物理的理由，経済的環境の変化などによって収益性が低下し，資産の投資額である簿価を回収できなくなった場合に，当該資産の時価の下落した分の金額を減損損失として当期の損益計算書の営業外費用に計上する会計処理である。

実戦問題 ❷ の 解説

No.6 の解説　のれん　→ 問題はP.96　**正答5**

1✕　耐用年数を延長させ資産価値を増大させる支出は収益的支出ではなく資本的支出であり，したがって，資本的支出として処理すべき支出を収益的支出として処理した場合は，**当期の資産が過小計上されるとともに当期の費用が過大計上される**ことになる。

2✕　土地は非償却資産であり，減価償却は行われない。また，減価償却の自己金融効果は，**減価償却費が現金支出を伴わないために，その計上額に相当する**投下資金が企業内部に留保されることをいう。

3✕　減損損失を認識すべきであると判定された資産または資産グループについては，**帳簿価額を回収可能価額まで減額し，当該減少額を減損損失として当期の損失（特別損失）とし，減損損失の戻入れは行わない**（「固定資産の減損に係る会計基準」2の3，3の2，4の2）。

4✕　法律上の権利としての**無形資産には開業費やブランドは含まれない**。また，**特許権はその取得に要した支出額または支払対価で計上される**にすぎなく，財務諸表上の計上額が公正価値を反映しているわけではない。

5◎　正しい（会社計算規則11条，企業会計原則注解25）。

No.7 の解説　正規の減価償却　→ 問題はP.97　**正答4**

1✕　自己株式は，平成13年6月の商法改正によって，従来軽微な場合を除き有価証券と区別して資産の部に表示することとされていたが，自己株式の原則自由化に伴い，**自己株式は純資産の部の株主資本に自己株式の区分を設けて控除する形式で記載**しなければならなくなった（会社計算規則76条2項，財務諸表規則66条）。自己株式の処分についても，従来「自己株式売却損益」が用いられてきたが，同改正により処分差額が損益計算書に計上されないこと，および自己株式の処分が売却だけに限定されないことなどに伴って，**プラスの自己株式処分差額を「自己株式処分差益」**とし，**マイナスの自己株式処分差額を「自己株式処分差損」**として区別することとなった（「自己株式及び法定準備金の取崩等に関する会計基準」4～6）。「自己株式処分差益」は，**「その他資本剰余金」**区分に計上し，「自己株式処分差損」は**「その他資本剰余金」**から減額し，減額し切れない場合は，会計期間末においてその他資本剰余金をゼロとし，当該負の値をその他利益剰余金（繰越利益剰余金）から減額する（同基準9～12）。なお，これらの処分ならびに消却に関する**付随費用は，損益計算書の営業外費用に計上する**（同基準14）。

2✕　棚卸資産の取得原価は，購入代価または製造原価に引取費用などの付随費用を加算して決定される（企業会計原則第3の5のA）。ここで購入代価は，値引き・割戻しなどを控除した金額であり，引取費用などの付随費用には，買入手数料，引取運賃，運送保険料，関税買入事務費，移管費，保管費など

が含まれるが，これらの付随費用のうち重要性の乏しいものについては取得原価に算入しないことができる（企業会計原則注解1の(4)）。**仕入代金の早期支払いにより減額された金額は仕入値引ではなく，仕入割引であり，購入代価に含めず営業外収益として処理**する。また，**品質不良による単価の切下げ分は仕入割引ではなく，仕入値引であり，購入代価から控除される。**

3 ✕ 固定資産の取得原価は，購入，現物出資，交換，贈与等その取得形態に応じて決定されるが，**自家建設の場合**には，適正な原価計算基準に従って算定された**製造原価を取得原価とする**（「連続意見書第三」第1の4）。取得原価は，評価の客観性，その基礎となった数値の検証可能性において優れており，未実現利益を排除し処分可能な資金的裏づけのある利益の測定が要請される今日の企業会計制度では，原則的な評価基準となっている。したがって，製造に要した実際の原価に**製作利益を加えることは未実現利益の計上につながる**ことになり認められない。

4 ◎ 正しい。なお，**正規の減価償却**に対して固定資産の帳簿価額を臨時的に減額する会計処理の一つとして，**臨時償却**がある。臨時償却とは，減価償却計算に適用されている耐用年数または残存価額が予見することのできなかった原因等により著しく不合理となった場合に，**耐用年数の短縮**や**残存価額の修正**に基づいて一時に行われる減価償却累計額の修正をいう。

5 ✕ 固定資産の減損処理における**回収可能価額とは，資産または資産グループの正味売却価額と使用価値のいずれか高いほうの金額**をいい，**正味売却価額とは，資産または資産グループの時価（市場価格等の公正な評価額）から処分費用見込額を控除して算定される金額**をいい，また**使用価値とは，資産または資産グループの継続的使用と使用後の処分によって生ずると見込まれる将来キャッシュ・フローの現在価値**をいう（「固定資産の減損に係る会計基準」注解1）。

1 ✕　固定資産を自家建設した場合は，**適正な原価計算基準**に従って算定された**製造原価を取得原価**とするが，その際，建設に要する**借入資本の利子で稼働前の期間に要するもの**は，これを**取得原価に算入**することができる（「連続意見書第3」第1の4の2）。

2 ✕　株式を発行してその対価として固定資産を受け入れる場合は，交付株式数を決定する際に当該固定資産を公正な価値で評価することが必要であり，したがって取得原価となる株式の発行価額は，受入資産の**時価**などの**公正価値**と等しいものとなる。

3 ◎　正しい。**付随費用のうち重要性の乏しいものについては，その一部または全部を取得原価に算入しないことができる**（「連続意見書第3」第1の4の1）。

4 ✕　自己所有の固定資産と**交換に固定資産を取得した場合**には，交換に供された自己資産の適正な**簿価**をもって取得原価とするため，交換による差額は生じない（「連続意見書第3」第1の4の4）。

5 ✕　**固定資産を贈与された場合**には，**時価**等を基準として公正に評価した額をもって取得原価とする（「連続意見書第3」第1の4の5）。

1 ✕　資産を流動資産と固定資産に分類する場合には，まず**正常営業循環基準**が適用され，次にこれによって分類しえない資産項目については，**1年基準**が適用される（企業会計原則注解16）。

2 ✕　**時価**をもって貸借対照表価額とされるのは，**売買目的有価証券**および**その他有価証券**であり，それ以外は取得原価で評価する（「金融商品に関する会計基準」15・18）。

3 ✕　①の**償却資産**には土地は含まれない。また③の**非償却資産**に棚卸資産が含まれているが，棚卸資産は固定資産ではなく流動資産であり非償却資産ではない。

4 ◎　正しい。

5 ✕　**減損損失**は，原則として，**特別損失**とする（「固定資産の減損に係る会計基準」4の2）。

第3章
負債および資本会計

テーマ **6** **負債会計（1）（引当金）**
テーマ **7** **負債会計（2）（社債）**
テーマ **8** **資本会計**

第3章 負債および資本会計

試験別出題傾向と対策

試験名	国家専門職（国税専門官）														
年度	21	22	23	24	25	26	27	28	29	30	元	2	3	4	5
頻出度 ／ テーマ・選択肢の内容　出題数	0	1	1	1	3	0	2	1	3	2	2	0	2	1	1
A ⑥負債会計(1)(引当金)															
計上目的・要件		●			●			●		●			●		●
表示方法								●							
評価性引当金		●			●		●		●				●	●	
負債性引当金		●			●		●		●		●		●		
引当金の種類		●													
偶発債務		●					●	●							
C ⑦負債会計(2)(社債)															
社債発行差金・社債発行費				●			●		●					●	
社債の種類と発行・償還							●	●							
社債の評価					●	●									
償却原価法															●
B ⑧資本会計															
利益準備金					●				●	●	●		●	●	
任意積立金													●	●	
資本準備金					●					●	●				
減資差益										●					
株式払込剰余金									●						
資本金・授権資本					●					●	●		●	●	
資本剰余金・利益剰余金					●					●	●				
固定資産評価差益														●	
自己株式				●	●		●		●		●		●		

(1) 負債

　引当金については，以前から旧商法の特定引当金の規定を巡ってさまざまな議論がなされてきたが，商法ならびに企業会計原則の改正に伴って，それら議論に終止符が打たれた重要箇所である。

　また社債は，特に計算問題として出題されやすいところでもあるので，社債の発行から償還に至るまでの一連の処理を具体的な数値例に当てはめながら学習する必要がある。

　負債については，契約上の金額が決まっているため資産に比べて評価上の問題はなく，出題も引当金と社債に集中している。引当金については，その意義と計上要件，評価性引当金・負債性引当金の区別とその種類，旧商法287条ノ2の引当金とは何か等について，記述式問題として平成13年度，23年度（東京都），24年度，令和2年度（東京都）に出題されており，十分整理しておく必要がある。社債は，割引発行による社債発行差額や社債発行費の処理と償却方法，社債償還損益の算定，転換社債と新株引受権付社債の意義と処理方法等について重点的に学習しなければならない。

(2) 資本

　資本と利益の区別という場合の「資本」の範囲について，企業会計原則と商法との相違を理解する必要がある。

　企業会計原則では，企業の社会的給付機能を維持存続させるための活動資金として資本の維持拘束性を重視するため，資本取引も払込資本，受贈資本，ならびに資本修正に関する取引，と広義に解する。

　これに対して商法では，債権者に対する株主の有限責任限度額としての資本の維持拘束性が問題とされるため，資本取引は株主による払込資本に限定される。したがって，払込資本以外は損益取引として処理される。

　なお，平成13年6月の商法改正ならびに平成17年7月の「会社法」の制定によって，貸借対照表の純資産の部の表示に関する大幅な改正が行われ，会計学上の基本原理への歩み寄りによって，商法・会社法と金融商品取引法との間に純資産の部の表示に関する相違はなくなった。

　資本については，企業会計原則と商法・会社法の資本概念の相違を，会計主体論（企業体理論と所有主理論）から発生している点を理解しておかなければならない。この点は，記述式問題としても，7年度および21年度に一般原則の「資本と利益区別の原則」として出題されているので十分留意しておく必要がある。

負債会計（1）（引当金）

必修問題

引当金に関する次の記述のうち，妥当なのはどれか。

【国税専門官・平成14年度】

1 引当金には，**評価性引当金**と**負債性引当金**の2種類があり，会計的性格は異なっていることから，企業会計原則注解において，それぞれについて概念が定められている。

2 引当金のうち，**賞与引当金**のように通常1年以内に使用される見込みのものは，流動負債に属するものとし，**特別修繕引当金**のように通常1年を超えて使用される見込みのものは，固定負債に属するものとする。

3 受取手形，売掛金その他の債権に対する**貸倒引当金**は，その債権が属する科目ごとに債権金額または取得価額から控除する形式で記載しなければならず，それ以外の記載方法は認められない。

4 引当金については，企業会計原則において具体的に11種類が限定列挙されており，それ以外の引当金は一切認められない。

5 将来の特定の費用または損失であって，その発生が当期以前の事象に起因し，その金額を合理的に見積もることができる場合であれば，発生の可能性の低い**偶発事象**に係る費用または損失についても，引当金を計上することができる。

難易度 ＊＊

必修問題の解説

　本問は,引当金に関する総合的な理解を問うており,評価性引当金と負債性引当金の意義と計上要件,財務諸表上の表示区分と表示方法,企業会計原則注解18の引当金は例示列挙であること等についての理解が必要である。

1 ✕ 評価性引当金および負債性引当金の会計的性格は同一である。

　　負債の部に計上すべき引当金を**負債性引当金**と称し,**資産の部の控除項目**として記載すべき引当金を**評価性引当金**と呼んで両者を区別する慣行が存在したが,負債性引当金も評価性引当金もいずれも将来の特定の費用または損失の計上に係る引当金項目であり,**会計的性格は同一**と考えられ,企業会計原則注解18では引当金として一本化を図った。

2 ◎ 引当金は,1年基準によって流動負債と固定負債に分類する。

　　正しい(貸借対照表原則4の(2)のA・B)。

3 ✕ 表示方法には,科目別控除法,複数科目一括控除法,注記法がある。

　　貸倒引当金と減価償却累計額の貸借対照表上の表示は,その債権または有形固定資産が属する**科目ごとに控除する形式**で表示することを原則とするが,次の**2つの方法**を選択適用することも認められている(企業会計原則注解17,会社計算規則109条・110条・134条)。①2つ以上の科目について,貸倒引当金または減価償却累計額を**一括して記載する方法**,②債権または有形固定資産について,貸倒引当金または減価償却累計額を控除した残額のみを記載し,当該貸倒引当金または減価償却累計額を**注記する方法**。

4 ✕ 企業会計原則注解18の引当金は,例示列挙したものである。

　　企業会計原則注解18に挙げられている引当金は,末尾に「等」となっていることからも明らかなように,引当金を**例示列挙**したものであり,同注解に規定されている引当金の要件を満たすものは,企業会計原則においてすべて引当金と認められる。

5 ✕ 発生の可能性の低い偶発事象に係る費用・損失に,引当金は設定できない。

　　発生の可能性の低い**偶発事象**に係る費用または損失については,**引当金を計上することはできない**(企業会計原則注解18)。

正答 **2**

第3章 負債および資本会計

FOCUS

　引当金の繰入額は,基本的には企業が自主的に見積もった合理的な費用または損失の予想額によることになるが,税務上は課税の公平性という観点から法定の繰入限度額が規定されており,実務上はそれを使用して繰入額を算定するのが一般的である。

── P O I N T ──

重要ポイント **1** 引当金の意義と計上要件

　引当金とは，(1)将来の特定の費用または損失に対するものであること，(2)その発生が当期以前の事象に起因していること，(3)費用や損失の発生の可能性の高いこと，(4)その金額を合理的に見積もることができること，の４つを計上要件として，当該見積額をその期間の収益に対応させる費用または損失として計上するときに，その相手勘定として設定される貸方項目をいう。

重要ポイント **2** 評価性引当金と負債性引当金

　負債の部に計上すべき引当金を**負債性引当金**と称し，資産の部の控除項目として記載すべき引当金を**評価性引当金**と呼んで両者を区別する慣行が存在したが，負債性引当金も評価性引当金もいずれも将来の特定の費用または損失の計上に係る引当金項目であり，会計的性格は同一と考えられ，企業会計原則注解18では引当金として一本化を図った。

　なお，従来，減価償却費の累計額を「**減価償却引当金**」としていたが，当該累計額は現に保有する償却資産について，すでに発生した減価償却費の累計額であって，将来の費用または損失に関するものではないため，企業会計原則注解18の引当金に該当しないと考えられ，「**減価償却累計額**」として固定資産からの控除項目として計上される。

重要ポイント **3** 会社計算規則６条２項１号の引当金

　引当金には，退職給与引当金や製品保証引当金等のように，契約や慣行に基づき将来一定の事実が生じた場合に法的な支払義務を伴う条件付債務である引当金と，修繕引当金や特別修繕引当金などのように法律上の債務ではなく会計学的な要請によって負債の部に計上される**擬制負債**（会計的負債）としての引当金がある。

　会社計算規則６条２項１号の引当金は，後者の法的な債務ではない引当金を，法律上負債の部（流動負債の部または固定負債の部）に計上することを容認するものである。

重要ポイント **4** 引当金の表示

　企業会計原則では，負債の部に記載する引当金は**1年基準（ワン・イヤー・ルール）**によって，**流動負債**と**固定負債**に区別して表示するとしている（貸借対照表原則４の(2)のA・B，会社計算規則107条２項）。

重要ポイント **5** 引当金と積立金

　貨幣性資産が企業内に留保されることになるため資金的効果という点では引当金も**積立金**も同様である。しかし，引当金は純利益が計算される前に設定されるのに対して，積立金は純利益が計算された後に未処分利益の一部を株主総会の承認を経て設定される点で両者は区別される。

重要ポイント 6 貸倒引当金

(1) 差額 (補充) 法と洗替法

期末における**貸倒引当金**の計上方法には**差額 (補充) 法**と**洗替法**がある。差額 (補充) 法は，期末の売上債権 (売掛金と受取手形) に対する貸倒見積額と貸倒引当金残高との差額分だけを計上する方法である。

(貸倒引当金繰入) ×××× 　　(貸倒引当金) ××××

　　または (貸倒引当損)，(貸倒償却)

洗替法は，貸倒引当金残高が前期における費用の過大見積額になるため，まずその残高を前期損益修正益を示す「貸倒引当金戻入」として洗替処理し，次に当期の期末売上債権に対する貸倒見積額を費用として計上する方法である。

　　貸倒引当金期末残高：(貸倒引当金) ×××× 　　(貸倒引当金戻入) ××××

　　貸倒引当金設定額：(貸倒引当金繰入) ×××× (貸倒引当金) ××××

(2) 貸倒引当金の表示方法

貸倒引当金と減価償却累計額の貸借対照表上の表示は，その債権または有形固定資産が属する科目ごとに控除する形式で表示することを原則とするが，次の２つの方法を選択適用することも認められている (企業会計原則注解17，会社計算規則109条・110条・134条)。

① ２つ以上の科目について，貸倒引当金または減価償却累計額を一括して記載する方法

② 債権または有形固定資産について，貸倒引当金または減価償却累計額を控除した残額のみを記載し，当該貸倒引当金または減価償却累計額を注記する方法

第3章

負債および資本会計

＊＊
No.1 　引当金に関する次の記述のうち，妥当なのはどれか。

【国税専門官／財務専門官・令和３年度】

1 　引当金とは，将来の資産の減少（費用または損失の発生）に備え，当期の負担
に属する金額を費用または損失として計上するために設定される借方項目であ
る。たとえば，賞与引当金は，固定負債として計上される。

2 　引当金は，負債性引当金と評価性引当金に分類され，負債性引当金の例として
は売上割戻引当金や修繕引当金があり，評価性引当金の例としては貸倒引当金や
退職給付引当金がある。いずれも貸借対照表には流動負債または固定負債として
計上される。

3 　引当金のうち，負債性引当金には法的債務性を有する引当金と法的債務性を有
しない引当金がある。法的債務性を有する引当金の例としては債務保証損失引当
金が，法的債務性を有しない引当金の例としては製品保証引当金がある。

4 　引当金を設定するには，将来の特定の費用または損失が見込まれること，その
発生が当期以前の事象に起因していること，その発生の可能性が高いこと，その
金額を合理的に見積もることができることの４つの要件をすべて満たしていなけ
ればならない。

5 　退職給付引当金については，企業が外部に積み立てている年金資産を退職給付
債務から控除した金額を計上することとされている。一般に，この年金資産は，
積立時点での積立額の累計額で表され，その運用収益を退職給付債務から控除す
ることは認められていない。

＊＊＊
No.2 　負債に関する次の記述のうち，妥当なのはどれか。

【国税専門官／財務専門官・平成28年度】

1 　企業が行う主たる営業活動に伴って負担する債務には，短期借入金，未払金，
未払費用・預り金等がある。これらは営業循環過程の中に位置づけられる項目で
あることから，期間の長さにかかわらず，すべて流動負債である。

2 　修繕引当金は，機械装置等の有形固定資産について，将来の修繕費見積額のう
ちの当期負担分を当期の費用として計上するための引当金である。将来における
修繕の必要性は，企業にとって法律上の債務であるが，確定した債務ではないた
め，修繕引当金は条件付債務に該当する。

3 　株式を発行して調達した資金は，会社の自己資本となるから返済を要しない
が，社債を発行して調達した資金は，満期時に返済すべき債務となる。このよう
に両者は性質が異なるため，一定の条件で株式に転換できる権利が付与された社
債は，現在わが国では認められていない。

4 　保険会社が保険金支払に備えて設定する責任準備金のような利益留保性の準備

金は，たとえ特別の法令によって所定の準備金を計上することが強制されている
としても，引当金の要件を満たしておらず，利益操作に悪用される可能性がある
ため，負債の部に計上することはできない。

5 偶発債務の発生の可能性が低い場合や，損失額を合理的に見積もることができ
ない場合には，引当金を計上することはできないが，保証債務等の企業の財務内
容を判断するために重要な事項については，偶発債務であっても貸借対照表に注
記しなければならない。

No.3 負債会計に関する次の記述のうち，妥当なのはどれか。 *

【国税専門官・平成20年度】

1 買掛金は，企業の主目的たる営業取引過程において発生した営業上の未払金で
あり，支払期限が1年以内のものについては流動負債，支払期限が1年を超える
ものについては固定負債に区分される。

2 引当金を設定するためには，将来の特定の費用または損失であって，その発生
が当期以後の将来的な事象に起因し，発生の可能性が高く，かつ，その金額を合
理的に見積もることができるという要件を満たす必要がある。

3 引当金は，資産の部に記載される評価性引当金と負債の部に記載される負債性
引当金とに大別され，さらに，負債性引当金は修繕引当金や特別修繕引当金など
の債務性のある引当金と，退職給付引当金や製品保証引当金などの債務性のない
引当金とに分類される。

4 社債を発行した場合には，払込価額をもって社債勘定の貸方に計上する。割引
発行および平価発行の場合には，社債の券面額と払込価額とに差額が生じること
になるが，この差額については償却原価法によって処理しなければならない。

5 前受収益は，一定の契約に従い，継続して役務の提供を行う場合，いまだ提供
していない役務に対し支払いを受けた対価をいい，当期の損益計算から除去する
とともに貸借対照表の負債の部に計上しなければならない。

実戦問題 **1** の解説

→ 問題はP.110

No.1 の解説　引当金の設定要件　→ 問題はP.110 **正答4**

1 ✕　引当金のうち，**賞与引当金**のように通常1年以内に使用される見込みのものは，**1年基準（ワン・イヤー・ルール）によって流動負債**に計上する（「企業会計原則」第3の4の（2）のA・B，「会社計算規則」107条2項）。

2 ✕　評価性引当金として例示されている**退職給付引当金は負債性引当金**である（「企業会計原則」注解18）。また**負債性引当金は1年基準（ワン・イヤー・ルール）**によって流動負債または固定負債として表示するが，**貸倒引当金のような評価性引当金は，原則として当該債権から控除**する形式で表示する（「企業会計原則」注解17）。

3 ✕　引当金には，**退職給付引当金や製品保証引当金**等のように，契約や慣行に基づき将来一定の事実が生じた場合に法的な支払義務を伴う**条件付債務である引当金**と，**修繕引当金や特別修繕引当金**などのように法律上の債務ではなく会計学的な要請によって負債の部に計上される**擬制負債（会計的負債）としての引当金**がある。問題文にある製品保証引当金は法的債務性を有する引当金である。

4 ◎　正しい（「企業会計原則」注解18）。

5 ✕　退職給付引当金は，退職給付債務から企業が外部に積み立てている**年金資産を控除**して計算するとともに，年金資産の運用により生じると期待される**収益**は，退職給付費用の計算において**差し引いて計算**する（「退職給付に関する会計基準」54（1））。

No.2 の解説　負債　→ 問題はP.110 **正答5**

1 ✕　流動負債と固定負債の区分は，資産の場合と同様に，支払手形，買掛金など企業の主たる**営業取引に基づく債務は営業循環基準**によって流動負債に，また，**借入金や預り金などは1年基準**によってそれぞれ流動負債と固定負債に区分する。

2 ✕　**引当金**には，退職給付引当金や製品保証引当金等のように，契約や慣行に基づき将来一定の事実が生じた場合に法的な支払義務を伴う**条件付債務である引当金**と，修繕引当金のように法律上の債務ではなく会計学的な要請によって負債の部に計上される**擬制負債（会計的負債）としての引当金**がある。

3 ✕　**社債**は，特別の条件が付与されていない**普通社債**と，新株予約権付社債のように**特別の条件が付与された社債**に大別される。**転換社債とは，あらかじめ決められた価額で株式に転換できる社債**であり，平成13年の商法改正によって**新株予約権付社債に改称**された。その発行については，株主総会で決議する旨の定めがある場合を除き，**取締役会によって，払込期日，新株予約権行使期間，利率，償還方法などを決議**することになっている（会社法238条～240条）。

4 × 「会社法」上の引当金には**利益留保性の引当金**は含まれないことが明白であるが，昭和56年改正前の**旧「商法」287条ノ２の引当金**，すなわちいわゆる**特定引当金**として計上されていた**租税特別措置法上の準備金**については，それが**企業会計原則の引当金の規定（注解18）に該当するもの**であれば，租税特別措置法上の準備金と同様に**負債の部に計上する**。また，上記の準備金等が注解18に該当せず，資産の部または負債の部に計上することが適当でないものは，特定業種の公益性の観点からその**計上が特別法で強制されており，またその繰入れおよび取崩しの条件が定められている**などの事情を考慮して，その計上を規定した法令の条項および当該準備金または引当金が１年以内に使用されると認められるものであるかどうかの区別を**注記表に表示**（「会社計算規則」119条１項，２項１号，２号）したうえで，**固定負債の次に別区分を設けて表示**しなければならない（同規則119条１項）。

5 ◎ 正しい。

No.3 の解説　前受収益 → 問題はP.111　**正答5**

1 × 買掛金は，**１年基準**ではなく**正常営業循環基準**によって**流動負債**に計上される（企業会計原則注解16）。

2 × 引当金は，**将来の特定の費用または損失**であって，その発生が当期以前の事象に起因し，発生の可能性が高く，かつ，その金額を合理的に見積もることができる場合に設定できるものである（企業会計原則注解18）。

3 × **負債性引当金**は，**債務性のない修繕引当金や特別修繕引当金**と，**債務性のある退職給付引当金や製品保証引当金**に分けられる。

4 × 社債の発行に際して，社債の券面額と払込価額とに差額が発生するのは，**割引発行**と**打歩発行**である。

5 ◎ 正しい（企業会計原則注解５）。

No.4
＊＊
引当金に関する次の記述のうち，妥当なのはどれか。

【国税専門官・平成6年度】

1 企業会計原則では，貸借対照表に計上できる引当金として，製品保証引当金，売上割戻引当金，賞与引当金，減価償却引当金，貸倒引当金などを挙げている。

2 製品保証引当金や工事補償引当金のようないわゆる負債性引当金は，まだ債務として未確定である点において未払金と区別されるが，すでに役務の提供を受けている点において未払費用と同様の性質を有する。

3 旧商法（287条ノ2）は「特定ノ支出又ハ損失ニ備フル為ノ引当金ハ其ノ営業年度ノ費用又ハ損失ト為スコトヲ相当トスル額ニ限リ之ヲ貸借対照表ノ負債ノ部ニ計上スルコトヲ得」と規定するが，退職給与引当金，製品保証引当金および貸倒引当金はこれに該当する引当金として認められる。

4 企業会計原則および計算書類規則によると，すべての引当金は，必ず固定負債の部に記載することを要するとされている。

5 企業会計原則によると，将来の特定の費用または損失であって，その発生が当期以前の事象に起因し，かつその金額を合理的に見積もることができる場合であっても，その発生の可能性が低い場合は，引当金を計上できない。

No.5
＊＊
負債会計に関するA～Dの記述のうち，妥当なもののみをすべて挙げているのはどれか。

【国税専門官・平成19年度】

　A：引当金を設定するためには，将来の費用や損失が特定しており，その発生原因が当期以前の事象に起因することが要件とされている。よって，たとえば，創立百周年記念事業に係る費用支出については，引当金の設定を行う必要がある。

　B：債務保証を行っていた保証先の会社が，債務超過に陥ったり，会社更生法の適用を受けるなどによって債務の代位弁済をしなければならない可能性がわずかでも認められる場合には，保守主義の原則から引当金の設定を行う必要がある。

　C：引当金は，評価性引当金と負債性引当金に分類できる。修繕引当金，特別修繕引当金に代表される評価性引当金は，その有形固定資産が属する勘定科目ごとに控除する形式で貸借対照表に表示される。

　D：偶発債務とは，一定の条件が満たされるような事態が発生したときに法律上の債務として確定する可能性がある義務であり，将来の費用や損失であるという点では，引当金と類似の性質を持っているが，発生の確実性と見積計算の合理性の要件を欠くという意味で引当金とは異なる。

1 A　　**2** D　　**3** A，B　　**4** B，C　　**5** C，D

❖ No.6 負債の会計に関する次の記述のうち，妥当なのはどれか。

【国税専門官・平成22年度】

1 長期借入金は，企業が営業循環過程の中で長期に利用する資金を債務の形で調達する手段であるため，決算日から1年内に返済すべきこととなった部分についても，「1年内返済の長期借入金」として貸借対照表上は固定負債に分類される。

2 企業が行う主たる営業活動に伴って負担する債務である買掛金，支払手形，短期借入金および未払費用は，いずれも営業循環過程の中にある項目であることから，支払期限までの期間の長さにかかわらず，すべて流動負債に分類される。

3 会計上の引当金は，評価性引当金と負債性引当金に大別され，評価性引当金は修繕引当金などの資産性のある引当金のみで構成される一方で，負債性引当金は貸倒引当金や製品保証引当金などの法的債務性のない引当金のみで構成される。

4 偶発債務とは，現時点においては単なる偶発損失であって法律上の債務ではないものの，一定の条件が満たされるような事態が発生したときに法律上の債務として確定する可能性がある義務であり，将来の費用または損失であるという点においては引当金と類似の性質を持っている。

5 未払金とは，一定の契約に従い，継続して役務の提供を受ける場合に，すでに提供を受けた役務に対して，いまだその対価の支払いが終わらないものをいい，前受金とは，一定の契約に従い，継続して役務の提供を行う場合に，いまだ提供していない役務に対して，前もって支払いを受けた対価をいう。

実 戦 問 題 ❷ の 解説

No.4 の解説 引当金の計上要件 → 問題はP.114 **正答5**

1✕ 従来，**評価性引当金**の一つとされてきた「**減価償却引当金**」については，それも継続企業の公準を理論的に推し進めれば，将来の固定資産を取替更新するための支出に備えるという意味において「企業会計原則注解18」の引当金に含まれるのではないかとする見解もあるが，通説的な解釈としては，**減価償却の本質**は費用配分の原則に基づく取得原価の期間配分であって取替資金の調達を第一義とするものではないと解するのが普通である。したがって，「減価償却引当金」は，引当金ではなく「**減価償却累計額**」として当該固定資産からの控除項目とする。

2✕ **負債性引当金**は，未払金や未払費用などと混同される場合が多いが，しかし，**未払金**はすでに支払期限が到来した確定債務であり，また**未払費用**は確定債務ではないが，役務はすでに費消されており，かつ，支払うべき相手方も確定しているものであるから，これらは負債性引当金と区別されなければならない。

3✕ 旧商法287条ノ2の引当金（会社計算規則6条2項1号）は，修繕引当金や特別修繕引当金などの法律上の債務ではない**擬制負債**を引当金として計上することを容認する規定であり，退職給与引当金や製品保証引当金は，**条件付債務**であり法律上の債務として負債の部（流動負債の部または固定負債の部）に計上されなければならないものであり，旧商法287条ノ2の引当金ではない。また**貸倒引当金**は，負債の部に計上されるのではなく特定の資産からの控除項目として計上される。

4✕ 企業会計原則によれば，引当金は**1年基準**の適用により流動負債と固定負債にそれぞれ区別して表示する（貸借対照表原則4の(2)のA・B）。

5◎ 正しい。**引当金の計上要件**としては，(1)将来の特定の費用または損失に対するものであること，(2)その発生が当期以前の事象に起因していること，(3)費用や損失の発生の可能性の高いこと，(4)その金額を合理的に見積もることができること，の4つが必要である。

No.5 の解説 偶発債務　　　　　　　　　　　　　→ 問題はP.114　**正答2**

A × 妥当でない。**創立百周年記念事業に係る引当金**は，どこまでが記念事業に係る費用支出なのかを具体的に特定できないだけでなく，その発生原因も当期以前にないため，**引当金の計上要件（将来の特定の費用または損失であって，その発生が当期以前の事象に起因すること）**にならないため引当金の設定を行うことができない。

B × 妥当でない。引当金は，将来の特定の費用または損失であって，その発生が当期以前の事象に起因し，発生の可能性が高く，かつ，その金額を合理的に見積もることができる場合に設定できるもので（企業会計原則注解18），問題文にある**「可能性がわずかでも認められる場合」**は，引当金の計上要件にはならない。

C × 妥当でない。修繕引当金や特別修繕引当金は**負債性引当金**であり，評価性引当金として有形固定資産から控除される引当金は**減価償却累計額**である（企業会計原則注解17）。

D ○ 妥当である（企業会計原則注解18）。

　以上から，妥当なものは**D**のみであり，正答は**2**である。

No.6 の解説 偶発債務　　　　　　　　　　　　　→ 問題はP.115　**正答4**

1 × 借入金など当該企業の**主目的以外の取引**によって発生した債務で，貸借対照表日の翌日から起算して**1年以内に支払いの期限が到来する**ものは，**流動負債**に属するものとし，支払いの期限が**1年を超えて到来する**ものは，**固定負債**に属するものとする（企業会計原則注解16）。

2 × **短期借入金は1年基準**によって流動負債とする（企業会計原則注解16）。

3 × 引当金は資産の部に記載される**評価性引当金**と負債の部に記載される**負債性引当金**に大別され，後者はさらに**債務性のある引当金**と**債務性のない引当金**に分類される。貸倒引当金は評価性引当金であり，修繕引当金は債務性のない**負債性引当金**である（企業会計原則注解17・18）。

4 ○ 正しい。

5 × 問題文は**未払費用**ならびに**前受収益**に関する説明であり，**未払金・前受金**とは区別されなければならない（企業会計原則注解5）。

テーマ 7 負債会計（2）（社債）

必修問題

　社債に関するＡ，Ｂ，Ｃの記述のうち，妥当なもののみをすべて挙げているのはどれか。【国税専門官・平成29年度】

Ａ：**普通社債の発行**には，発行価額と額面価額の違いに応じて，平価発行，割引発行および打歩発行の三形態があり，その中でも発行価額が額面価額と同じ平価発行が最も一般的な発行形態である。

Ｂ：**社債発行費**には，社債募集のための広告費，金融機関・証券会社の取扱手数料，社債の登記のための登録免許税等が含まれている。これは，支出時に費用計上が義務づけられており，繰延資産への計上は認められていない。

Ｃ：**新株予約権付社債**には，社債の保有者が会社に請求すれば，一定の条件で株式に転換できたり，あらかじめ決められた金額を払い込めば株式を購入できる権利が付与されている。そのため，この社債の発行元は普通社債と比較して金利を低く設定することができる。

1 Ａ

2 Ｂ

3 Ｃ

4 Ａ，Ｂ

5 Ａ，Ｃ

難易度　＊＊＊

必修問題の解説

　本問は，社債に関する総合的な理解を問うており，負債性引当金とともに負債会計における重要テーマである。解答に際しては，社債の発行に伴う適債基準の撤廃等による自由化，割引発行に伴う償却原価法による処理，社債発行費の内容と利息法・定額法による償却方法，新株予約権付社債（転換社債）の意義等についての理解が必要である。

A × **平価発行，打歩発行，割引発行のうち，わが国では割引発行が一般的。**

妥当でない。普通社債の発行には，額面金額で発行する平価発行，額面金額より高い価額で発行する打歩発行，額面金額より低い価額で発行する割引発行がある。これらは会社の信用状態や担保の有無および社債の利率と市場利率との関係などによって具体的に決定されるが，わが国ではほとんどが割引発行によっている。

B × **社債発行費は費用処理または繰延資産処理が認められる。**

妥当でない。社債発行費とは，社債募集のための広告費，金融機関・証券会社の取扱手数料，社債申込書・目論見書等の印刷費，社債の登記の登録税その他社債発行のために直接支出した費用をいう（財務諸表規則ガイドライン36(1)）。

社債発行費は，原則として，支出時に費用（営業外費用）として処理する。ただし，社債発行費を繰延資産に計上することができる。この場合には，社債の償還までの期間にわたり利息法により償却をしなければならない。なお，償却方法については，継続適用を条件として，定額法を採用することができる（「繰延資産の会計処理に関する当面の取扱い」3(2)）。

C ○ **新株予約権付社債は普通社債より低利にすることができる。**

妥当である。社債は，特別の条件が付与されていない普通社債と，新株予約権付社債（旧商法でいう転換社債や新株引受権付社債）のように特別の条件が付与された社債に大別される。新株予約権付社債には，社債の保有者が会社に請求すれば，一定の条件で株式に転換できたり，あらかじめ決められた金額を払い込めば株式を購入できる権利が付与されるなど，資金調達を容易にし，社債の発行元は普通社債と比較して金利を低く設定することができるなどのメリットがある。

以上から，妥当なものはＣのみであり，正答は**3**である。

正答 **3**

第3章
負債および資本会計

FOCUS

　国際会計基準（32号）では，転換社債や新株引受権付社債（ワラント債）については転換部分およびワラント部分を社債部分と区分処理し，社債発行時に資本勘定として計上するものとしている。わが国の場合は，ワラント債や転換社債は新株予約権付社債に改称され，区分処理と一括処理を選択可能としているが，区分した部分を権利行使等の時まで流動負債に計上することになっており，処理上の相違がある。

重要ポイント 1 **社債の意義と種類**

　社債は，取締役会の決議により株式会社に与えられた長期資金調達の重要な手段となるものであり，社債の発行価額，利率，償還期限等は引受主幹事証券会社と協議して自由に決めることができる。

　社債は，特別の条件が付与されていない普通社債と，**新株予約権付社債**（旧商法でいう**転換社債**や**新株引受権付社債**）のように特別の条件が付与された社債に大別される。

　新株予約権付社債は，新株予約権を付した社債をいい，新株予約権または社債が消滅した場合を除き，新株予約権または社債の一方のみを分離譲渡することはできない（会社法254条）。発行については，株主総会で決議する旨の定めがある場合を除き，取締役会によって，払込期日，新株予約権行使期間，利率，償還方法などを決議する（同238条～240条）。

　新株予約権付社債は，①**代用払込**が認められる新株予約権付社債と，②代用払込の請求があったとみなす新株予約権付社債に分けられる。ここに代用払込とは，権利行使に伴って新株予約権者が権利行使した場合に，社債が償還されて当該社債の償還額が新株予約権の行使に際して払い込むべき金額に充てられることをいい，その態様によって区分される①は，従来の非分離型予約権付社債に相当し，②は従来の転換社債と経済的実質が同一のものとそうでないものに分けられる。

　①の場合は，社債の対価部分と新株予約権の対価部分に区分して処理する方法（**区分法**）により，②の場合は，転換社債と経済的実質が同一と認められるものは，区分法か**一括法**（社債と新株予約権のそれぞれの発行価額を合算し，普通社債に準じて処理する方法）のいずれかの方法によって処理し，転換社債と経済的実質が同一と認められないものは，区分法によって処理する。

重要ポイント 2 **社債発行差金**

　社債を発行したときは，発行価額をもって社債勘定に貸方記入するが，社債を券面額以下の価額で割引発行した場合の券面額と発行価額の差額は**社債発行差金**という。割引発行は，社債の応募者利回りが市場の平均利子率より低い場合，発行者利回りを引き上げることによって応募条件を有利にするために行われるものである。

　社債発行差金は，従来繰延資産として処理されてきたが，「社債を社債金額よりも低い価額又は高い価額で発行した場合など，収入に基づく金額と債務額とが異なる場合には，償却原価法に基づいて算定された価額をもって，貸借対照表価額としなければならない」（「金融商品に関する会計基準」26・90）とされたため，社債金額から控除されることになった。

重要ポイント 3 **社債発行費**

社債発行費とは，社債募集のための広告費，金融機関の取扱手数料，証券会社の取扱手数料，社債申込書・目論見書等の印刷費，社債の登記の登録税その他社債発行のために直接支出した費用をいう（財務諸表規則ガイドライン36(4)）。

社債発行費は，原則として，支出時に費用（営業外費用）として処理する。ただし，社債発行費を繰延資産に計上することができる。この場合には，社債の償還までの期間にわたり利息法により償却をしなければならない。なお，償却方法については，継続適用を条件として，定額法を採用することができる（「繰延資産の会計処理に関する当面の取扱い」3(2)）。

重要ポイント 4 **社債の償還**

社債の償還には，次のような形態があるとされる（飯野利夫『財務会計論（三訂版）』同文舘出版，1993年，9-10）。

一時償還，**分割償還**，**抽選償還**は通常額面で償還されるため特に問題はないが，**買入償還**の場合には，市場価格で買い入れて償却するため，買入価額と額面価額とが一致しないのが普通である。そのため，買入償還の場合には，買入価額と額面価額との差額に，償却する社債の社債発行差金ならびに社債発行費の臨時償却を加減したものが社債償還損益として発生することになる。この社債償還損益は，財務に関する損益と考えられるため，営業外費用または営業外収益に計上される。

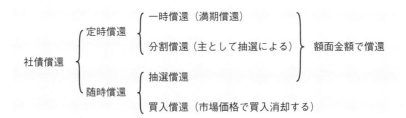

重要ポイント 5 **減債基金と減債積立金**

社債の償還時には，一時に多額の資金が必要になるためそれに備えて資金的準備をしておくことが必要になる。**減債基金**は，毎期一定額を一般の営業資金から区別して金銭信託あるいは定期預金などの特定資産として積み立てたもので，貸借対照表上，固定資産たる「投資その他の資産」の区分に表示される。それに対して，**減債積立金**は，利益処分によって計画的に社内に留保される積立金で，貸借対照表上，純資産の部に計上される任意積立金の一種である。

実 戦 問 題

No.1 　負債会計に関する次の記述のうち，妥当なのはどれか。

【国税専門官／財務専門官・平成25年度】

1　企業が行う主たる営業活動に伴う債務には，買掛金，支払手形，未払費用などがある。このうち，未払費用とは，商品や製品の代価を前もって受け取った場合に，将来において商品等を引き渡すべき義務を表すものである。

2　営業債務以外の流動負債として，短期借入金，未払金，前受金などがある。このうち，未払金とは，一定の契約に従い，継続して役務の提供を受ける場合に，すでに受けた役務に対して，いまだその対価の支払いが終わらないものである。

3　引当金を設定するためには，将来の費用または損失が特定していて，その発生原因が次期以後の事象にあることが予想されることが必要である。したがって，数年後に発生が予想される大地震に備えて，引当金を計上することは可能である。

4　引当金は，その性質により評価性引当金と負債性引当金に大別される。評価性引当金の例としては退職給付引当金や製品保証引当金などの条件付債務があり，負債性引当金の例としては売掛金に対する貸倒引当金がある。

5　社債は，資金を調達する目的で債券を発行することによって生じた会社の債務である。また，社債を券面額より低い価額または高い価額で発行した場合において，当該差額に相当する金額を償還期間にわたり毎期一定の方法で社債の貸借対照表価額に加減する方法は償却原価法と呼ばれる。

No.2 ** 負債会計に関する次の記述のうち，妥当なのはどれか。

【国税専門官・平成18年度】

1 負債は，流動負債と固定負債とに区分される。このうち，会社が社債券を発行して資金を調達することで生ずる債務である社債については，その発行の目的が会社の事業資金の獲得のためであることから，すべて流動負債に区分される。

2 社債を発行する際，額面価額よりも発行価額を低くする割引発行を行った場合については，発行総額と額面総額に差額が生じる。この場合において，当期の貸借対照表上は社債を発行総額で計上する。

3 偶発債務とは，現時点では債務ではないが，将来，一定の条件が満たされたときに債務となるものをいう。これは企業の財務内容を判断するために重要な事項となることから，企業会計原則上，貸借対照表に注記しなければならない。

4 将来の特定の費用または損失であって，その発生が当期以後の事象に起因するもののうち，発生の可能性は低いがその金額を合理的に見積もることができる場合には，企業会計原則上，その額を評価性引当金として貸借対照表の負債の部に記載しなければならない。

5 前受金とは，営業取引に関する契約に基づいて商品の販売等を請け負い，その代金の全部を役務提供開始前に受け入れた前受額のことであり，貸借対照表上は，前受収益勘定として負債の部に計上されなければならない。

【国税専門官／財務専門官・平成27年度】

1 引当金は，資産の部に記載される評価性引当金と負債の部に記載される負債性
引当金とに大別され，後者は，債務性のある引当金と債務性のない引当金とに分
類される。債務性のある引当金には修繕引当金などが，債務性のない引当金には
製品保証引当金などが該当する。

2 貸倒引当金は，その債権が属する科目ごとに控除する形式で表示することを原
則とするが，債権について，貸倒引当金を控除した残額のみを記載し，当該貸倒
引当金を注記する方法も認められている。

3 将来に大地震が発生した場合の損失については，将来に発生する費用または損
失であるから，たとえ発生の可能性の低い偶発事象であり，金額が合理的に算定
できない場合であっても，引当金として計上することができる。

4 社債を発行した会社が，その社債によって調達した資金を社債権者に弁済する
ことを社債の償還といい，償還方法の一つである買入償還とは，発行した社債を
市場から，随時，社債の簿価で買い入れて償却する方法であるから，社債償還損
益は発生しない。

5 会社が社債を発行する際に，社債の券面額よりも低い価額を払込価額として発
行することを割引発行といい，割引発行をした場合，社債を券面額で負債に計上
し，払込価額との差額は社債発行差金として繰延資産に計上する。

***
No.4 貸借対照表の諸項目に関する次の記述のうち，妥当なのはどれか。

【国税専門官／財務専門官・平成27年度】

1 税効果会計は，企業会計上の資産または負債の額と課税所得計算上の資産または負債の額に差異がある場合に，法人税等を適切に期間配分し，税引後当期純利益と法人税等を合理的に対応させることを目的とする手続きであり，その差異が将来にわたって解消されることのない永久差異を対象とする。

2 減損損失を認識すべきであると判定された資産については，帳簿価額を回収可能価額まで減額し，当該減少額を減損損失として販売費および一般管理費に計上しなければならない。この場合，売却による回収額である正味売却価額と使用による回収額である使用価値のいずれか低いほうが固定資産の回収可能価額になる。

3 ファイナンス・リース取引とは，リース契約の中途解約が契約上または事実上において可能であり，かつ，リース物件から生じる経済的利益と使用コストが実質的に借手に帰属することとなるようなリース取引をいい，通常の賃貸借取引に係る方法に準じて会計処理を行う。

4 自己株式は，自己株式を取得したのみでは株式は失効しておらず，他の会社の株式と同じように，換金性のある会社財産であることから，現在，わが国においては，資本の控除として扱うのではなく，流動資産として資産の部に記載しなければならない。

5 会社が，満期まで所有する意図をもって保有する社債その他の債券を満期保有目的の債券といい，取得原価をもって貸借対照表価額とする。ただし，債券を債券金額より低い価額で取得した場合において，その差額の性格が金利の調整と認められるときは，償却原価法に基づいて算定された価額をもって貸借対照表価額としなければならない。

実戦問題の解説

No.1 の解説　償却原価法
→ 問題はP.122 **正答5**

1 ✗　未払費用とは，未払家賃，未払地代のように一定の契約に従い，継続的に役務の提供を受ける場合，すでに提供された役務に対していまだその対価の支払いが終わらないものをいう（企業会計原則注解5）。**商品や製品の代価を前もって受け取った場合に，将来において商品等を引き渡すべき義務は前受金**である。

2 ✗　**金銭債務**は，会計上，企業の主目的たる営業取引過程において発生した債務である**営業債務**（買掛金や支払手形など）とその他の債務である**営業外債務**（借入金，預り金，未払金，前受金など）とに区別される。**未払金は，企業の主目的ではない営業取引過程，たとえば有価証券，土地の購入取引などから生じる営業外金銭債務である。一定の契約に従い，継続して役務の提供を受ける場合に，すでに受けた役務に対していまだその対価の支払いが終わらないものは，未払費用である**（企業会計原則注解5）。

3 ✗　引当金とは，次の4つを計上要件として，当該見積額をその期間の収益に対応させるために費用または損失として計上するときに，その相手勘定として設定される貸方項目である（企業会計原則注解18）。
①将来の特定の費用または損失に対するものであること
②その発生が当期以前の事象に起因していること
③費用や損失の発生の可能性が高いこと
④その金額を合理的に見積もることができること
　　したがって，**数年後に発生が予想される大地震に備えて，引当金を計上することは，上記②③④の要件を満たすことにはならないため，**引当金の計上は認められない。

4 ✗　引当金は，**資産の部に記載される評価性引当金と負債の部に記載される負債性引当金とに大別される。**評価性引当金とは，企業が所有している資産の期末の現在価額（貸借対照表価額）を示す目的で設定される貸方項目であり，この例としては**貸倒引当金**が挙げられる。他方，負債性引当金とは将来の支出額を意味するものであり，企業が負っている条件付債務を示す目的で設定される貸方項目であり，この例としては**退職給付引当金**や**製品保証引当金**などが挙げられる。

5 ◎　正しい（「金融商品に関する会計基準」26）。

→ 問題はP.123 **正答3**

No.2 の解説　偶発債務

1 ✕ 　社債は当該企業の**主目的以外の取引**によって発生した債務と考えられるので **1年基準**が適用される（企業会計原則注解16）。したがって，支払いの期限 が1年を超えて到来する**社債，長期借入金**等の長期債務は，**固定負債**に属す るものとする（貸借対照表原則4の(2)のB）。

2 ✕ 　社債を社債金額よりも低い価額または高い価額で発行した場合など，収入に 基づく金額と債務額とが異なる場合には，その差額を社債金額から控除し， **償却原価法**によって償還期に至るまで毎期一定の方法で**貸借対照表価額を増 額または減額**させた価額をもって，貸借対照表価額としなければならない （「金融商品に関する会計基準」26）。

3 ◎ 　正しい。企業会計原則では，受取手形の割引高または裏書譲渡高，**保証債務 等の偶発債務**，債務の担保に供している資産，発行済株式1株当たり当期純 利益および同1株当たり純資産額等企業の財務内容を判断するために重要な 事項は，**貸借対照表に注記**しなければならないと規定している（貸借対照表 原則1のC）。

4 ✕ 　**将来の特定の費用または損失**であって，**その発生が当期以前の事象に起因 し，発生の可能性が高く，かつ，その金額を合理的に見積もることができる** 場合には，当期の負担に属する金額を当期の費用または損失として引当金に 繰り入れ，当該引当金の残高を貸借対照表の**負債の部**または**資産の部**に記載 するものとする（企業会計原則注解18）。

5 ✕ 　**前受収益**とは，前受家賃や前受地代などのように，一定の契約に従い，継続 的に役務の提供を行う場合，いまだ提供していない役務に対して支払いを受 けた対価をいう（企業会計原則注解5）。したがって，**前受収益は役務提供 契約以外の契約などによる前受金とは区別しなければならない。**

1 ✕　負債性引当金は，債務性のある引当金と債務性のない引当金に大別される。前者は，退職給付引当金や製品保証引当金などのように企業が負っている**条件付債務を示す目的で設定される**ものであり，後者は，修繕引当金や特別修繕引当金のように企業が所有している資産に係る将来の支出負担を示す目的で主として**会計的見地から設定される**ものである。

2 ◎　正しい（「企業会計原則」注解17，「会社計算規則」109条・110条・134条）。

3 ✕　引当金の計上には，**4つの計上要件**（①将来の特定の費用または損失であって，②その発生が当期以前の事象に起因し，③発生の可能性が高く，かつ，④その金額を合理的に見積もることができる）が必要である。したがって，将来に発生が予想される大地震に備えて引当金を計上することは，前記②③④の要件を満たすことにならないため，引当金の計上は認められない。

4 ✕　**社債の償還方法**には，償還期に一時に全額を支払う**一時償還**と，償還期以前に随時一部分ずつ償還する**随時償還**とがあり，随時償還はさらに，**抽選償還**と**買入償還**とに分けられる。抽選償還は，発行の際の契約により社債を一部ずつ一定期間ごとに抽選によって償還するもので，普通額面金額で償還するが，買入償還は，証券市場の市場価格で償還するので，額面金額と買入価額は普通一致しない。この差額は**社債償還損益**として処理され，**損益計算書の営業外損益または特別損益の部に表示**される。

5 ✕　社債を発行したときは，発行価額をもって負債（社債勘定の貸方）に計上する。割引発行する場合には，**社債の券面額（額面金額）と払込金額（発行価額）とに差額（社債発行差金）が生じる**ことになるが，その差額は**償却原価法によって償還期に至るまで毎期一定の方法で貸借対照表価額を増額させる**処理をする（「金融商品に関する会計基準」26）。

No.4 の解説 　貸借対照表　　　　　　　　　　　→ 問題はP.125　**正答5**

1 × 　**税効果会計**は，企業会計上の資産または負債の額と課税所得計算上の資産ま
たは負債の額に相違（差異）がある場合において，法人税その他利益に関連
する金額を**課税標準とする税金（以下「法人税等」という）**の額を適切に期
間配分することにより，法人税等を控除する前の当期純利益と法人税等を合
理的に対応させることを目的とする手続きである（「税効果会計に係る会計
基準」第１）。この**税効果会計の対象とされる項目は一時差異に限られる。
一時差異とは，貸借対照表および連結貸借対照表に計上されている資産およ
び負債の金額と課税所得計算上の資産および負債の金額との差額**をいう（同
基準第２の１）。

2 × 　**減損**とは，資産の収益性の低下により**投資額の回収が見込めなくなった状態**
であり，**減損処理**とは，そのような場合に，当該資産の**帳簿価額を回収可能
価額まで減額する会計処理**をいう。なお回収可能価額とは，資産または資産
グループ（独立したキャッシュ・フローを生み出す最小の単位）の正味売却
価額と使用価値のいずれか高いほうの金額をいう（「固定資産の減損に係る
会計基準」注解１）。また，減額した金額は，減損損失として販売費および
一般管理費の区分ではなく，**特別損失の区分に計上する**（同基準４の２）。

3 × 　**ファイナンス・リース取引**とは，リース契約に基づく**リース期間の中途にお
いて当該契約を解除することができないリース取引またはこれに準ずるリー
ス取引**で，借手が，当該契約に基づき使用する物件（以下「リース物件」と
いう）からもたらされる**経済的利益を実質的に享受する**ことができ，かつ，
当該リース物件の使用に伴って生じるコストを実質的に負担することとなる
リース取引をいう（「リース取引に関する会計基準」５）。また，ファイナン
ス・リース取引については，**通常の売買取引に係る方法に準じて会計処理を**
行う（同基準９）。

4 × 　**自己株式**は，従来軽微な場合を除き有価証券と区別して資産の部に表示する
こととされていたが，自己株式取得の原則自由化に伴い，**純資産の株主資本
から控除する形式で記載**しなければならなくなった（「会社計算規則」76条
２項，「財務諸表等規則」68条の２の３）。

5 ◎ 　正しい（「金融商品に関する会計基準」16）。

資本会計

必修問題

株主資本と純資産に関する次の記述のうち，妥当なのはどれか。

【国税専門官／財務専門官・平成25年度】

1 貸借対照表の**株主資本**は，純資産，評価・換算差額等，新株予約権から構成されている。また，株主資本は株主からの拠出によって形成された**払込資本**に限定されており，企業活動によって稼得された留保利益は株主資本から除外されている。

2 **純資産**は，資本金，資本準備金および利益準備金の3つから構成される。また，株式の払込金額は，その全額を資本金に組み入れるのが原則であるが，4分の3までは資本金としないことができる。この資本金に組み入れなかった部分は，資本準備金か利益準備金のいずれか一方に積み立てる必要がある。

3 会社の剰余金のうち，資本準備金とその他資本剰余金は分配不可能な部分であるが，利益準備金とその他利益剰余金は分配可能な部分である。また，会社は原則として取締役会の決議を経て，その他利益剰余金を資本金に組み入れることができる。

4 会社は株主に対して安定した配当金を維持するため，1期間の利益額に占める配当額の割合である配当性向を，会社ごとに一定の率に維持しなくてはならない。また，会社法は，配当による企業資産の流出に関して，当該流出額の4分の1を積み立てなくてはならないとしている。

5 会社は，株主のニーズに応じて剰余金の配当，残余財産の分配などの権利内容を異にする株式を発行することが認められている。標準となる普通株よりも優先権の認められる株式は**優先株**と呼ばれ，普通株よりも劣後的な取扱いを受ける株式は**劣後株**と呼ばれている。

難易度 ＊＊＊

必修問題 の 解説

　本問は資本会計全般にわたる基礎知識を問うている。解答に際しては，純資産の部が株主資本，評価換算差額等，新株予約権から構成され，株主資本は資本金・新株式申込証拠金・資本剰余金・利益剰余金・自己株式（控除項目）・自己株式申込証拠金に区分されること，株式会社の資本金の額は，払込金額のうち２分の１を超えない額を資本準備金とし資本金としないことができること，債権者保護手続きと株主総会の決議によって，資本準備金および利益準備金を自由に取り崩し，配当可能利益に充当することができるようになったこと，剰余金の配当をする場合には，当該剰余金の配当により減少する剰余金の額に10分の１を乗じた額を資本準備金または利益準備金として計上しなければならないこと，会社は権利内容を異にする優先株や劣後株を発行できること等についての正確な知識が必要である。

1 ✕　株主資本は純資産の部を構成し，利益剰余金（留保利益）も含まれる。

　貸借対照表の純資産の部は，株主資本，評価換算差額等，新株予約権に分類し，株主資本は，資本金・新株式申込証拠金・資本剰余金・利益剰余金・自己株式（控除項目）・自己株式申込証拠金に区分する。したがって，企業活動によって稼得された留保利益は利益剰余金（その他利益剰余金）として株主資本に含まれることになる（「貸借対照表の純資産の部の表示に関する会計基準」４～８，財務諸表規則59～68条・会社計算規則76条）。

2 ✕　株式の払込金額のうち２分の１を超えない額は，資本金としないことも可。

　純資産は，株主資本，評価換算差額等および新株予約権の３つから構成される。株式会社の資本金の額は，原則として設立または株式の発行に際して株主となる者が，当該株式会社に対して払込み（または給付）をした財産の額とされるが，払込金額のうち２分の１を超えない額は資本準備金とし，資本金としないことができるとされている（会社法445条）。

3 ✕　資本準備金は，株主総会の決議により配当可能利益に充当可能となった。

　旧商法では，資本準備金と利益準備金は法定準備金であり，その取崩しは取締役会の決議による資本の欠損の填補，資本への組入れ以外は認められないとされていたが（旧商法289条１項），平成17年の会社法の制定により，**債権者保護手続きと株主総会の決議によって，資本準備金および利益準備金を自由に取り崩し，配当可能利益に充当することができる**ようになった（会社法448条）。また，剰余金の配当と同様に株主総会の決議によって，期中のどの時点でも株式会社の計算に係る計数（数字）等を変動してもよいことになった。計数の変動とは，資本金，準備金，剰余金（その他資本剰余金・その他利益剰余金）間で項目の金額を変動させるすべての取引をいい（会社法447条，448条，450条ないし453条），具体的には，①資本金から剰余金への振替え，②準備金から剰余金への振替え，③準備金から資本金への振替え，④剰余金から資本金への振替え，⑤資本金から準備金への振替え，⑥剰余金から

準備金への振替えがこれに該当する。

4 ✕ 配当により減少する剰余金の10分の1を，資本準備金等として積み立てる。

当期純利益に対する配当金の割合を配当性向と呼び，株主への利益還元率を示す。最近では，株価の維持や上昇をねらうことや，株主（機関投資家）からの圧力など近年の株主重視の経営の流れとして，利益に比例して配当金を増減させる「業績連動型」の配当政策も増えてきているが，一定率維持を要求する規則はない。なお，**剰余金の配当をする場合には，当該剰余金の配当により減少する剰余金の額に10分の1を乗じた額を資本準備金または利益準備金として計上しなければならない**（会社法445条4項）。会社法では資本準備金と利益準備金については，これらを区別する実効はないとの趣旨から「準備金」として総称しているが，企業会計上は資本剰余金を原資として配当を行った場合には資本準備金を，利益剰余金を原資として配当を行った場合には利益準備金を増加させなければならないとされている（会社計算規則22条，「自己株式及び準備金の額の減少等に関する会計基準」62項）。

5 ◎ 普通株より優先権のある株式を優先株，劣後的株式を劣後株という。

正しい。なお，会社が優先株や劣後株などの種類株式を発行した場合でも，**資本金の区分には，株式の種類別に資本金を区分表示する必要はなく一括記載するだけでよく，単に発行済株式数を普通株，優先株等の種類別に注記すればよい**（企業会計原則第2の4の(3)A）。

正答 5

FOCUS

　商法は債権者保護を法理念としているが，企業会計面でもさまざまな規定がそのような理念の下に明文化されている。純資産の部に限定すればその典型的な例としては，資本準備金・利益準備金の積立（会社法445条4項），分配可能額の計算（同461条），配当制限（同458条），等が挙げられる。これらはいずれも不特定資産を企業内に拘束させ，あるいは限度額以上の企業財産の流出を防ぐことによって，債権者担保力の財産的基盤を充実させる機能を果たしている。

─POINT─

重要ポイント 1 ▶ 資本の源泉別分類

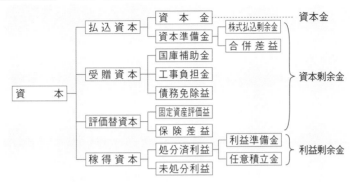

重要ポイント 2 ▶ 純資産の部の表示

　従来の「資本の部」は「**純資産の部**」に改められ，株主資本，評価・換算差額等，新株予約権に分類し，株主資本は，資本金・新株式申込証拠金・資本剰余金・利益剰余金・自己株式（控除項目）・自己株式申込証拠金に区分し，評価・換算差額等は，その他有価証券評価差額金・繰延ヘッジ損益・土地再評価差額金・為替換算調整勘定に区分して表示する（「貸借対照表の純資産の部の表示に関する会計基準」4～8・財務諸表等規則59条～68条・会社計算規則76条）。

```
Ⅰ　株主資本
  1　資本金
  2　新株式申込証拠金
  3　資本剰余金
  (1) 資本準備金
  (2) その他資本剰余金
  4　利益剰余金
  (1) 利益準備金
  (2) その他利益剰余金
  5　自己株式
  6　自己株式申込証拠金
Ⅱ　評価・換算差額等
  1　その他有価証券評価差額金
  2　繰延ヘッジ損益
  3　土地再評価差額金
  4　為替換算調整勘定
Ⅲ　新株予約権
```

　資本金とは，法定資本をいう。平成17年の会社法の制定により，**最低資本金制度**が廃止されることになり，株式会社の設立時には，定款で設立に際して出資すべき額またはその最低額を定めるものとし（会社法27条4号），出資すべき額については，下限額の制限を設けないものとされた。したがって，株式会社の資本金の額は，原則として，設立または株式の発行に際して株主となるものが，当該株式会社に対して払込み（または給付）をした財産の額とされるが，払込金額のうち2分の1を超えない額は資本準備金として，資本金としないことができるとされている（同445条）。

　なお，配当後に最低限の責任財産は保持することが債権者保護のために必要であるとの観点から，資本金の額にかかわらず，会社の純資産額が300万円を下回る場合には，配当できないとして，配当規制を行っている（同458条）。

重要ポイント **4** 資本準備金

　資本準備金は会社法の規定（同445条3項・4項）によって積み立てなければならない資本剰余金である。資本準備金と利益準備金は**法定準備金**といわれ，資本準備金には，**株式払込剰余金**，**合併差益**，**株式交換差益**，**株式移転差益**，**会社分割差益**がある。

　平成17年7月制定の会社法によれば，債権者保護手続き（同449条）および株主総会の決議（株式の発行と同時に準備金の額を減少する場合には「取締役の決議（取締役会設置会社にあっては取締役会の決議）」）によって，減少することができるようになった（同448条）。

(1) 減資差益

　法定の手続きに従って減資した資本金の額が，株式の償却または資本の払戻しのために支出した金額を超えるとき，あるいは損失金を増資によって塡補した場合，増資額が損失金を超えるとき，その超過額を**減資差益**という。

　平成13年の商法改正によって，積み立てることが義務づけられている資本準備金から減資差益が削除された。これは，巨額の資本準備金を計上している会社が存在していることに注目し，債権者保護手続きと株主総会の普通決議を条件に，実質的な資本の払戻しを可能とする資本準備金の減少が認められたことから，減資差益を資本準備金として配当可能限度額算定上考慮する必要性がなくなったことによる。

(2) 合併差益

　合併会社が被合併会社から受け入れた純資産額が，被合併会社の株主に対して交付した株式によって増加する資本金額および合併交付金の合計額を超過した場合のその差額をいう。

重要ポイント5　利益準備金

　利益準備金は、株式会社の有限責任制度に対して、債権者保護の立場から不特定資産を内部留保することによって法定資本を補強する役割を果たすものである。利益準備金は、剰余金を配当する場合に、剰余金の配当によって減少する剰余金の額に10分の1を乗じた額、中間配当を行う場合には、その金銭配当額の10分の1を乗じた額を積み立てるものである（会社法445条4項、454条5項）。

重要ポイント6　任意積立金

　「その他利益剰余金」は任意積立金と繰越利益剰余金に区分される（「貸借対照表の純資産の部の表示に関する会計基準」6(2)）。任意積立金は、法律によって積立てを強制されるものではなく、定款の規定または株主総会の決議などに基づいて設定されるもので、新築積立金、減債積立金、欠損塡補積立金、中間配当積立金等が挙げられる。

　なお、任意積立金のうち、たとえば新築積立金や減債積立金は、建物を建設して代価を支払っても、あるいは社債を償還しても、それらの積立金は必ずしも消滅しない。これらは交換取引であって、資本の増減を生じないためであり、このような積立金を積極性積立金という。これに対して、欠損塡補積立金や中間配当積立金は、欠損金の塡補を行い、あるいは中間配当金を支払う場合は、積立金がその額だけ減少する。このような積立金を消極性積立金という。

重要ポイント7　その他資本剰余金

　会社法ならびに財務諸表規則では、株主資本を「資本金」「資本剰余金」「利益剰余金」に分け、資本剰余金は、さらに「資本準備金」と「その他資本剰余金」に区分されることになった。「その他資本剰余金」には、減資差益、資本金・準備金減少差益、自己株式処分差益が含まれる（財務諸表規則ガイドライン63-1-2）。

　なお、平成13年改正商法において、資本金および資本準備金の額の減少によって生ずる剰余金が配当可能限度額に含められることとなり、また、平成17年制定の会社法においても、資本金および資本準備金の額の減少によって生ずる剰余金は分配可能額に含まれることとなったが、これらは資本剰余金と利益剰余金の混同を禁止する企業会計の原則を変えるものではないとして、「資本剰余金の各項目は、利益剰余金の各項目と混同してはならない。したがって、資本剰余金の利益剰余金への振替は原則として認められない」という規定が設けられた（「自己株式及び準備金の額の減少等に関する会計基準」19）。

　自己株式は，平成13年6月の商法改正によって，従来軽微な場合を除き有価証券と区別して資産の部に表示することとされていたが，自己株式の原則自由化に伴い，自己株式は純資産の部の株主資本の区分に自己株式の部を設けて控除する形式で記載しなければならなくなった（会社計算規則76条2項，財務諸表規則68条の2の3）。

　自己株式の処分については，従来，「自己株式売却損益」が用いられてきたが，平成13年の商法改正により，処分差額が損益計算書に計上されないこと，および自己株式の処分が売却だけに限定されないことなどに伴って，プラスの自己株式処分差額を「**自己株式処分差益**」とし，マイナスの自己株式処分差額を「**自己株式処分差損**」として，区別することとなった（「自己株式及び準備金の額の減少等に関する会計基準」4～6）。

　「自己株式処分差益」は，「その他資本剰余金」区分に計上し，「自己株式処分差損」は「その他資本剰余金」から減額し，減額しきれない場合は，会計期間末において，その他資本剰余金をゼロとし，当該負の値をその他利益剰余金（繰越利益剰余金）から減額する（同基準9～12）。

　なお，これらの処分ならびに消却に関する付随費用は，損益計算書の営業外費用に計上する（同基準14）。

実戦問題 ❶　基本レベル

No.1 **＊＊**　資本会計に関する次の記述のうち，妥当なのはどれか。

【国税専門官／財務専門官・令和4年度】

1　資本は，資本主の払込み，その払込資本の利用による利益の稼得だけでなく，その他有価証券評価差額金などの貨幣価値の著しい変動がある場合における資産の評価替えによっても増加するが，国や地方公共団体からの補助金の受入れ，需要者からの工事負担金の徴収，債権者からの債務免除によって増加することはない。

2　会社法では，企業が株式を発行して調達した資金はすべて資本金として計上することを原則としているが，実際の払込金額の2分の1までは資本金に計上しないことができる。この場合において，資本金として計上しなかった部分については，資本準備金として計上しなければならないとされている。

3　利益準備金は，株主への配当による企業資産の社外流出が生じた場合に，資本金の2分の1に達するまで，社外流出額の10分の1の額を積み立てることが会社法により義務づけられている。これは，会社債権者の保護を目的としているため，欠損補填等のためであっても会社が任意に取り崩すことはできない。

4　その他利益剰余金のうち，任意積立金とは利益準備金以外の利益留保額であり，株主総会の決議を経ずに会社側の任意で設定することができる。一方で，任意積立金の設定をする際は，積立ての目的を明らかにしなければならない旨，会社法によって規定されている。

5　合併の会計処理方法として，持分プーリング法とパーチェス法がある。持分プーリング法によれば，受入資産は公正な時価で測定記帳され，吸収会社または新設会社側の払込資本はその受入財産額の範囲内で増額され，消滅会社の合併前の資本構成は無視される。一方で，パーチェス法によれば，合併当事会社の資産は，原則として，もとの価額のまま引き継がれ，資本構成ももとのまま存続される。

No.2 **＊＊＊**　株主資本と純資産に関する次の記述のうち，妥当なのはどれか。

【国税専門官／財務専門官・平成29年度】

1　株式会社の純資産の一つである株主資本は，株主からの拠出によって形成された「払込資本」と，獲得した利益を企業内に留保して再投資することによって形成された「留保利益」で構成されている。さらに，払込資本は「資本金」「資本準備金」「その他資本剰余金」に，留保利益は「利益準備金」「その他利益剰余金」に分類される。

2　株主へ「その他利益剰余金」から配当した場合は，社外流出額の10分の1を乗じて得た額を「繰越利益剰余金」として積み立てることとされている。これは，

配当平均積立金など会社が契約や経営上の必要性に基づいて設定した留保利益の
項目とともに，会社法で定められた準備金であることから，法定準備金と呼ばれ
ている。

3 株式会社の資本金を増加させる取引である増資には，通常の新株発行以外に資
本準備金からの資本金への振替等の株主資本の実質的な増加を伴う増資がある。
これらは資産増加を意味するものの，資本金への振替については，会社はそれに
見合う新株式を発行して株主に無償で交付することは認められていない。

4 株式会社の資本金を減少させる取引である減資の際には債権者の利益に影響を
及ぼす事項のため厳格な手続きが定められており，株主総会の特別決議と債権者
保護手続きを必ず行わなければならない。また，減資後の資本金の額は効力発生
日の資本金額を超えてはならないとされており，資本金がゼロになることを防い
でいる。

5 会社分割の会計処理の一つである簿価引継法は，分割会社と承継会社が同一の
企業集団に属している場合に適用されるものである。これは，取得とみなされな
い企業結合による会社分割であるため，これまでの投資がそのまま継続している
場合，事業分離や株式交換は投資の清算や再投資が行われているとみなされ，会
社分割に伴う移転損益が計上されることとなっている。

❖ No.3 ** **資本会計に関する次の記述のうち，妥当なのはどれか。**

【国税専門官・平成19年度】

1 株主資本のうち，資本金以外の部分は資本準備金と利益準備金に分類される。
さらに，資本準備金は会社法に基づき資本金としなかった部分である「資本剰余
金」と「その他資本剰余金」に分類される。

2 株式会社の設立に当たっては，定款にその会社が発行できる株式の総数である
発行可能株式総数を定めるが，その全部を設立時に発行する必要はなく，発行可
能株式総数のうちの4分の1以上を発行すればよい。

3 債権者保護の観点から最低資本金制度が株式会社には設けられている。資本金
の最低金額は旧商法では1,000万円とされていたが，2006年5月施行の会社法で
は，株式会社設立の簡便化の観点から，その金額が250万円に引き下げられた。

4 企業が減資により資本金と業績不振による累積損失を相殺する場合において，
減少する資本金が累積損失の額を上回るとき，その差額は当期の特別利益として
損益計算書に計上しなければならない。

5 会社がいったん発行した自社の株式を取得して保有しているとき，この株式を
自己株式という。自己株式の売却や交付によって生じた自己株式処分差益は「そ
の他利益剰余金」として損益計算書に計上しなければならない。

No.4 資本会計に関するア，イ，ウの記述のうち，妥当なもののみをすべて挙げているのはどれか。 【国税専門官・平成25年度】

ア：会社が合併する場合に，消滅会社の株主に存続会社の株式を交付するが，この際の交付株式数の決定の指標を合併比率という。消滅会社の発行済株式総数に変動がない場合，この合併比率が大きければ大きいほど交付株式数は少なくなるため，消滅会社の評価額は低くなる。

イ：株式交換においては，完全子会社となる既存の会社の株主には完全親会社となる会社の株式その他が組織再編の対価として交付される。その際，会社法上，金銭，新株予約権など株式以外の財産を株式交換の組織再編の対価とすることも認められている。

ウ：会社分割において，当該分割前にすでに同一の企業集団に属している当事者間で行われるものは企業結合に該当する分割であり，承継した事業を取得したものとして分割会社から承継会社に承継される諸資産と諸負債には，簿価引継法ではなく売買処理法が適用される。

1 イ　　　**2** ウ　　　**3** ア，イ　　　**4** ア，ウ　　　**5** イ，ウ

No.5 貸借対照表の諸項目に関する次の記述のうち，妥当なのはどれか。 【国税専門官／財務専門官・平成24年度】

1 ファイナンス・リース取引については，法的形式が重視されており，通常の賃貸借取引に係る方法に準じて処理される。そのため，所有権移転外ファイナンス・リース取引についても，通常の賃貸借取引に係る方法に準じて処理される。

2 退職給付費用は，勤務費用と期待運用収益の合計から利息費用を控除して求められる。このうち，勤務費用とは，前期末の退職給付債務の価値を当期末の価値に再評価した場合の増加分であり，貨幣の時間的価値を考慮したものである。

3 社債を券面額よりも低い価額で発行した場合，償却原価法によれば当該差額に相当する金額を償還期に至るまで毎期一定の方法で社債の貸借対照表価額から減少させる。このとき，各期に計上される社債発行差額の償却額については，利息法，定額法のいずれを採用しても同じ金額となる。

4 株式交換は，完全子会社となる既存の会社の株主が有する全株式を完全親会社となる会社に移転し，その対価として完全親会社となる会社が発行する株式その他の財産を完全子会社となる会社の株主に交付する組織再編の手法である。

5 新株予約権は，一定期間内に一定の価格で新株を引き受ける権利のことであり，プット・オプションの一種である。新株予約権の発行会社は，権利行使された場合，新株を発行しなければならず，これに代わり自己株式を移転することは認められない。

実戦問題 **1** の 解説

→ 問題はP.137

No.1 の解説 資本金と資本準備金　　　　　　　　　　　　　**正答2**

1✕ 資本は，発生の源泉別に分類すると，**払込資本，稼得資本，評価替資本，そ して受贈資本**から構成される。**受贈資本**には，国や地方公共団体からの補助 金の受入れ（**国庫補助金**），需要者からの工事負担金の徴収（**工事負担金**）， 債権者からの債務免除（**債務免除益**）が含まれ，したがって，これらの受贈 資本が増加すれば資本が増加することになる。

2◎ 正しい（会社法445条）。

3✕ 利益準備金として積み立てるべき額は，剰余金の配当の場合には，**資本準備 金と利益準備金を合わせて資本金の4分の1に達するまで**，毎決算期に剰余 金の配当により**減少する剰余金の額に10分の1を乗じた額**である（会社法 445条4項）。利益準備金は株式会社の有限責任制度に対して，債権者保護の 立場から法定資本を補強する意味を持つものであるが，**資本金への組入れや 欠損の填補**等のために，**株主総会の決議や債権者保護手続**（債権者への催 告，官報での公告など）を実施することによって**取り崩すことが認められて いる**（会社法448条）。

4✕ **その他利益剰余金**に属するものには，**任意積立金と繰越利益剰余金**がある （企業会計基準第5号6（2））。任意積立金は法律によって積立てを強制され るものではなく，**定款の規定または株主総会の決議**などに基づいて設けられ るものである。任意積立金には，退職給付積立金，役員退職積立金，配当積 立金など特定の目的がある「**目的積立金**」と，特定の目的がない別途積立金 などの「**無目的積立金**」がある。

5✕ 持分プーリング法とパーチェス法の説明が逆になっている。**持分プーリング 法**は，合併会社または新設会社が被合併会社の権利義務をそのまま包括的に 承継し，合併当事会社の法人格が合流して1つの会社になるとする考え方 （**人格合一説**）によるものであり，被合併会社から承継した**資産・負債・純 資産は帳簿価額のまま受け継がれる**ことになる。**パーチェス法**は，合併取引 を被合併会社株主が合併会社または新設会社に対して，会社財産を現物資本 により出資したとする考え方（**現物出資説**）であり，**吸収合併であれば合併 後存続する会社の資本増加**となり，**新設合併の場合には現物出資によって新 会社が設立されたものとされ，消滅会社の合併前の資本構成は無視される**こ とになる。

No.2 の解説 株主資本と純資産 → 問題はP.137 **正答1**

1 ◎ 正しい。

2 × 株主へ「その他利益剰余金」から配当した場合は，社外流出額の10分の1を乗じて得た額を「利益準備金」として積み立てることとされており，会社法（445条4項）で定められた準備金であることから，**法定準備金**と呼ばれている。これに対して，配当平均積立金など**会社が契約や経営上の必要性に基づいて設定した留保利益は，「任意積立金」**である。

3 × 株式会社の資本金を増加させる取引である**増資**には，通常の新株発行による**有償増資**と，資本準備金からの資本金への振替等の株主資本の実質的な増加を伴わない**無償増資**がある。後者の場合は，純資産の増加は伴わないが，資本金への振替については，会社はそれに見合う新株式を発行して株主に無償で交付することも認められている。

4 × 減資後の資本金の額は効力発生日の資本金額を超えてはならないとされており，資本金がゼロになることを防いでいるとされているが，**最低資本金制度が撤廃**され，**資本金の額に下限はなくなった**ため，極端な場合にはゼロでもよいと解されている。

5 × **会社分割**に当たり，分割会社が移転する営業に対する支配を喪失して承継会社が支配を獲得する場合（**支配の移転**）と，分割会社が引き続き（または他社と共同で）支配を維持する場合（**支配の継続**）とがあるが，前者の場合には，分割会社および承継会社において，移転する資産および負債を**売買処理法**により，後者の場合には，**簿価引継法**により会計処理する（「会社分割に関する会計処理」29）。

「簿価引継法」とは，会社分割において，それぞれの結合当事会社の支配が継続しているため，同種資産の交換の会計処理にみられるように，事業分離や株式交換でも投資の精算と再投資は行われていないとみなされ，各会社が保有する資産および負債を，帳簿価額で結合する方法である。したがって，**簿価引継法では，会社分割に伴う移転損益は計上されない**（「会社分割に関する会計処理」48）。

第3章 負債および資本会計

1 ✕　**株主資本**は，**資本金**，**資本剰余金**，**利益剰余金**に分類され，資本剰余金は，**資本準備金とその他資本剰余金**に区分される（「貸借対照表の純資産の部の表示に関する会計基準」5および6(1)）。

2 ◎　正しい（会社法37条3項）。

3 ✕　会社法では**最低資本金制度**は廃止されたが，配当後に最低限の責任財産は保持することが**債権者保護**のために必要であるとの観点から，資本金の額にかかわらず，会社の**純資産額が300万円を下回る場合**には，配当できないとして**配当規制**を行っている（会社法458条）。

4 ✕　法定の手続きに従って減資した資本金の額が，損失金の額を上回るとき，その超過額を**減資差益**といい，貸借対照表の純資産の部の**資本剰余金（その他資本剰余金の区分）**に計上される（会社計算規則50条1項1号）。

5 ✕　自己株式の処分は，新株の発行と同様な経済的実態を有すること，および資本準備金の積立は限定列挙されていることから，**自己株式処分差益**は，貸借対照表の純資産の部の**資本剰余金（その他資本剰余金の区分）に計上**される（「自己株式及び準備金の額の減少等に関する会計基準」38）。

ア ✕　妥当でない。合併比率は，消滅会社の株式1株につき存続会社の株式を何株交付するかを示す指標であるので，この**合併比率が大きければ大きいほど交付株式数は多くなるため，消滅会社の評価額は高くなる**。

イ ◎　妥当である（会社法2条31号，767条，768条）。

ウ ✕　妥当でない。**分割会社と承継会社が同一の企業集団に属している場合は，取得とみなされない企業結合による会社分割であるので，簿価引継法が適用される**。簿価引継法とは承継される諸資産および諸負債を分割会社における簿価で処理する方法であるので，分割により営業移転損益が計上されることはない。**売買処理法（パーチェス法）が適用されるのは，分割会社と承継会社が同一の企業集団に属していない場合である**。その場合には，企業結合に該当する会社分割として，承継会社において当該会社分割による事業部門の引継ぎが取得とみなされ，諸資産および諸負債を会社分割日現在の原価（公正価値）で売買されたものとみなして処理する方法である。

　以上から，妥当なものは**イ**のみであり，正答は**1**である。

No.5 の解説　株式交換

→ 問題は P.139　**正答4**

1 ✕　ファイナンス・リース取引については，所有権移転外か否かにかかわりな
く，通常の売買取引に係る方法に準じて会計処理を行う（「リース取引に関
する会計基準」9）。

2 ✕　退職給付費用は，当期の勤務費用および利息費用の合計額から，企業年金制
度を採用している場合には，年金資産に係る当期の期待運用収益相当額を差
し引いて計算する（「退職給付に係る会計基準」3の1）。また，勤務費用
は，退職給付見込額のうち当期に発生したと認められる額を一定の割引率お
よび残存勤務期間に基づき割り引いて計算する（同基準3の2の(1)）。

3 ✕　社債を券面額より低い価額で発行した場合には，**償却原価法**により当該差額
に相当する金額を償還期に至るまで毎期一定の方法によって**社債の貸借対照
表価額を増額させる**（「金融商品に関する会計基準」注5）。社債発行差額の
償却方法には**利息法と定額法があり，毎期の償却額は両方法では相違する**こ
とになり，前者は償却額を逓増させていくのに対して，後者は毎期一定額を
計上することになる。

4 ◎　正しい（会社法2条31号・767条・768条）。

5 ✕　**新株予約権**とは，株式会社に対してそれを有する新株予約権者が一定の期間
に一定の行使価格で当該株式会社の株式の交付を受けることができる権利
（会社法2条21号）をいい，**コール・オプション**（一定の金額の支払いによ
り，原資産である自社の株式を取得する権利）の一種とされる。**平成6年の
商法改正による自己株式取得の規制緩和，平成9年の商法改正によるストッ
ク・オプション制度の導入，そして平成13年の商法改正による自己株式取得
の解禁によって，従来の新株予約権とは違って，新株の発行に代えて自己株
式を移転することができるようになった。**

【国税専門官／財務専門官・平成30年度】

✦ No.6 資本やその会計に関する次の記述のうち，妥当なのはどれか。

1 平成17年の会社法制定に伴い，最低資本金制度が改正された。これにより，株式会社が設立時に有しなければならないとする資本金の額の下限が1,000万円から300万円へと引き下げられた。また，設立に際して出資される財産の価額またはその最低額を，任意で定款に記載することができるとされた。

2 株式会社の純資産を構成する要素として，株主資本が挙げられる。株主資本は，貸借対照表上の資本金，資本剰余金，資本準備金の3つから構成されており，純資産のうち利益剰余金については，株主に帰属しないので株主資本には含まれていない。

3 資本準備金とは，法律により株式会社が積み立てることを義務づけられている法定積立金ではなく，定款の定めまたは株主総会の決議に基づき任意に積み立てられた任意積立金の一種である。他の任意積立金の例としては，合併差益や中間配当積立金等が挙げられる。

4 会社法によると，剰余金の配当をする場合には，当該剰余金の配当により減少する剰余金の額に4分の1を乗じた額を，利益準備金として積み立てなければならないと規定されている。ただし，利益準備金が資本金の額に10分の1を乗じた額に達すれば，それ以上の積立ては必要ないとされている。

5 会社がすでに発行した自社の株式を取得し保有している場合，その株式を自己株式または金庫株という。自己株式の処分に伴い，差益が生じた場合には「その他資本剰余金」に計上し，差損が生じた場合には「その他資本剰余金」から減額し，減額し切れない場合には「その他利益剰余金」から減額するとされている。

***
No.7 **株主資本と純資産に関する次の記述のうち，妥当なのはどれか。**

【国税専門官／財務専門官・令和元年度】

1 純資産は，資本金，資本準備金および利益準備金の3つから構成される。資本準備金は，資本剰余金およびその他資本剰余金に区分され，利益準備金は利益剰余金およびその他利益剰余金に区分される。

2 減資とは，資本金の額を減少させる取引である。株式会社において，資本金は債権者の権利保護のために維持すべき株主資本の根幹をなす部分であることから，会社法は減資に際し，原則として株主総会の特別決議および債権者保護手続きを実施することを求めている。

3 合併の会計処理には，パーチェス法と持分プーリング法の2つが存在する。国際的な会計基準では企業結合の会計処理は持分プーリング法に一本化されたが，わが国では企業結合が「取得」と認められる場合に限りこの方法が用いられている。

4 会社法は剰余金の配当について，一会計年度につき2回まで決まった時期に分配を行うことを定めている。また，株主への配当による企業資産の社外流出が生じた場合には，社外流出額の5分の1の額を準備金として積み立てることを定めている。

5 会社法は，株式会社の純資産について，貸借対照表や損益計算書の記載内容を補足するために，重要項目の期中増減や内訳明細等を表示した株主資本等変動計算書の作成と報告を努力義務としている。

実戦問題 **2** の 解説

1 × 平成17年の**会社法**の制定により，株式会社の設立時には，定款で設立に際して出資すべき額またはその最低額を定めるものとし（会社法27条4号），**出資すべき額については下限額の制限を設けない**ものとされた（同445条）。

2 × 株主資本は，「**資本金**」「**資本剰余金**」「**利益剰余金**」に区分され，「**資本剰余金**」は，「**資本準備金**」と「**その他資本剰余金**」に，また「**利益剰余金**」は，「**利益準備金**」「**その他利益剰余金**」として表示される（「貸借対照表の純資産の部の表示に関する会計基準」4～6，「財務諸表等規則」60～65条，「会社計算規則」108条）。

3 × 資本準備金は会社法の規定（会社法445条3項・4項）によって積み立てなければならない資本剰余金である。**資本準備金と利益準備金は法定準備金**と呼ばれ，**資本準備金には株式払込剰余金，株式交換差益，株式移転差益，会社分割差益，合併差益**がある。

4 × 利益準備金として積み立てるべき額は，剰余金の配当の場合には，**資本準備金と利益準備金を合わせて資本金の4分の1**に達するまで，毎決算期に，**剰余金の配当により減少する剰余金の額に10分の1を乗じた額**を利益準備金として積み立てなければならない（会社法445条4項）。

5 ◎ 正しい（「自己株式及び準備金の額の減少等に関する会計基準」9～12）。

No.7 の解説　資本準備金（株式払込剰余金）　　　→ 問題はP.145　**正答2**

1 × 純資産の部は，**株主資本（資本金，資本剰余金および利益剰余金）と株主資本以外の項目（評価・換算差額等，新株予約権）に区分**する（「貸借対照表の純資産の部の表示に関する会計基準」4および5）。そして**資本剰余金**は，資本準備金および資本準備金以外の資本剰余金（その他資本剰余金）に区分し，**利益剰余金**は，利益準備金および利益準備金以外の利益剰余金（その他利益剰余金）に区分する（「貸借対照表の純資産の部の表示に関する会計基準」6および7）。

2 ◎ 正しい（会社法447条）。

3 × 合併等の企業結合の会計処理としては，従来，**持分プーリング法とパーチェス法**とが使い分けられていたが，国際会計基準ならびにわが国の会計基準では，**パーチェス法に一本化**された。したがって「取得」（ある企業が他の企業または企業を構成する事業に対する支配を獲得すること）と認められる場合の会計処理はパーチェス法による（「企業結合に関する会計基準」17）。

4 × 旧商法では，剰余金の配当は定時株主総会の決議による利益処分と中間配当の年2回実施されてきたが，**会社法では株主総会ならびに取締役会の決議により，期中において随時，何度でも剰余金の配当ができる**ようになった（会社法454条）。また，剰余金の配当をする場合には，当該**剰余金の配当により減少する剰余金の額に10分の1を乗じて得た額を資本準備金または利益準備金として計上しなければならない**（「会社法」445条4項）。

5 × **株主資本等変動計算書**は，貸借対照表の純資産の部の一会計期間における変動額のうち，主として，**株主（連結上は親会社株主）に帰属する部分である株主資本の各項目の変動事由を報告するために作成**するものであり，**すべての会社に適用**する（「株主資本等変動計算書に関する会計基準」1および3）。

第3章　負債および資本会計

第4章
損益会計

テーマ **9** 損益会計

第4章 損益会計

試験別出題傾向と対策

試験名	国家専門職（国税専門官）														
年度	21	22	23	24	25	26	27	28	29	30	元	2	3	4	5
頻出度A ／ テーマ・選択肢の内容＼出題数	1	1	1	1	0	1	1	1	2	1	1	1	1	0	0	1
⑨ 損益会計															
発生主義	○		○			○			○	○					
現金主義	○						○								
実現主義	○					○		○			○				
長期請負工事の収益認識		○	○			○									○
委託販売の収益認識		○	○			○									○
割賦販売の収益認識		○	○				○								○
試用販売の収益認識		○													○
予約販売の収益認識	○						○								
費用収益対応の原則	○				○				○						
収益的支出・資本的支出				○				○				○			
費用・収益の見越・繰延			○												
収益費用・資産負債アプローチ											○				

　損益法によって算定された純利益または純損失は，一定期間の総収益から総費用を差し引くことによって得られる期間利益または期間損失である。損益計算書に記載されるこのような期間的な純損益は，その期間における企業の経営成績を反映するものであり，経営者や利害関係者が企業の業績を判断する際の重要な尺度になるものである。したがって，損益計算の中心課題は，このような収益および費用をいかに認識し測定するかにある。

　ここで認識とは，収益および費用の計上時点を決定し，それらを特定の会計期間に帰属させることであり，測定とは認識された収益および費用の金額的大きさを決定することである。つまり損益計算は，収益および費用のこのような認識と測定プロセスを経て，期間的・金額的に決定されるのである。

　本章では，収益および費用の認識と測定が具体的にどのようなメカニズムを経て行われているかを，損益計算を支配するいくつかの基本原則を通じて学習する。特に今日の企業会計が，その制度的・構造的特質として有する期間的な分配可能利

益（処分可能利益）の算定構造が，収益・費用の認識ならびに測定原則にどのように具体的に適用されているかを，理解する必要がある。

　過去の出題傾向を分析すると，ほぼ毎年損益会計に関する問題が出題されているのがわかるが，その中でも特に出題頻度が高いのが，各種特殊商品売買（委託販売，割賦販売，試用販売，予約販売，長期請負工事など）に関する損益の認識問題である。実現主義の適用について規定した企業会計原則注解 6 は，理論問題としてだけでなく第 9 章の「簿記会計」の仕訳問題としても出題されており，重点的に学習しておく必要がある。

　また費用収益対応の原則は，実現した収益と，発生した費用との時間的ずれを，収益を基準にして再調整し，適正な期間損益を算定するための原則であり，収益の認識基準としての実現主義と，費用の認識基準としての発生主義を結合させる原則ともいわれ，損益会計の中心となる重要原則であり，択一式問題としてだけでなく理論問題としても対策を講じておく必要がある。

　損益の認識問題については，記述式問題としてもたびたび出題されている。損益の認識基準である現金主義，発生主義ならびに実現主義については，平成 3 年度，11年度，17年度，22年度（東京都），23年度，25年度，30年度（東京都）に出題されている。また，収益の認識基準である実現主義と費用の認識基準である発生主義を結合させ，期間損益を算定するための基本原理となる費用収益対応の原則については，9 年度，17年度，23年度，30年度（東京都）に出題されている。また平成14年度には，損益会計全般にわたる出題として，収益・費用概念，期間帰属決定の原則（費用配分の原則，費用収益対応の原則），発生主義の適用による経過勘定項目について出題されている。

　このように，損益の認識基準（現金主義，発生主義，実現主義），費用収益対応の原則，特殊商品売買に関する実現主義の適用等に関する問題は，簿記の仕訳問題としても，また記述式問題としても出題される可能性の高い重要テーマであるので，特別な対策が必要である。

　なお，2018年 3 月30日に企業会計基準第29号「収益認識に関する会計基準」が公表され，2021年 4 月 1 日以後開始する連結会計年度および事業年度の期首から適用されることになった。この基準は収益認識に関する包括的な会計基準を定めたもので，従来認められていた割賦販売における「回収期限到来基準」ならびに「回収基準」は認められなくなった点に留意する必要がある。

損益会計

必修問題

損益会計に関する次の記述のうち，妥当なのはどれか。

【国税専門官・平成20年度】

1　収益の計上基準としての**発生主義**は，財貨または用役を第三者に売買し，または引き渡し，その対価として貨幣性資産を取得したことをもって収益の計上を行う考え方であり，主観的な見積りによる未実現利益が計上される余地がないという点で優れているとされる。

2　費用の計上基準としての**現金主義**は，現金の支出という事実に基づいて費用の計上を行う考え方であり，減価償却費の計上，引当金の設定および費用の見越し・繰延べを行いうるという点で優れているが，損益計算の客観性，確実性および検証可能性の点で問題があるとされる。

3　**委託販売**は，受託者が委託品を販売した日をもって売上収益の実現の日とすることが原則であるが，**仕切精算書**が委託品の販売の都度送付されている場合には，当該仕切精算書が委託者に到達した日をもって売上収益の実現の日とみなすことができる。

4　割賦販売は，商品の引渡しを行ってから，その代金の全額を回収するまでに長い期間を要するため，保守主義の観点から商品の引渡日をもって売上収益の実現の日とすることは認められず，割賦代金のうち回収した金額だけを売上収益として計上しなければならない。

5　**長期の請負工事**に関する収益については，工事が完成し，その引渡しが完了した日に計上すると，一時に多額の損益が計上されてしまうため，引渡しが完了した日に計上することは認められず，工事の進行度合いに応じて計上しなければならない。

難易度　＊＊

必修問題の 解説

損益の認識基準は発生主義を原則とするが，収益については発生の内容を限定する実現主義によっており，本問は，委託販売，割賦販売，長期請負工事にそれらがどのように適用されているかを問うている。

1 ✕ 発生主義は，経済価値の増減の事実が発生した時点で損益を認識する。
　　　発生主義とは，損益を現金の収入に関係なく，その**経済価値の増加または減少の事実が発生したとき**に認識するものであり，選択肢の説明は実現主義に

関するものである。

2 × 現金主義は客観性・確実性等に優れるが，正確な期間損益計算ができない。

現金主義とは，損益をすべて**現金の収支を基準として**認識するものである。損益の認識が実際の現金収支に基づくため，計算は極めて単純であり，また確実である。しかしながら，減価償却費の計上，引当金の設定および費用の見越し・繰延べは発生主義に基づいて計上されるものであり，**現金主義では期間損益を正確に算定できない。**

3 ◎ 仕切精算書を「販売の都度」送付することで，利益操作の排除ができる。

正しい（企業会計原則注解 6 の(1)）。なお，仕切精算書の到達日を無条件に容認しないで，仕切精算書が「**販売の都度**」送付されている場合に限るのは，委託者・受託者間の恣意的な仕切精算書の送付による**利益操作を排除**するためである。

4 × 販売基準を原則とし，回収基準・回収期限到来基準は認められない。

割賦販売については，通常の販売取引と同様に，財またはサービスに対する支配を顧客に移転することにより，顧客との契約における履行義務を充足した時点で収益を認識することとなる。なお，これまで認められてきた**回収基準**ならびに**回収期限到来基準**については，国際的な比較可能性の確保の観点から，2021 年 4 月 1 日以降は認められなくなった（「収益認識に関する会計基準の適用指針」182）。

5 × 工事契約の履行義務によって工事進行基準か工事完成基準が適用される。

企業は約束した財又はサービスを顧客に移転することにより履行義務を充足した時に又は充足するにつれて，収益を認識する（「収益認識に関する会計基準」35）。その場合，工事契約が一定の期間にわたり充足される履行義務の場合は，財またはサービスに対する支配が顧客に一定の期間にわたり移転することになるため，工事進行基準，または原価回収基準が適用されることになる（同基準38）。なお，原価回収基準とは，履行義務を充足する際に発生する費用のうち，回収することが見込まれる費用の金額で収益を認識する方法をいう（同基準15）。他方，工事契約の履行義務が一時点で充足される場合は，その引渡し等の日の属する事業年度の収益として認識することになるため，工事完成基準が適用されることになる（同基準39）。

正答 3

FOCUS

費用収益対応の原則は，工事進行基準の場合を除けば，まず実現した収益を確定し，その収益を実現するために発生した費用を対応させて期間損益を算定する方法である。したがって，解答上の表記方法は別としても，それを理解するときには「収益費用対応の原則」と読み替えて理解したほうがその算定原理がわかりやすい。

重要ポイント 1 **損益の認識基準**

　費用および収益をどの会計期間に帰属させるかを決めることを**損益の認識**といい，次のような基準がある。

(1) 現金主義

　これは，損益をすべて現金の収支を基準として認識するものである。**現金主義**は，損益の認識が実際の現金収支に基づくため，計算は極めて単純であり，また確実である。しかしながら，継続企業を前提とする今日の企業会計では，信用経済の発達および固定資産の長期利用化等によって，現金主義では期間損益を正確に算定しえないため，一般に認められていない。

　現在，極めて例外的に現金主義が認められているのは，割賦販売に回収基準を採用した場合における収益の計上（企業会計原則注解 6 の(4)），重要性の乏しい損益の計上（同注解 1）等である。

(2) 発生主義

　発生主義とは，損益を現金の収支に関係なく，その経済的価値が増加または減少の事実が発生したときに認識するものである。本来，財貨の価値や費用は，企業の生産活動を通じて徐々に形成されるため，それらが発生する時点で損益を認識するのは極めて理論的である。

　しかし，今日の企業会計が期間的な分配可能利益（処分可能利益）の計算を，その構造的特質として有することから，こと収益の認識に関しては単純に発生主義を適用することができない。なぜなら，発生主義では発生した収益の価値が，販売時点以前においては客観的に評価できず，その対価も確実に処分可能なものとはいえないからである。そのため，現在，発生主義による収益の認識は，販売または対価が確実な場合など，一定の要件を具備することによって初めて認められているにすぎない。公定価格制の下にある農産物や金鉱生産物の収益計上（これを**収穫基準・生産基準**という），長期請負工事における工事の進行に応じた収益計上（工事進行基準，企業会計原則注解 7）などが発生主義に基づく収益の認識基準である。

(3) 実現主義

　収益の認識基準であり，収益をその経済的事実が実現したときに認識するものである（損益計算書原則 3 の B，企業会計原則注解 6）。ここに実現とは，企業が生産した財貨または用役の引渡しに対する現金または現金等価物の対価の獲得を意味する。この実現の内容はすなわち販売であり，したがって，**実現主義**は一般に**販売基準**ともいわれる。このように特に収益の認識に関して，発生主義の内容を限定して実現主義をその認識基準とするのは次の理由による。

(i) 評価客観性

　生産物の価値は，販売前はいかなる時点においても客観的に評価することは極めて困難である。それに対して，販売価格は市場における社会的需要供給の関係で形成され，特定の利害関係者が恣意的に決定した価格ではないから，収益測定額としてのその金額は，最も客観的であり，合理的である。

(ⅱ) 処分可能性

　実現主義は，収益に関する未実現要素を期間損益計算から排除しようとするところに特色がある。それは企業の円滑な継続的運営と，利益処分という制度的制約に支障なく対応するために，収益は確実に短期的に処分可能な資産たりうることが要請されるためである。

重要ポイント **2**　損益の測定基準

　損益の測定基準とは，費用および収益の価額の決定に関する基準である。企業会計原則は，「すべての費用及び収益は，その支出及び収入に基づいて計上」（損益計算書原則１のA）すると規定して，損益をその収支に基づいて測定すべき基準（これを**収支基準**という）を明らかにしている。これは，今日の企業会計が，期間的な分配可能利益（処分可能利益）の算定を，その構造的特質として有すること，さらには恣意的な主観の介入によって期間損益計算を歪めることなく，適正に実施しようとする制度的要請に基づくものである。

重要ポイント **3**　費用収益対応の原則

　一般に，収益が実現する時点は，これに要した費用の発生する時点よりも遅れるのが普通である。ここに，期間損益計算を実施するに当たり，収益と費用との間に期間的ずれが生ずることになる。したがって，この期間的ずれを修正して，適正な期間損益計算を行うためには，発生した費用のうちから，当該会計期間に実現した収益に対応する部分を取り上げて，これを収益と比較することが必要になる。

　このように，いったん発生したものとして期間配分された費用を，再び収益を基準として再配分を行う会計処理の原則を，**費用収益対応の原則**という。

重要ポイント **4**　特殊な販売形態における収益の認識

(1) 委託販売

　委託販売については，原則として，受託者が委託品を販売した日をもって売上収益の実現の日とする。ただし，**仕切精算書**が販売の都度送付されている場合には当該仕切精算書が到達した日をもって売上収益の実現の日とみなすことができる（企業会計原則注解６の(1)，法人税基本通達2-1-3）。

　なお，仕切精算書到達日の収益を無条件に容認しないで，仕切精算書が「販売の都度」送付されている場合に限るのは，委託者・受託者間の恣意的な仕切精算書の送付による利益操作を排除するためである。

(2) 試用販売

　試用販売については，得意先が商品を試用し買取りの意思表示をしたときをもって，売上収益の実現の日とする（企業会計原則注解６の(2)）。

(3) 予約販売

　予約販売については，予約金受取額のうち，決算日までに商品の引渡または役務の給付が完了した分だけを当期の収益に計上する（企業会計原則注解６の(3)）。

（4）割賦販売

　割賦販売については，通常の販売基準を適用し，商品等を引き渡した日をもって売上収益の実現の日とする。しかしながら，割賦販売は，代金回収が長期にわたり，かつ分割払いであることから，通常の販売基準を適用すると貸倒れの危険率が高く，また事後費用等が多額になるため，それらの見積りが困難となり，不確実性が伴うなどの理由により，通常の販売基準に代えて，収益の認識をより慎重に行うため，割賦金の回収期限の到来日（**回収期限到来基準**）または入金日（**回収基準**）をもって売上収益実現の日とすることも認められてきた（企業会計原則注解6の(4)）。しかしながら，回収基準ならびに回収期限到来基準については，「収益認識に関する会計基準」（2018年3月30日）の公表により，国際的な比較可能性の確保の観点から，2021年4月1日以後に開始する事業年度より認められなくなった（「収益認識に関する会計基準の適用指針」182）。新基準では，収益の認識について履行義務を充足した時に，または充足するにつれて収益を認識することとなった（「収益認識に関する会計基準」35）。割賦販売における履行義務は，通常の商品売買と同じく「商品を引き渡すこと」である。したがって，支配が移転し履行義務が充足される商品の引渡時に収益を計上する販売基準が適用されるため，割賦基準（回収期限到来基準および回収基準）は認められないことになった。

（5）長期請負工事

　船舶，建物，道路，ダムその他構築物など，その建設に長期間を要する請負工事の収益計上については，工事の進行途上においても，その進捗部分について成果の確実性が認められる場合には**工事進行基準**を適用し，この要件を満たさない場合には**工事完成基準**が適用されてきた（「工事契約に関する会計基準」9）。

　この工事完成基準によった場合には，工事の完成した会計期間に収益の全額が計上されることになり，工事が2会計期間以上にまたがった場合には，経営活動に対応した収益の期間配分がなされないという不合理が生ずるため，2009年4月1日以降の会計年度から工事進行基準が原則的な認識基準となった。

　工事進行基準は収益の認識に関する発生主義の適用といえるが，それが認められるのは，前述のような収益の合理的な期間配分という要請のほかに，あらかじめ契約価額が決まっており，収益実現の確実性・客観性があること，および契約時または工事進行に伴って契約価額の一部が前渡金として授受されるため，算定利益が処分可能な利益となり，制度会計上の要請に支障なく対応できることなどによる。

　しかしながら，「収益認識に関する会計基準」（2020年3月31日）制定により，これまでの「工事契約に関する会計基準」が廃止され，2021年4月1日以後開始する連結会計年度および事業年度から新基準が適用されることになった。新基準では，収益の認識について履行義務を充足した時に，または充足するにつれて収益を認識することとなった（「収益認識に関する会計基準」35）。この場合において，企業は契約における取引開始日に，識別された履行義務のそれぞれが一定の期間にわたり充足されるものかまたは一時点で充足されるものかを判定することが必要になる（同基準36）。

　工事契約が一定の期間にわたり充足される履行義務の場合は，財またはサービスに対する支配が顧客に一定の期間にわたり移転することになるため，工事進行基準または原価回収基準が適用されることになる（同基準38）。なお，原価回収基準とは，履行義務を充足する際に発生する費用のうち，回収することが見込まれる費用の金額で収益を認識する方法をいう（同基準15）。他方，工事契約の履行義務が一時点で充足される場合は，その引渡し等の日の属する事業年度の収益として認識することになるため，工事完成基準が適用されることになる（同基準39）。

No.1　収益認識に関する次の記述のうち，最も妥当なのはどれか。

【国税専門官／財務専門官・令和5年度】

1　委託販売とは，企業が自己の商品の販売を他企業（受託者）に依頼する取引をいう。委託販売による売上収益は，委託者から受託者への商品引渡時ではなく，受託者が商品を最終消費者に販売した時点で計上する。

2　割賦販売とは，比較的高価な商品の販売に関して，その代金を何回かに分割し，定期的に均等額ずつ受け取る販売方法をいう。回収上の危険率は低いが，事後費用が発生するため，その商品を引き渡した日をもって売上高を計上することはできない。

3　試用販売では，商品を得意先の希望によって発送した時点で売買が成立し，これを買取意思表示基準という。したがって，販売者が得意先に対して商品を発送した日をもって売上高を計上することができる。

4　予約販売では，受け取った予約金をその受領時に予約販売前受金として全額収益に計上する。そのうえで，商品の引渡しまたは役務の提供が完了した部分については，貸借対照表の負債の部に記載し，次期以降に売上高に振り替える。

5　長期請負工事に適用される収益認識基準のうち，各期間の工事進捗度を見積もり，工事収益総額の一部をそれぞれの期間の収益として計上する基準を工事完成基準という。2021年4月1日以降開始する事業年度から，すべての企業に対し，この基準が強制適用となった。

No.2 損益会計に関する次の記述のうち，妥当なのはどれか。

【国税専門官／財務専門官・平成29年度】

1 損益計算書で報告される項目のうち，経常利益は売上総利益から販売費および一般管理費を差し引いて計算され，たとえ，売上総利益が多くても，販売費および一般管理費が多くなれば経常利益は少なくなる。このため，経常利益は主たる業務における経営の効率性を示す指標であるということができる。

2 特別利益には受取利息や有価証券利息等が含まれ，特別損失には固定資産売却損や災害による損失等が含まれる。また，これらの損益を経常利益から加除することで，税引前利益を算出する。

3 税引前当期純利益と法人税等の額を対応させるのが，税効果会計の目的である。税効果会計を採用しない場合，財務会計上と税務会計上の差異が永久に解消されない永久差異が生じるが，これは税効果会計の対象となる。

4 キャッシュ・フロー計算書は，現金および現金同等物をどのような源泉から獲得し，どのように利用したかを明らかにする計算書である。活動別で3区分に表示されるキャッシュ・フローのうち，投資活動によるキャッシュ・フローには株式の発行による収入や配当金の支払等が含まれる。

5 平成23年3月期より，わが国の上場企業に対して連結財務諸表において包括利益を表示することが義務づけられている。包括利益の表示方法は2計算書方式と1計算書方式があるが，後者が用いられる場合，計算書の最下部には当期純利益ではなく，包括利益を表示しなければならない。

実戦問題 **1** の 解説

1 ◎ 正しい（「企業会計原則」注解6）。

2 ✕ 割賦販売とは，割賦販売契約に基づいて，商品引渡後，代金が月賦，半年賦，年賦など定期的に分割されて相当長期にわたり支払われる販売形態である。かかる割賦販売における収益の認識は，原則として**販売基準**による。しかし，その例外として割賦金の回収期限の到来の日（**回収期限到来基準**）または入金の日（**回収基準**）をもって，売上収益の実現の日とすることも認められてきた（同注解6の（4））。すなわち割賦販売は，その代金回収の期間が長期にわたり，かつ分割払いであることから，通常の販売基準を適用すると貸倒れの危険率が高く，また，事後費用などが多額になるため，それらの見積りが困難となり，不確実性と煩雑さが伴う。さらに，売上債権の大部分は長期間回収されないままに置かれるため，購買力として利用できないなどが販売基準に代えて例外的に，回収期限到来基準または回収基準が認められてきた。しかしながら，**「収益認識に関する会計基準」**（2018年3月30日）の公表により，国際的な比較可能性の確保の観点から，2021年4月1日に開始する事業年度より認められなくなった。新基準の原則的な考え方は，**履行義務（顧客との契約において，財またはサービスのいずれかを顧客に移転する約束をいう）の充足時に収益を認識する**ことにある。したがって，支配が移転し履行義務が充足される商品の引渡時に収益を計上するものとされるため，**割賦基準（回収期限到来基準および回収基準）**は認められないこととされた。

3 ✕ 試用販売とは，注文を受けることなく商品を得意先に送付し，その試用後の買取りの意思表示によって販売が成立するものである。したがって，通常の販売における順序とは逆に，商品の発送が受注に先行するため，かかる商品の発送をもって収益を認識する（発送基準）のは適当でない。そのため，試用販売においては，得意先が買取りの意思表示をした時（**買取意思表示基準**）に履行義務が充足されたことになるため，その時をもって売上収益の実現の日とする（同注解6の（2））。

4 ✕ 予約販売とは，いまだ引き渡しうる状態になっていない商品について，前もって注文を受け，仕入れあるいは製造した後，これを得意先に引き渡す販売形態である。したがって，予約販売は，将来の一定時期に販売することをあらかじめ約束するものであるから，通常の**販売基準**が適用され，**予約金受取額のうち，決算日までに商品の引渡しまたは役務の給付が完了した分だけを**履行義務が充足されたとみなして，当期の収益に計上する（同注解6の（3））。

5 ✕ 「収益認識に関する会計基準」（2020年3月31日）制定により，これまでの**「工事契約に関する会計基準」**が廃止され，2021年4月1日以後開始する連結会計年度および事業年度から新基準が適用されることになった。新基準で

は，**収益の認識について履行義務を充足した時に，または充足するにつれて収益を認識する**こととなった（「収益認識に関する会計基準」35）。この場合において，企業は契約における取引開始日に，識別された履行義務のそれぞれが一定の期間にわたり充足されるものかまたは一時点で充足されるものかを判定することが必要になる（同基準36）。**一定の期間にわたり充足される履行義務の場合**は，資産に対する支配を顧客に一定の期間にわたり移転することにより履行義務が充足されることになるため，収益の認識は**工事進行基準または原価回収基準**が採用されることになる（同基準38）。なお，原価回収基準とは，履行義務を充足する際に発生する費用のうち，回収することが見込まれる費用の金額で収益を認識する方法をいう（同基準15）。他方，**履行義務が一時点で充足される場合**は，その引渡し等の日の属する事業年度の収益として認識することになり，**工事完成基準**が採用されることになる（同基準39）。

No.2 の解説　包括利益の表示方法　　　→ 問題はP.159　**正答5**

1 ✕　売上総利益から販売費および一般管理費を差し引いて計算され，**主たる業務における経営の効率性を示す指標は，営業利益**である。経常利益は，営業利益から営業外損益を加減して計算され，営業活動および財務活動から生じた損益を示すものである。

2 ✕　受取利息や有価証券利息は，特別利益ではなく営業外利益であり，**経常損益に特別損益（臨時損益および前期損益修正）を加減して算定されるのは，税引前当期純利益**である（損益計算書原則7）。

3 ✕　**税効果会計**は，会計上と税務上の収益または費用（益金または損金）の認識時点の相違や，会計上と税務上の資産または負債の額に相違がある場合において，**法人税等を適切に期間配分するための会計処理**である。この**税効果会計の対象とされる項目は，一時差異に限られる**。一時差異とは，財務諸表に計上されている資産および負債の金額と，課税所得の計算の結果算定された資産および負債の金額との差額をいう。

4 ✕　**キャッシュ・フロー計算書**は，1会計期間におけるキャッシュ・フローの状況を，**営業活動・投資活動・財務活動の3つの活動区分別に表示**するものであり，**投資活動によるキャッシュ・フローには，固定資産の取得および売却，現金同等物に含まれない短期投資の取得および売却等によるキャッシュフローを記載**する。

5 ◎　正しい。

No.3 損益会計に関する次の記述のうち，妥当なのはどれか。

【国税専門官・平成19年度】

1 通常の商品販売における収益の認識は，商品の引渡しが行われ，その対価を受領した時点とする。一方，予約販売のような，予約金を受け取り将来商品の引渡しをする取引については，その商品の引渡しが行われる前であっても，相手方から予約金を受領した時点で，収益に計上しなければならない。

2 企業内部で本店・支店が会計単位として独立している場合，本店と支店の間の商品等の受渡しは内部売上や内部仕入として記録される。これは，企業全体からすると，本来の売買ではなく企業内部での資産の移動にすぎないため，対外的に公表する財務諸表に計上してはならない。

3 未収金は，一定の契約に従い継続して役務の提供を行う場合に，すでに提供した役務に対して，いまだその対価の支払いを受けていないものをいう。一方，未収収益とは，土地や有価証券の売却のような，主たる営業以外の取引から生じたものをいう。

4 棚卸減耗費は，実際の在庫数量と帳簿上の期末在庫数量が一致しない場合に，不足数量に払出単価を乗じて求められる。棚卸減耗費は，売上とは直接の対応関係がないため，特別損失として損益計算書に計上しなければならない。

5 建物の使用を開始した後の支出については，単なる維持・管理に係るものであっても固定資産としての建物の価値を増加させるため，修繕費として費用計上するのではなく，固定資産の原価に算入して資産計上しなければならない。

No.4 **損益会計に関する次の記述のうち，妥当なのはどれか。**

【国税専門官・平成16年度】

1 発生主義とは，現金支出が行われたという費用の発生事実をもってその計上を行う考え方である。企業会計において，発生主義は，期間損益計算上の合理性から費用の計上基準の原則とされている。

2 企業会計においては，営業活動から生み出された成果である収益と，収益を生み出すための努力である費用とが対応関係にあるという前提で損益計算を行うべきであるとされ，これを費用収益対応の原則という。

3 本店と支店との間における内部取引から生ずる利益を内部利益という。内部利益は，独立した会計単位相互間の取引から生じることから，公表財務諸表の作成に当たっては，控除してはならない。

4 前払費用とは，一定の契約に従い継続して役務の提供を受ける場合に，すでに提供された役務に対してその対価の支払いが終了していないものをいう。また，前受収益とは，一定の契約に従い継続して役務提供を行う場合に，すでに提供した役務に対してその対価の支払いが後から行われるものをいう。

5 割賦販売においては，通常の販売と異なり，代金回収の期間が長期にわたることから，収益の認識を慎重に行うため，割賦金の入金の日をもって売上収益実現の日とする割賦基準によらなければならない。

第4章

損益会計

No.3 の解説 内部取引（内部売上・内部仕入）　　→ 問題はP.162 **正答2**

1 ✕ **予約販売**とは，いまだ引き渡しうる状態になっていない商品について，前もって注文を受け，仕入れあるいは製造した後これを得意先に引き渡す販売形態である。したがって，予約販売は，将来の一定時期に販売することをあらかじめ約束するものであるから，通常の**販売基準**が適用され，予約金受取額のうち，決算日までに**商品の引渡しまたは役務の給付が完了した分**だけを当期の収益に計上するのである（企業会計原則注解 6 の(3)）。

2 ◎ 正しい（損益計算書原則 3 の E，企業会計原則注解11）。

3 ✕ **未収収益**は，一定の契約に従い，継続して役務の提供を行う場合，すでに提供した役務に対して，いまだその対価の支払いを受けていないものをいう。また，**未収金**は，かかる**役務提供契約以外の契約**によるものをいう（企業会計原則注解 5 の(4)）。

4 ✕ 通常の**販売目的**で保有する棚卸資産について，品質低下・陳腐化などの原因による収益性の低下によって発生する簿価切下額は，**売上原価**とするが，棚卸資産の製造に関連し不可避的に発生する（**原価性を有する**）と認められるときには**製造原価**として処理する。また，収益性の低下に基づく簿価切下額が，**臨時の事象**（たとえば，重要な事業部門の廃止，災害損失の発生）に起因し，かつ，**多額**であるときには，**特別損失**に計上する（棚卸資産の評価に関する会計基準17）。**トレーディング目的**で保有する棚卸資産に係る損益は，原則として，**純額で売上高に表示**する（同基準19）。

5 ✕ 有形固定資産に係る支出のうち，単なる維持・管理にすぎない**収益的支出**は当該支出時の費用（修繕費）に算入され，当該有形固定資産の**取得原価に算入してはならない**。

No.4 の解説　費用収益対応の原則

→ 問題はP.163　**正答2**

1 ✗　**発生主義**とは，損益を現金の収支に関係なく，その**経済的価値が増加または減少の事実が発生したときに認識する**ものである（損益計算書原則１のA）。

2 ◎　正しい。一般に，収益が実現する時点は，これに要した費用の発生する時点よりも遅れるのが普通である。ここに，期間損益計算を実施するに当たり，収益と費用との間に期間的ずれが生ずることになる。したがって，この期間的ずれを修正して，**適正な期間損益計算を行うためには，発生した費用のうちから，当該会計期間に実現した収益に対応する部分を取り上げて，これを収益と比較することが必要になる。**

3 ✗　**内部利益**とは，原則として，本店，支店，事業部等の**企業内部における独立した会計単位相互間の内部取引から生ずる未実現の利益**をいい，売上高および売上原価を算定するに当たって除去しなければならない（損益計算書原則３のE，企業会計原則注解11）。

4 ✗　**前払費用**は，一定の契約に従い，**継続して役務の提供を受ける場合**，いまだ提供されていない役務に対し支払われた対価をいい，**前受収益**は，一定の契約に従い，**継続して役務の提供を行う場合**，いまだ提供していない役務に対し支払いを受けた対価をいう（企業会計原則注解５）。

5 ✗　**割賦販売**については，通常の**販売基準**を適用し，**商品等を引き渡した日**をもって売上収益の実現の日とする。しかしながら，割賦販売は，代金回収が長期にわたり，かつ分割払いであることから，通常の販売基準を適用すると貸倒れの危険率が高く，また事後費用等が多額になりそれらの見積もりの困難性・不確実性が伴うなどの理由により，通常の販売基準に代えて，割賦金の**回収期限の到来日または入金日**をもって売上収益実現の日とすることも認められてきたが（企業会計原則注解６の(4)），国際的な比較可能性の確保の観点から，2021年４月１日以後に開始する事業年度より認められなくなった（「収益認識に関する会計基準の適用指針」182）。

第４章

損益会計

◆◆ **No.5** 　利益測定と資産評価に関する次の記述のうち，妥当なのはどれか。

【国税専門官／財務専門官・平成26年度】

1　実現主義とは，財貨または用役を第三者に販売または引き渡し，その対価として貨幣性資産を取得したことをもって収益の計上を行う考え方である。実現主義の適用基準の例として販売基準があり，また，委託販売にも実現主義が適用される。

2　費用配分の原則とは，有形固定資産以外の通常の商品等に関して，経済活動の成果を表す収益と，それを得るために費やされた犠牲としての費用を対応させ，各会計期間の経営成績を適切に測定するという利益計算の基礎となる原則である。この関係を認識するしかたには，個別的対応と，期間的対応の2つの方式がある。

3　取得原価での資産評価は資産の取得時の支出額を基礎としているから，支出額を通じて客観的な測定が可能であるものの，その金額の正当性を契約書や支払記録を用いて確認することは困難であるという短所がある。また，資産の売却を通じて算出される利益には，当該資産について取得時から売却時までの間に生じる価格変化に起因する保有損益は混在していない。

4　低価主義とは，原価と時価を比較して，いずれか低いほうの価額を選択するという考え方である。低価主義を採用した場合，時価と比較すべき原価の決定方法として，評価切下げ後の簿価と時価を比較する洗替方式と原初原価と時価を比較する切放方式がある。わが国では，このうち切放方式のみが認められている。

5　取替原価による資産評価では，損益計算書は主に企業資産の換金価値を示し，また貸借対照表には換金による利益を表すことになる。当該資産評価では，資産額が，古い評価額ではなく，資産取得後の随時の換金価値の変動を反映した現在の時価を表示することから，取替原価の推定に当たって，保有中のいずれの資産の評価においても主観が入り込む余地はない。

* * *
No.6 A社は平成8年4月1日に事業を開始し，平成8年度（平成8年4月1日から同9年3月31日まで）には5工事を行った。これらの工事はそれぞれ異なった顧客からの受注であり，未完成工事はすべて翌年度中に完了する予定である。

工事完成基準および工事進行基準に従って計算したとき，次の貸借対照表資産の部の（1）〜（3）に入る数値の組合せとして妥当なのはどれか。

【国税専門官・平成9年度】

（単位：千円）

工事	契約金額	入金額	発生原価	残り工事見積原価
A	300,000	100,000	120,000	80,000
B	500,000	100,000	200,000	200,000
C	500,000	450,000	300,000	完 成
D	600,000	200,000	200,000	300,000
E	200,000	50,000	100,000	60,000
計	2,100,000	900,000	920,000	640,000

資産の部

	（工事完成基準）	（工事進行基準）
現金預金	××××	××××
工事未収入金	（1）	（3）
未完成工事支出金	（2）	××××
固定資産	××××	××××
	××××	××××

	（1）	（2）	（3）
1	50,000	620,000	395,000
2	50,000	920,000	805,000
3	150,000	920,000	1,200,000
4	150,000	1,260,000	540,000
5	200,000	1,560,000	671,000

実戦問題❸の解説

No.5 の解説　実現主義＝販売基準

→ 問題はP.166 **正答 1**

1 ◎ 正しい。実現主義でいう実現とは，企業が生産した財貨または用役の引渡しに対する現金または現金等価物の対価の獲得を意味しており，この実現の内容はすなわち販売であり，したがって**実現主義は販売基準ともいわれる**。**委託販売**については，原則として，**受託者が委託品を販売した日**をもって売上収益の実現の日とするとされており，**販売基準が原則的な収益の認識基準**とされている（企業会計原則注解6の(1)）。

2 ✕ 経済活動の成果を表す収益と，それを得るために費やされた犠牲としての費用を対応させ，各会計期間の経営成績を適切に測定するという利益計算の基礎となる原則は，**費用収益対応の原則**である（損益計算書原則1のC）。

3 ✕ 取得原価での資産評価の**長所は**，**評価の客観性**に優れ，その基礎となった**数値は各種帳票類によって容易に検証可能**であることにあるが，**短所は**，資産の売却を通じて算出される利益には，当該資産について取得時から売却時までの間に生じる価格変化に起因する**保有損益（名目損益）は混在することになる**ため，実質資本または実体資本維持（貨幣資本維持に対比される概念で，回収・維持すべき資本は企業に投下された財物そのものに置く考え方）が果たせないことである。

4 ✕ **切放方式**は，簿価と時価を比較する方法（簿価・時価比較低価法）であり，**洗替方式**は，原初原価と時価を比較する方法（原初原価・時価比較低価法）であり，**両方法は継続して適用することを条件に選択適用することができる**（「棚卸資産の評価に関する会計基準」17）。

5 ✕ 取替原価による資産評価によって，**企業資産の換金価値が示されるのは貸借対照表**であり，**換金による利益が示されるのは損益計算書**である。

No.6 の解説　工事完成基準と工事進行基準による損益計算 → 問題はP.167　**正答 1**

STEP❶　工事完成基準による工事未収入金の計算

　　　工事完成基準による工事未収入金は，工事Cのみが完成しているため，次のようになる。

　　　　契約金額 500,000千円 － 入金額 450,000千円＝50,000千円

STEP❷　工事完成基準による未完成工事支出金の計算

　　　工事完成基準の未完成工事支出金は，発生原価から完成した工事Cの発生原価を控除して計算する。

　　　　発生原価 920,000千円－完成工事C発生原価 300,000千円＝620,000千円

STEP❸　工事進行基準による工事未収入金の計算

　　　工事進行基準の工事未収入金は，工事進行に応じた工事収益を見積もり，そこからすでに入金している金額を控除して算定する。

$$工事収益＝　契約金額　\times　\frac{発生原価}{見積総原価}$$

$$工事未収入金＝　工事収益　－　入金額$$

$$工事A：300,000　\times　\frac{120,000}{200,000}　-100,000　=　80,000千円$$

$$工事B：500,000　\times　\frac{200,000}{400,000}　-100,000　=150,000千円$$

$$工事C：500,000　-　450,000　　=　50,000千円$$

$$工事D：600,000　\times　\frac{200,000}{500,000}　-200,000　=　40,000千円$$

$$工事E：200,000　\times　\frac{100,000}{160,000}　-　50,000　=　75,000千円$$

$$\underline{395,000千円}$$

　　　したがって，正答は**1**である。

第5章
財務諸表の種類と表示

テーマ⑩ 財務諸表の種類と表示

試験別出題傾向と対策

試　験　名	国家専門職（国税専門官）														
年　度	21	22	23	24	25	26	27	28	29	30	元	2	3	4	5
出題数	1	1	1	2	1	1	2	0	2	1	2	1	2	2	1
⑩財務諸表の種類と表示															
（1）貸借対照表と表示														○	○
有価証券	○	○													
固定資産	○	○													
繰延資産	○	○								○					
1年基準	○	○		○			○				○			○	○
正常営業循環基準	○	○		○											
リース資産・負債	○	○	○	○		○							○		
経過勘定項目					○										
負債	○	○													
引当金		○							○				○		
流動性・固定性配列法			○			○									
注記	○										○				
総額主義・純額主義			○												
純資産の部				○	○										
（2）損益計算書と表示														○	○
損益計算書の区分	○		○		○			○	○	○	○				
内部利益の控除			○												
総額主義・純額主義	○									○	○				
注記	○														
包括利益（計算書）								○	○						
（3）キャッシュ・フロー計算書					○			○		○		○		○	
（4）株主資本等変動計算書					○				○	○					

財務諸表には，さまざまな種類のものがある。たとえばどのような企業単位に基づいて作成されるかによって財務諸表は，個別財務諸表と連結財務諸表に分けられる。前者は法的実体（legal entity），すなわち法律的に独立した経済単位としての個別企業を対象にして作成されるのに対して，後者は経済的実体（economic entity）としての企業集団を対象にし，法人格を異にする2つ以上の個別企業を単一の組織体とみなして作成される財務諸表である。

　また，財務諸表が作成される時期によって中間財務諸表と決算財務諸表に分けられる。前者は仮決算を行って期中（通常6か月単位）に作成される財務諸表であり，後者は正規の決算によって会計年度末に作成される財務諸表である。

　本章では，これらの財務諸表のうち会計年度末に作成される個別財務諸表について学習する（連結財務諸表については第7章参照）。

　財務諸表の中でも特に重要なのが，企業の一定時点における財政状態を資本の運用形態とその調達源泉から示した貸借対照表と，一定期間における企業の経営成績を資本の増減運動の結果として因果対応的に表示した損益計算書である。

　以下では，これらの財務諸表が，さまざまな利害関係者の要請を満たすためにどのような原理・原則に基づいてその形式，科目の配列，区分，分類等が行われるのか，「企業会計原則」や「会社計算規則」等の具体的規定を参照しながら学習する。

　なお，財務諸表に関する過去の出題は，択一式・記述式問題ともに，貸借対照表と損益計算書（平成16年度〈東京都〉，28年度〈東京都でも出題〉）からの出題が中心であるが，株主資本等変動計算書（24年度，30年度，令和元年度）やキャッシュ・フロー計算書（14年度，18年度，24年度，28年度〈東京都でも出題〉，29年度，令和元年度，令和2年度，令和4年度）についても出題されるようになってきており，整理しておく必要がある。

　財務諸表の表示に関する出題は，企業会計原則ならびに関係諸規則の規定や条文をどれほど注意深く参照し，理解しているかを問うものがほとんどであり，法規集との丹念で根気強い対峙が必要である。財務諸表の表示に関する規定は，おびただしい数に及ぶが，特に重要な規定は，貸借対照表原則4ならびに企業会計原則注解16である。過去の問題も，両規定から必ず出題されており，特別な対策が必要である。

必修問題

財務諸表に関する次の記述のうち，妥当なのはどれか。

【国税専門官／財務専門官・平成24年度】

1　**貸借対照表**は，企業が獲得した利益の金額だけでなく，その利益がどのようにして得られたかを明らかにするための財務表である。そのため，貸借対照表における当期末の総資産の額と前期末の総資産の額との差額である**包括利益**の額は，損益計算書で算定される当期純利益の額と一致する。

2　**損益計算書**は，企業の投資のポジションを明らかにし，企業に投下された資金の調達源泉およびこれがどのように運用されているかを示すことを目的とした財務表であり，ある一定の時点における企業のストックの金額を示すものである。

3　**株主資本等変動計算書**は，貸借対照表および損益計算書だけでは，資本金，準備金および剰余金の数値の連続性を把握することが困難であることに鑑み，株主資本の時系列の変動明細を一覧できるようにするために作成される。

4　連結財務諸表の作成において**経済的単一体説**に従うと，利害関係者は親会社の株主のみであり，連結財務諸表も親会社の株主のために作成されることになる。また，現行の連結財務諸表においては，経済的単一体説の考え方に基づき，**少数株主持分**は固定資産として計上されている。

5　**キャッシュ・フロー計算書**において，営業活動によるキャッシュ・フローの表示方法で**間接法**を選択した場合，始点である売上総額から減価償却費の金額を減算する処理が明らかにされるなど，収益額や費用額に対して一定の調整を加える過程が明瞭に表示されるので，営業活動に係るキャッシュ・フローが総額で表示されることになる。

難易度　＊＊＊

必修問題の**解説**

　本問は財務諸表全般に関する基礎知識を問うている。損益計算書と貸借対照表の意義，前者については包括利益の内訳項目が「その他有価証券評価差額金」「繰延ヘッジ損益」「為替換算調整勘定等」から構成されること，株主資本等変動計算書は，主として株主資本の各項目の変動事由を報告するために作成するものであること，現行の連結財務諸表が親会社説によって作成されているため，少数株主持分は，純資産の部に区分して記載すること，キャッシュ・フロー計算書における直接法と間接法による表示方法の相違等について正確に理解しておく必要がある。

1 ✕ 包括利益＝当期純利益＋その他の包括利益

　　企業が獲得した利益の金額だけでなく，その利益がどのように得られたかを明らかにするための財務表は貸借対照表ではなく損益計算書である。また，**包括利益と当期純利益の金額は一致せず，当期純利益にその他の包括利益の内訳項目（その他有価証券評価差額金，繰延ヘッジ損益，為替換算調整勘定等）を加減したものが包括利益である**（「包括利益の表示に関する会計基準」6）。

2 ✕ 貸借対照表は，資金の運用形態と調達源泉を示す。

　　企業の投資のポジションを明らかにし，**企業に投下された資金の調達源泉およびこれがどのように運用されているかを示すことを目的とした財務表は損益計算書ではなく貸借対照表である。**

3 ◎ 株主資本等変動計算書は，株主資本の時系列の変動明細一覧表である。

　　正しい。平成17年7月26日に公布された会社法によって，株式会社は，株主総会または取締役会の決議により，剰余金の配当をいつでも決定でき，また，株主資本の計数をいつでも変動させることができることとされた。したがって，貸借対照表および損益計算書だけでは，資本金，準備金および剰余金の数値の連続性を把握することが困難となるため，すべての株式会社は，貸借対照表および損益計算書に加え，株主資本等変動計算書を作成しなければならないこととされた（「株主資本等変動計算書に関する会計基準」18）。**株主資本等変動計算書は，貸借対照表の純資産の部の一会計期間における変動額のうち，主として，株主に帰属する部分である株主資本の各項目の変動事由を報告するために作成するものである**（同基準1）。

4 ✕ 連結財務諸表は，親会社説により少数株主持分は純資産の部に記載する。

　　連結財務諸表の作成については，親会社説と経済的単一体説の2つの考え方がある。いずれの考え方においても，単一の指揮下にある企業集団全体の資産・負債と収益・費用を連結財務諸表に表示するという点では変わりはないが，資本に関しては，**親会社説は，連結財務諸表を親会社の財務諸表の延長線上に位置づけて，親会社の株主の持分のみを反映させる考え方であるのに対して，経済的単一体説は，連結財務諸表を親会社とは区別される企業集団**

全体の財務諸表と位置づけて，企業集団を構成するすべての連結会社の株主
の持分を反映させる考え方であるという点で異なっており，現行の連結財務
諸表は前者の親会社説によって作成されている（「連結財務諸表に関する会
計基準」51）。その結果，少数株主持分は，貸借対照表上，純資産の部に区
分して記載することとされている（同基準55）。

5 ✕ 主要な取引ごとにキャッシュフローを総額表示するのは，直接法である。
営業活動によるキャッシュ・フローの表示方法には，直接法と間接法の2つ
の方法がある。前者は，主要な取引ごとにキャッシュ・フローを総額表示す
る方法であり，後者は，税金等調整前当期純利益に非資金損益項目，営業活
動に係る資産および負債の増減，投資活動によるキャッシュ・フローおよび
財務活動によるキャッシュ・フローの区分に含まれる損益項目を加減して表
示する方法（「連結キャッシュ・フロー計算書等の作成基準」第3の1）で
ある。

正答 **3**

FOCUS

平成11年4月1日以後に開始する事業年度から，連結キャッシュ・フロ
ー計算書の作成が義務づけられるようになり，財務諸表規則ではキャッシ
ュ・フロー計算書が財務諸表体系の中に加わった。キャッシュ・フロー計算
書は，1会計期間における資金の状況を営業活動，投資活動，財務活動の3
つの活動区分別に表示するものであり，貸借対照表および損益計算書と同様
に企業活動全体を対象とする重要な情報を提供するものである。

POINT

重要ポイント 1 ▶ 財務諸表の種類

企業会計原則	財務諸表規則（1条）	会社法（435条） 会社計算規則（59条）
損益計算書	貸借対照表	貸借対照表
貸借対照表	損益計算書	損益計算書
財務諸表附属明細表	株主資本等変動計算書	株主資本等変動計算書
利益処分計算書	キャッシュ・フロー計算書	注記表
	附属明細表	

重要ポイント 2 ▶ 貸借対照表

（1）貸借対照表完全性の原則

　この原則は，一定時点における企業の資産，負債および純資産を網羅的に貸借対照表に表示すべきことを要請する原則で，「**網羅性の原則**」とも呼ばれる。したがって，**簿外資産・簿外負債**は認められないが，「重要性の原則」が適用され，「正規の簿記の原則」に従って処理された場合に生ずる簿外資産・簿外負債は，これを貸借対照表の記載外に置くことができる（貸借対照表原則1，企業会計原則注解1）。

（2）貸借対照表の形式：勘定式と報告式

　勘定式貸借対照表は，借方側に資産，貸方側に負債・純資産を対応表示する形式の貸借対照表である。**報告式貸借対照表**は，上から下へ連続的に資産，負債，純資産を表示するもので，この形式によれば，会計の知識を持たない者でも理解しやすいため内閣総理大臣ならびに金融商品取引所等に提出される有価証券報告書の貸借対照表形式はこれによっている（財務諸表規則6条，財務諸表規則様式第2号参照）。

（3）科目の配列：流動性配列法と固定性配列法

　流動性配列法とは，流動性の高い科目から順に配列する方法で，たとえば**流動資産**については換金性の強いものから順に配列し，固定資産については利用期間の短いものから順に，負債については現金支払期限が近いものから順に配列する方法である。この方法は，流動資産と**流動負債**がまず最初に対応表示されるため，企業の支払能力を判断するのに便利であり，企業会計原則では，原則としてこの流動性配列法によっている（貸借対照表原則3）。

　固定性配列法は，流動性配列法とは逆に，固定性の高い科目から順に配列する方法である。したがって，資産の部は，固定資産，流動資産，繰延資産の順に配列され，貸方側はまず純資産の部を記載し，次に負債の部を固定負債，流動負債の順に配列する（貸方側の負債の部を先順位にする場合もある）。

（4）貸借対照表の区分と項目の分類（会社計算規則，財務諸表規則）

貸借対照表	
（資産の部） Ⅰ　流動資産 Ⅱ　固定資産 　1　有形固定資産 　2　無形固定資産 　3　投資その他の資産 Ⅲ　繰延資産	（負債の部） Ⅰ　流動負債 Ⅱ　固定負債 （純資産の部） Ⅰ　株主資本 　1　資本金 　2　新株式申込証拠金 　3　資本剰余金 　4　利益剰余金 　5　自己株式 　6　自己株式申込証拠金 Ⅱ　評価換算差額等 　1　その他有価証券評価差額金 　2　繰延ヘッジ損益 　3　土地再評価差額金 　4　為替換算調整勘定 Ⅲ　新株予約権

（5）総額主義の原則

　資産，負債および純資産は，原則として総額によって記載し，資産の項目と負債または純資産の項目とを相殺して，その差額だけを示してはならないとする原則である（貸借対照表原則1のB）。

（6）貸借対照表の注記

　貸借対照表の主な注記事項として次のものが挙げられる（貸借対照表原則1のC）。

（ⅰ）受取手形の割引高または裏書譲渡高

（ⅱ）保証債務等の偶発債務

（ⅲ）債務の担保に供している資産

（ⅳ）発行済株式1株当たり当期純利益および同1株当たり純資産額

　なお，これらの注記事項は，損益計算書および貸借対照表の次にまとめて記載される，重要な会計方針の注記事項の次に記載することもできる（企業会計原則注解1-4）。

重要ポイント❸ 損益計算書

（1）損益計算書の形式

勘定式損益計算書は，借方側に費用，貸方側に収益を記載し，その差額を純損益として貸借平均させて示すものである。

報告式損益計算書は，上から下へと一定の配列順序に従って連続的に表示するもので，簿記の知識を持たない一般投資家にも理解されやすいため，内閣総理大臣ならびに金融商品取引所等に提出される有価証券報告書の損益計算書形式はこれによっている（財務諸表規則6条，財務諸表規則様式第3号参照）。

（2）損益計算書の区分と項目の分類（会社計算規則，財務諸表規則）

損益計算書

Ⅰ	売上高	××× ×
Ⅱ	売上原価	××× ×
	売上総利益	××× ×
Ⅲ	販売費及び一般管理費	××× ×
	営業利益	××× ×
Ⅳ	営業外収益	××× ×
Ⅴ	営業外費用	××× ×
	経常利益	××× ×
Ⅵ	特別利益	××× ×
Ⅶ	特別損失	××× ×
	税引前当期純利益	××× ×
	法人税及び住民税額　×× ×	
	追徴法人税額　　　　××	××× ×
	当期純利益	××× ×

（3）総額主義の原則

損益計算書に費用と収益の一部または全部を相殺して残額のみを記載することを禁止する原則である（損益計算書原則1のB）。したがって，たとえば支払利息と受取利息とを相殺して，差額だけを受取利息または支払利息として示すことなく，それぞれを総額で示さなければならない。

重要ポイント 4　その他の財務諸表

(1) キャッシュ・フロー計算書

　平成11年4月1日以降に開始する事業年度から，連結キャッシュ・フロー計算書の作成が義務づけられるようになり，財務諸表規則では**キャッシュ・フロー計算書**が財務諸表体系の中に加わった。キャッシュ・フロー計算書は，1会計期間におけるキャッシュ・フロー（現金および現金同等物）の状況を，「営業活動によるキャッシュ・フロー」「投資活動によるキャッシュ・フロー」「財務活動によるキャッシュ・フロー」の3つの活動区別に表示するものであり，貸借対照表および損益計算書と同様に企業活動全体を対象とする重要な情報を提供するものである。

(2) 株主資本等変動計算書

　株主資本等変動計算書は，平成17年7月に公布された会社法において利益処分計算書に代わって作成が義務づけられたもので，貸借対照表の純資産の部の1会計期間における変動額のうち，主として，株主に帰属する部分である株主資本の各項目の変動事由を報告するために作成するものである（「株主資本等変動計算書に関する会計基準」1）。

(3) 注記表

　注記表（個別注記表および連結注記表）は，会計を補足する情報として，①継続企業の前提に関する注記，②重要な会計方針に係る事項に関する注記，③貸借対照表等に関する注記，④損益計算書に関する注記，⑤株主資本等変動計算書に関する注記などの項目に区分して表示しなければならない（会社計算規則129条）。ただし，注記は，必ずしも注記表という一覧表を設けて記載することが求められているわけではなく，従来のように貸借対照表，損益計算書等の末尾に記載することも認められている（同89条3項）。

(4) 事業報告

　事業報告は会社法435条2項によってその作成が要求されているものであり，会計に関係しない株式会社の状況に関する重要事項について記載した報告書であり，従来の営業報告書に相当するものである。

(5) 附属明細書

　会社法では，旧商法の**附属明細書**が，計算書類に係る附属明細書と事業報告に係る附属明細書（会社法施行規則128条）に区分されている（会社法435条2項）。計算書類に係る附属明細書には，「有形固定資産および無形固定資産の明細」「引当金の明細」「販売費及び一般管理費の明細」等のほか，株式会社の貸借対照表，損益計算書，株主資本等変動計算書および個別注記表の内容を補足する重要な事項を表示しなければならない（会社計算規則145条）。

実戦問題 ❶ 基本レベル

No.1 貸借対照表に関する次の記述のうち，妥当なのはどれか。

【国税専門官・平成9年度】

1 貸借対照表日におけるすべての資産・負債および資本を貸借対照表に記載すべきであるという要請は，貸借対照表完全性の原則と呼ばれる。この原則によれば，簿外資産，簿外負債を貸借対照表の記載外に置くことはできないとされる。

2 貸借対照表の様式には，勘定様式と報告様式との2つがあり，企業会計原則では，勘定様式のうち，資産合計と負債および資本の合計とを対照させる様式をとっている。

3 貸借対照表の資産および負債に属する項目の配列方法には，流動性配列法と固定性配列法とがあるが，企業の支払能力を明らかにするのに便利なのは，固定性配列法である。

4 企業会計原則においては，資産・負債および資本は，総額によって記載することを原則とし，一部または全部を相殺して記載してならないこととされている。

5 企業会計原則においては，資産・負債を流動資産と固定資産に分類する基準として，ワン・イヤー・ルールが採用されており，正常営業循環基準は採用されていない。

No.2 損益計算に関する次の記述のうち，妥当なのはどれか。

【国税専門官・平成10年度】

1 費用収益対応の原則とは，ある会計期間の費用を，その会計期間に認識された収益と関連させて決定することである。

2 わが国の企業会計原則は，損益計算書に関して，従来は包括主義をとっていたが，包括主義の弊害が顕在化してきたため，当期業績主義に改めた。

3 内部利益とは，会計単位内部における原材料，半製品等の振替から生ずる未実現の利益をいい，営業損益を計算する際に除去しなければならない。

4 有価証券および固定資産の売却損益は，金額の僅少なものまたは毎期経常的に発生するものを除き，特別損益となる。

5 当期の負担に属する法人税および住民税は，企業会計原則上，利益処分項目とされている。

No.3 [*] 損益計算書に関する次の記述のうち，企業会計原則に基づき妥当なのはどれか。　【国税専門官・平成12年度】

1　損益計算書は，1会計期間に属するすべての収益とこれに対応するすべての費用とを記載して経常利益を表示し，これに営業外損益に属する項目を加減して当期純利益を表示することとされており，いわゆる財産法の原理に従って作成される。

2　損益計算書においては，すべての費用および収益はその支出および収入に基づいて，支払いもしくは回収した期間に正しく割り当てられるよう処理する。ただし，未実現収益は，原則として当期の損益計算に計上してはならない。

3　営業損益計算の区分においては，企業の営業活動から生じる費用および収益を記載して営業利益を計算する。この場合，2つ以上の営業を目的とする企業にあっては，その費用および収益を主要な営業別に区分して記載する。

4　経常損益計算の区分においては，営業利益から利息，割引料，特別損失などの営業活動以外の原因から生ずる損益をその発生源泉に応じてすべて記載し，経常利益を計算する。

5　損益計算書における費用および収益は，いわゆる総額主義の原則に従って記載されていることから，内部利益もこれに含まれている。内部留保の額については，これを損益計算書に注記しなければならない。

No.4 ^{**} キャッシュ・フロー計算書に関するA～Dの記述のうち，妥当なもののみをすべて挙げているのはどれか。　【国税専門官／財務専門官・令和4年度】

A：キャッシュ・フロー計算書が対象とする資金の範囲は，現金に限らず，取得日から満期日または償還日までの期間が3か月以内の短期投資である定期預金等も含む。しかし，株式は，たとえ短期利殖目的で保有する市場性のある銘柄であっても資金の範囲に含まれない。

B：キャッシュ・フロー計算書は，基本財務諸表である貸借対照表と損益計算書を補完する書類として，金融商品取引法により，上場会社では作成が義務づけられている一方で，その公開は義務づけられていない。

C：キャッシュ・フロー計算書を分析する指標として経常収支比率があり，この指標により，企業の財務活動の状況を判断することができる。その判断基準として，当該比率が100％以下であることが望ましいとされている。

D：キャッシュ・フロー計算書は，キャッシュ・フローが営業，投資または財務活動のいずれから生じるかによって分類されている。貸付金の回収による収入や有形固定資産の取得のための支出は財務活動によるキャッシュ・フローに該当し，社債の借入や借入金返済は投資活動によるキャッシュ・フローに

該当する。

1　A

2　C

3　A，C

4　B，D

5　C，D

＊＊
No.5　**財務諸表の作成に関する次の記述のうち，妥当なのはどれか。**

【国税専門官・平成21年度】

1　受取手形の割引高および裏書譲渡高については，貸借対照表の本体に貸倒引当金の項目で記載されることから，貸借対照表の注記事項とされていない。また，保証債務等の偶発債務や借入金の担保に供している資産についても，貸借対照表の注記事項とされていない。

2　有価証券は，売買目的有価証券，満期保有目的の債券の2つに分類され，いずれも貸借対照表日の時価により評価されたうえで，貸借対照表の本体にそれらの名称で記載される。他方，関係会社株式や関係会社社債は，貸借対照表の注記事項とされている。

3　建物や機械等の有形固定資産については，減価償却累計額を控除した未償却残高のみを科目別に貸借対照表の本体に記載し，減価償却累計額は科目別に注記する形式により表示することも認められている。

4　長期貸付金および長期借入金のうち銀行等金融機関以外の取引先に対するものについては，その情報の重要性から，貸借対照表の注記事項として取引先の名称およびその金額を記載しなければならない。

5　貸借対照表日の翌日から株主総会の開催日までに生じた事業所での天災地変による事故など，企業の経営成績に重要な影響を及ぼす事象による損益は，次期の貸借対照表に記載したのでは情報の提供が遅くなることから，貸借対照表日の属する期の貸借対照表の本体に見積額で記載しなければならない。

No.6 財務諸表の作成および表示に関するA～Dの記述のうち，妥当なもののみをすべて挙げているのはどれか。

【国税専門官・平成23年度】

A：企業会計原則によると，貸借対照表において，資産，負債および資本は総額によって記載することを原則とするが，買掛金と売掛金のように性質が類似している一定の資産，負債および資本については，相殺して残額を表示することもできる。

B：貸借対照表上の配列方法として，流動性配列法がある。これは，貸借対照表の項目を，流動性の高い順に配列する方法であり，資産については換金可能性の高い項目の順，負債については返済期限の早い項目の順に配列される。

C：株主資本は，資本金，資本準備金，利益準備金，評価・換算差額等，新株予約権に分類して表示される。そのうえで，資本準備金は資本剰余金とその他資本剰余金とに，利益準備金は利益剰余金とその他利益剰余金とに分けて表示される。

D：損益計算書は，経常損益計算，営業損益計算および純損益計算の区分を設け，明瞭な形で配置しなければならない。このうち，経常損益計算は企業のどのような営業活動から利益が生じたかを示すことを目的としている。したがって，経常利益は，営業外の収益や費用については加減されていない。

1 A

2 B

3 C

4 B，C

5 C，D

実 戦 問 題 **1** の 解 説

→ 問題はP.181

No.1 の解説 貸借対照表の表示（総額主義） 正答**4**

1 ✕　原則として**簿外資産・簿外負債**は認められないが、「**重要性の原則**」が適用され、「**正規の簿記の原則**」に従って処理された場合に生ずる簿外資産・簿外負債は、これを貸借対照表の記載外に置くことができる（貸借対照表原則1、企業会計原則注解1）。

2 ✕　貸借対照表の様式には**勘定式**と**報告式**があるが、企業会計原則では「貸借対照表の資産の合計金額は、負債と資本の合計金額に一致しなければならない」（貸借対照表原則1のE）と規定しているだけで、特に勘定式だけを認めているわけではない。

3 ✕　**流動性配列法**は、**流動資産と流動負債がまず最初に対応表示**されるため、流動性分析などを通じて企業の**支払能力を分析するのに便利**である。

4 ◎　正しい（貸借対照表原則1のB）。

5 ✕　取引先との**通常の商取引によって生じた債権債務や棚卸資産**には**正常営業循環基準**が適用される（貸借対照表原則4の(1)(2)）。

No.2 の解説 損益計算書の表示（費用収益対応の原則） → 問題はP.181 正答**1**

1 ◎　正しい。

2 ✕　損益計算書には1会計期間に属するすべての収益とこれに対応するすべての費用とを記載して**経常利益**を表示し、これに**特別損益**に属する項目を加減して**当期純利益**を表示しなければならない（損益計算書原則1）として、現在の企業会計原則では**包括主義**による損益計算書を採用している。

3 ✕　**内部利益**とは、原則として、本店、支店、事業部等の企業内部における**独立した会計単位相互間の内部取引**によって発生する**未実現の利益**をいい、会計単位内部における原材料、半製品等の振替から生ずる**振替損益**は内部利益ではない（企業会計原則注解11）。

4 ✕　原則として、**有価証券売却損益**は営業外損益に表示し（損益計算書原則4）、**固定資産売却損益**は特別損益の区分に表示する（損益計算書原則6）。

5 ✕　当期の負担に属する法人税額、住民税額等は**税引前当期純利益**から控除する（損益計算書原則8）。

No.3 の解説 損益計算書の表示（営業損益計算の区分） → 問題はP.182 正答**3**

1 ✕　今日の企業会計は**損益法**を前提としている。すなわち、損益計算書は**財産法**（期末資本－期首資本＝当期純利）ではなく、当期純利益がどのような内容から発生しているかを明らかにする損益法（収益－費用＝当期純利益）の原理によって算定されている。また、**当期純利益**は、経常利益に「**特別損益に属する項目**」を加減して算定する（損益計算書原則1）。

2 × 費用および収益は**発生主義**を原則としており，「支払いもしくは回収期間」ではなく，「**その発生した期間**」に正しく割り当てられるように処理しなければならない（損益計算書原則1のA）。

3 ◎ 正しい（損益計算書原則2のA）。

4 × 「**特別損失**」は，経常損益計算の区分ではなく，**純損益計算の区分**に記載する（損益計算書原則2のB，2のC）。

5 × **内部利益**とは，本店，支店，事業部等の企業内部における**独立した会計単位相互間の内部取引**から生ずる**未実現の利益**をいい，損益計算書上控除されなければならない（企業会計原則注解11）。また「**内部留保の額**」は，貸借対照表の**純資産の部**に記載される。

No.4の解説 資金の範囲 → 問題はP.182 **正答1**

A ◎ 妥当である。キャッシュ・フロー計算書が対象とする**資金の範囲は，現金および現金同等物が含まれる**。現金同等物とは，**容易に換金可能であり，かつ，価値の変動について僅少なリスクしか負わない短期投資**をいう。したがって，**株式は，たとえ短期利殖目的で保有する市場性のある銘柄であっても資金の範囲に含まれない**。現金同等物には，たとえば，取得日から満期日または償還日までの期間が3か月以内の短期投資である定期預金，譲渡性預金，コマーシャル・ペーパー，売戻し条件付現先，公社債投資信託が含まれる（「連結キャッシュ・フロー計算書等の作成基準」第2の1，注解2）。

B × 妥当でない。上場会社は有価証券報告書を当該事業年度経過後3か月以内に内閣総理大臣に提出しなければならないとされており（金融商品取引法24条），その報告書に含まれる財務諸表は「財務諸表等の用語，様式及び作成方法に関する規則」（財務諸表等規則）によって作成されなければならず（同193条），**財務諸表等規則では，貸借対照表，損益計算書，株主資本等変動計算書，キャッシュ・フロー計算書，附属明細表が提出される財務諸表とされている**（財務諸表等規則1条）。

C × 妥当でない。**経常収支比率は経常収入を経常支出で除して算定され，100%以上であることが望ましい**とされている。なお，財務活動によるキャッシュ・フローは，借入や株式の発行による資金調達や借入金の返済のような財務活動に関係する収支の状況を表しており，**経常収支比率は営業活動のキャッシュ・フローの分析に役立つ指標**である。

D × 妥当でない。**貸付金の回収による収入や有形固定資産の取得のための支出は投資活動によるキャッシュ・フローに該当し，また社債の借入や借入金返済は財務活動によるキャッシュ・フロー区分に記載される**（「連結キャッシュ・フロー計算書等の作成基準」注解4・注解5）。

以上から，妥当なものは**A**のみであり，正答は**1**である。

No.5 の解説　減価償却累計額の表示 →問題はP.183　**正答3**

1 × 受取手形の割引高または裏書譲渡高，保証債務等の偶発債務，債務の担保に供している**資産**等企業の財務内容を判断するために重要な事項は，**貸借対照表に注記**しなければならない（貸借対照表原則1のC）。

2 × 有価証券は，売買目的有価証券，満期保有目的の債券，子会社株式および関連会社株式，その他有価証券に区分され，**時価**をもって貸借対照表価額とするのは，**売買目的有価証券とその他有価証券**である（「金融商品に係る会計基準」第3の2）。

3 ◎ 正しい（企業会計原則注解17）。

4 × **債務**のうち，役員等企業の内部の者に対するものと親会社または子会社に対するものは，特別の科目を設けて**区別して表示**し，または**注記**の方法によりその内容を明瞭に示さなければならない（貸借対照表原則4の(1)D）。

5 × 火災，出水等による重大な損害で**貸借対照表日後**に発生し，**次期以後**の財政状態および経営成績に影響を及ぼす事象を**後発事象**といい，財務諸表には，**損益計算書および貸借対照表を作成する日までに発生した重要な後発事象**を**注記**しなければならない（企業会計原則注解1-3）。

No.6 の解説　貸借対照表上の配列方法（流動性配列法） →問題はP.184　**正答2**

A × 妥当でない。資産，負債および資本（純資産）は，**総額によって記載**することを原則とし，資産の項目と負債または資本（純資産）の項目とを相殺することによって，その全部または一部を貸借対照表から除去してはならない（貸借対照表原則1のB）。

B ○ 妥当である。

C × 妥当でない。**株主資本**は，**資本金，資本剰余金および利益剰余金**に区分する（「貸借対照表の純資産の部の表示に関する会計基準」5）。

D × 妥当でない。**経常損益計算**の区分は，営業損益計算の結果を受けて，利息および割引料，有価証券売却損益その他**営業活動以外の原因から生ずる損益**であって特別損益に属しないものを記載し，**経常利益**を計算する（損益計算書原則2のB）。経常利益は，**営業利益**に**営業外収益**を加え，これから**営業外費用**を控除して表示する（損益計算書原則5）。

以上から，妥当なものはBのみであり，正答は**2**である。

No.7 財務諸表の作成と公開に関する次の記述のうち，妥当なのはどれか。

【国税専門官／財務専門官・平成26年度】

1 　会社法がすべての株式会社に作成と報告を義務づけている書類は，貸借対照表，損益計算書およびキャッシュフロー計算書の3つであり，これらの3つの書類は総称して有価証券報告書と呼ばれている。また，会社法においては注記表，附属明細書の2つは「計算書類」と呼ばれている。

2 　決算短信とは，金融商品取引法により，上場会社に対して年次の決算日から3か月以内に作成・提出が義務づけられている報告書であり，財務諸表のほか，企業の概況や設備の状況その他の記載が行われているものである。しかし，有価証券報告書と比較して記載される情報が膨大であり，作成に時間がかかるため，速報性に欠ける傾向がある。

3 　損益計算書において，売上高から販売費および一般管理費を控除して，売上総利益を表示する。この売上総利益から企業の営業活動に伴う売上原価を差し引いたものが営業利益であり，この営業利益から臨時的・偶発的に生じた特別利益や特別損失を加減したものが経常利益である。

4 　財務諸表の作成に当たって，固定資産の減価償却方法などに代表される重要な会計方針は，財務諸表本体に記載する必要があり，注記に記載することは許されない。一方，当期の決算日後に発生した事象で当期の財政状態に影響を及ぼすものは後発事象と呼ばれるが，重要な後発事象については注記に記載しなければならない。

5 　貸借対照表の作成に当たっては，一般的に流動性配列法に従って，資産については換金可能性の高い項目の順，また負債については返済期限の早い項目の順に配列される。この方法によると資産は流動資産，固定資産の順に，負債は流動負債，固定負債の順に配列される。

No.8 キャッシュ・フロー計算書に関する次の記述のうち，妥当なのはどれか。

【国税専門官・平成18年度】

1 キャッシュ・フロー計算書は，企業の貸借対照表日現在における現金等の残高を一定の区分別に表示することを目的とするものである。

2 キャッシュ・フロー計算書によって，企業は内部の現金等の状況を把握することができる。しかしながら，外部の利害関係者にとっては重要性が乏しいため，貸借対照表や損益計算書とは異なり，財務諸表外の情報として取り扱われる。

3 キャッシュ・フロー計算書では，対象とする資金の範囲を現金および現金同等物とし，市場で売買され容易に換金可能なものであれば，価格変動リスクの高い株式等も含めなければならない。

4 「営業活動によるキャッシュ・フロー」の表示には，直接法と間接法がある。このうち，間接法とは，純利益に必要な調整項目を加減して表示する方法のことである。

5 「投資活動によるキャッシュ・フロー」の区分には，株式の発行による収入や自己株式の取得による支出等，資金の調達および返済に係るキャッシュ・フローを記載することとされている。

No.9 企業会計原則の損益計算書に関する次の記述のうち，妥当なのはどれか。

【国税専門官・平成７年度】

1 一定の契約に従い継続して役務の提供を行う場合，いまだ提供していない役務に対して支払いを受けた対価は，当期の損益計算から除去するとともに，貸借対照表の負債の部に計上しなければならない。

2 現在の企業会計原則における損益計算書の作成に当たっては，１会計期間に属するすべての収益とすべての費用とを記載して経常利益を表示する，当期業績主義を採用している。

3 企業会計原則は発生主義の原則を採用していることから，収益は，原則として販売時点ではなく企業活動による価値の形成，すなわち生産した段階で，収益の発生そのものによって認識することになる。

4 損益計算書の作成に当たって，同一企業の各経営部門の間における商品の移転によって発生した内部利益は，売上高から控除し，営業外収益として計上しなければならない。

5 総額主義の原則によれば，費用と収益の全部または一部を相殺して残額のみを記載することとなるので，受取利息を支払利息から控除しその差額を損益計算書に記載しなければならない。

1 損益計算書は，1会計期間内に発生したすべての収益とこれに対応するすべての費用とを記載して，当期純利益を表示するが，このような収益および費用を記載する方法には，無区分損益計算書と一段式損益計算書の2つがある。

2 商法計算書類規則のいう営業損益の部は企業会計原則のいう純損益計算の区分に，また，営業外損益の部は経常損益計算の区分に相当する。

3 損益計算書においては，一定の目的のために設定した積立金をその目的に従って取り崩した場合にはその取崩額を，また，中間配当を行った場合には中間配当額とそれに伴う利益準備金の積立額を，前期繰越利益とともに当期純利益に加減して，当期未処分利益を表示する。

4 企業会計原則のいう特別損益の部は，商法計算書類規則における純損益計算の区分に相当し，税引前当期利益，当期利益は，それぞれ，商法計算書類規則における税引前当期純利益，当期純利益に一致する。

5 企業会計原則は，発行済株式1株当たりの当期純利益または発行済株式1株当たりの純資産額のいずれか一方を，損益計算書に注記しなければならないとしている。

No.11 流動資産または流動負債と固定資産または固定負債とを区分する基準に関する次の記述のうち，妥当なのはどれか。 【国税専門官・平成15年度】

1 受取手形等の当該企業の主目的たる営業取引により発生した債権および債務は，流動資産または流動負債に属するものとする。したがって，破産債権，更生債権およびこれに準ずる債権で，1年以内に回収されないことが明らかなものであっても，流動資産に属するものとする。

2 貸付金，借入金等の債権および債務で，貸借対照表日の翌日から起算して1年以内に，入金または支払いの期限の到来するものは，流動資産または流動負債に属するものとし，入金または支払いの期限が1年を超えて到来するものは，投資その他の資産または固定負債に属するものとする。

3 預金については，貸借対照表日の翌日から起算して1年以内に期限が到来するか否かにかかわらず，流動資産に属するものとする。

4 所有有価証券については，証券市場において流通するもので短期的資金運用のために一時的に所有するもの，証券市場において流通しないものまたは他の企業を支配するなどの目的で長期的に所有するもののいずれかにかかわらず，投資その他の資産に属するものとする。

5 企業がその営業目的を達成するために所有し，かつ，その加工もしくは売却を予定しない財貨は，固定資産に属するものとする。ただし，固定資産のうち残存耐用年数が1年以下となったものについては，ワン・イヤー・ルールにより流動資産とする。

** 　資産会計および負債会計に関する次の記述のうち，妥当なのはどれか。

【国税専門官・平成16年度】

1 　繰延資産は，将来の期間に影響する特定の費用を次期以降の期間に配分するために，貸借対照表の資産の部に計上することが商法上義務づけられた費用である。具体的には，創立費，開業費，建物を賃借するための権利金，研究開発費が挙げられる。

2 　引当金には，資産の部に記載される評価性引当金と負債の部に記載される負債性引当金とがある。具体的には，評価性引当金には貸倒引当金があり，負債性引当金には退職給付引当金や修繕引当金がある。

3 　流動負債と固定負債との分類は，正常営業循環基準および1年基準により行われる。企業の主目的たる営業取引により発生した買掛金等の債務は流動負債に計上され，企業の主目的以外の取引によって発生した未払金等の債務は，支払いの期限が費用発生の日から起算して1年以内に到来するものが流動負債に計上される。

4 　企業会計原則では，営業権は，有償で譲り受けたものに限り貸借対照表に計上し，毎期均等額を償却しなければならないとされている。また，商法では，これをのれんとして，取得後10年で償却しなければならないとされている。

5 　有価証券は，売買目的有価証券，満期保有目的の債券，子会社株式および関連会社株式，その他有価証券の4つに分類され，満期保有目的の債券以外は時価をもって貸借対照表価額とし，評価差額を当期の損益として処理することとされている。なお，満期保有目的の債券は取得価額を貸借対照表価額とする。

実戦問題❷の解説

→問題はP.188 **正答5**

No.7の解説 流動性配列法

1✕ 会社法に基づいて作成される財務諸表を「**計算書類**」といい，貸借対照表，損益計算書，株主資本等変動計算書，個別注記表の４つがこれに含まれる。また，これに事業報告（会社の状況に関する重要な事項および内部統制システムの構築についての決定事項または決議事項を内容とする）および附属明細書を加えたものを「**計算書類等**」という。

2✕ 金融商品取引法により，上場会社や店頭登録をしている株式発行会社等が各事業年度終了後３か月以内に作成し，金融庁に提出が義務づけられている報告書は決算短信ではなく，**有価証券報告書**である（金融商品取引法24条）。これに対して，**決算短信は証券取引所の自主規制に基づく開示資料であり，財務報告の手段としては最も早い決算速報**である。

3✕ 売上総利益は売上高から売上原価を控除して算定され，これから販売費および一般管理費を控除したものが**営業利益**であり，さらにこれから営業外損益を加減したものが**経常利益**である。

4✕ 固定資産の減価償却方法などの**重要な会計方針は財務諸表に注記**しなければならない（企業会計原則注解1-2）。また，後発事象とは，貸借対照表日後に発生した事象で，**次期以降の財政状態および経営成績に影響を及ぼすもの**であり，重要な後発事象は注記しなければならない（企業会計原則注解1-3）。

5◎ 正しい。企業会計原則では原則として**流動性配列法によって貸借対照表を作成**することになっている（貸借対照表原則3）。

1 ✕ キャッシュ・フロー計算書は，**1会計期間**におけるキャッシュ・フローの状況を**3つの活動区分別**に表示するものである。

2 ✕ 平成11年4月1日以降に開始する事業年度から，連結キャッシュ・フロー計算書の作成が義務づけられるようになり，**財務諸表規則ではキャッシュ・フロー計算書が新しく財務諸表体系の中に加わった**（財務諸表規則1条）。

3 ✕ **資金の範囲**は，現金および現金同等物とされ，**現金**には，手許現金および要求払預金（当座預金，普通預金，通知預金）が含まれ，**現金同等物**には，容易に換金可能であり，かつ，価値の変動について僅少なリスクしか負わない短期投資が含まれる（「連結キャッシュ・フロー計算書等の作成基準」第2の1）。

4 ◎ 正しい。「営業活動によるキャッシュ・フロー」は，主要な取引ごとにキャッシュ・フローを総額表示する**直接法**と，税金等調整前当期純利益に非資金損益項目，営業活動に係る資産および負債の増減，「投資活動によるキャッシュ・フロー」および「財務活動によるキャッシュ・フロー」の区分に含まれる損益項目を加減して表示する**間接法**がある（「連結キャッシュ・フロー計算書等の作成基準」第3の1）。

5 ✕ 「**投資活動によるキャッシュ・フロー**」の区分には，有形固定資産および無形固定資産の取得・売却による支出・収入，有価証券（現金同等物を除く）および投資有価証券の取得・売却による支出・収入，貸付による支出・貸付金の回収による収入などが記載され，**資金の調達および返済によるキャッシュ・フローは，「財務活動によるキャッシュ・フロー**」の区分に記載される（「連結キャッシュ・フロー計算書等の作成基準」第2の2の1，同注解4・5）。

No.9 の解説 損益計算書の表示（前受収益） → 問題はP.189 **正答1**

1 ◎ 正しい。**前受収益は当期の損益計算から除外するとともに貸借対照表の負債の部に計上する**（企業会計原則注解5の（2））。

2 × 損益計算書には1会計期間に属するすべての収益とこれに対応するすべての費用とを記載して**経常利益**を表示し，これに特別損益に属する項目を加減して**当期純利益**を表示しなければならないとして，**包括主義**による損益計算書を採用している（損益計算書原則1）。

3 × 今日の企業会計が期間的な**分配可能利益（処分可能利益）**の計算を，その構造的特質として有することから，こと**収益の認識に関しては単純に発生主義を適用することができない**。なぜなら，発生主義では発生した収益の価値が，**販売時点以前においては客観的に評価できず，その対価も確実に処分可能なものとはいえない**からである。したがって，収益の認識基準については，**実現主義**によることになる（損益計算書原則3のB）。

4 × **内部利益**とは，原則として，本店，支店，事業部等の**企業内部における独立した会計単位相互間の内部取引**によって発生する**未実現の利益**をいい，会計単位内部における原材料，半製品等の振替から生ずる**振替損益は内部利益ではない**。また内部利益は，売上高から控除するとともに期末棚卸高から内部利益の額を控除する（企業会計原則注解11）。

5 × **総額主義の原則**は，損益計算書に**費用と収益の一部または全部を相殺して残額のみを記載することを禁止**する原則である（損益計算書原則1のB）。したがって，たとえば支払利息と受取利息とを相殺して，差額だけを受取利息または支払利息として示すことなく，それぞれを総額で示さなければならない。

No.10 の解説 損益計算書の表示（当期未処分利益） → 問題はP.190 **正答3**

1 × 損益計算書の形式には無区分式損益計算書と**区分式損益計算書**があり，企業会計原則ならびに会社法では後者によっている（損益計算書原則2，会社計算規則119条）。

2 × 営業損益の部は，純損益計算の区分ではなく「**営業損益計算**」の区分に相当する。

3 ◎ 正しい（損益計算書原則9）。なお，平成17年制定の会社法によれば，損益計算書は当期純利益を表示し（会社計算規則125条），**前期繰越利益**，**積立金の取崩額**，**利益準備金の積立額**などは**株主資本等変動計算書**に記載されることになった。

4 × 企業会計原則と商法計算書類規則の説明が逆である。

5 × **発行済株式1株当たり当期純利益および同1株当たり純資産額**の両方を**注記**する（貸借対照表原則1のC）。

1年基準（ワン・イヤー・ルール）　　　　→ 問題はP.191　**正答2**

1 ✕ **破産債権**，**更生債権**およびこれに準ずる債権で1年以内に回収されないことが明らかなものは，固定資産たる**投資その他の資産**に属するものとする（企業会計原則注解16）。

2 ◎ 正しい。貸付金，借入金，差入保証金，受入保証金，当該企業の**主目的以外の取引**によって発生した未収金，未払金等の債権および債務は，**1年基準（ワン・イヤー・ルール）**を適用する（企業会計原則注解16）。

3 ✕ **現金預金**は，原則として，流動資産に属するが，**預金**については，貸借対照表日の翌日から起算して**1年以内に期限が到来**するものは，**流動資産**に属するものとし，期限が**1年を超えて到来**するものは，**投資その他の資産**に属するものとする（企業会計原則注解16）。

4 ✕ 所有有価証券のうち，**証券市場において流通**するもので，**短期的資金運用のために一時的に所有**するものは，**流動資産**に属するものとし，**証券市場において流通しない**ものもしくは他の企業を支配する等の目的で**長期的に所有**するものは，**投資その他の資産**に属するものとする（企業会計原則注解16）。

5 ✕ 固定資産のうち残存耐用年数が**1年以下**となったものは，流動資産とせず**固定資産**に含めて表示する（企業会計原則注解16）。

評価性引当金と負債性引当金　　　　→ 問題はP.192　**正答2**

1 ✕ 制度上の**繰延資産**は，**創立費**，**開業費**，**開発費**，**株式交付費**，**社債発行費**の**5つ**に限定されている（「繰延資産の会計処理に関する当面の取扱い」2(2)）。

2 ◎ 正しい（企業会計原則注解18）。

3 ✕ 企業の**主目的以外の取引**によって発生した未払金等の債務は，「貸借対照表日の翌日から」起算して**1年以内**に支払いの期限が到来するものは，**流動負債**に属するものとする（企業会計原則注解16）。

4 ✕ のれんは**20年以内**にその効果の及ぶ期間にわたって**定額法その他の合理的な方法**により規則的に償却する（「企業結合に関する会計基準」32）。

5 ✕ **子会社株式**および**関連会社株式**は，**時価**ではなく**取得原価**をもって貸借対照表価額とする（「金融商品に関する会計基準」17）。

実戦問題❸　難問レベル

No.13 損益計算書原則に関する次の記述のうち，妥当なのはどれか。

【国税専門官・平成15年度】

1　すべての費用および収益は，その支出および収入に基づいて計上し，その発生した期間に正しく割り当てられるように処理しなければならない。また，未実現収益は，原則としてその見積額を当期の損益計算に計上しなければならない。

2　費用および収益は，総額によって記載することを原則とするが，損益計算を明瞭に表示する観点から，費用の項目と収益の項目とを相殺することによって，その全部または一部を損益計算書から除去することも認められる。

3　経常損益計算の区分は，当該企業の経常活動から生ずる費用および収益を記載して，経常利益を計算する。2つ以上の営業を目的とする企業の場合は，その費用および収益を主要な営業別に区分して記載する。

4　営業損益計算の区分は，経常損益計算の結果を受けて，利息および割引料，有価証券売却損益その他経常活動以外の原因から生ずる損益であり，かつ，特別損益に属しないものを記載し，営業利益を計算する。

5　損益計算書は，企業の経営成績を明らかにするため，1会計期間に属するすべての収益とこれに対応するすべての費用とを記載して経常利益を表示し，これに特別損益に属する項目を加減して当期純利益を表示しなければならない。

No.14 財務諸表に関する次の記述のうち，妥当なのはどれか。

【国税専門官・平成14年度】

1　「貸借対照表完全性の原則」とは，貸借対照表の作成に当たり，資産，負債，資本を一定の基準に従って区分し，それぞれの区分ごとに金額を算定し，さらに資産および負債項目については一定の配列に従ってこれらを配列すべきことを要求する原則である。

2　損益計算書は，継続企業における1会計期間の経営成績を明らかにするために作成されるものであり，現行の制度会計においては，未処分利益の計算に関する会計情報は含まれていないが，経営成績に関する会計情報は含まれている。

3　金融商品取引法に従い有価証券届出書または報告書を内閣総理大臣に提出する会社は，「キャッシュ・フロー計算書」を作成し公表しなければならない。このキャッシュ・フロー計算書は，資金の範囲を現金（当座預金や普通預金などを含む）および現金同等物（短期の定期預金や譲渡性預金など）としている。

4　財務諸表に記載する注記すべき事項の内容には，決算日後に発生した事象で，次期以降の財政状態および経営成績に影響を及ぼすものは含まれていないが，財務諸表の本文に掲げられている科目や金額などの概要を補足説明するためのものは含まれている。

5　附属明細表は，貸借対照表における重要事項について詳しく表示するための附属書類である。その役割は「重要性の原則」に基づき，経理内容について適切かつ十分な公開明示を行うことにある。

No.15 **損益計算書に関する次の記述のうち，妥当なのはどれか。**

【国税専門官・平成６年度】

1　企業会計原則による損益計算書の主要な目的は，①１会計期間内の企業の経営成績を明らかにすること，②処分可能な損益の増減と発生原因を明らかにすることであるが，このうち，もっぱら重要なのは前者であり，後者は軽視されている。

2　損益計算書には，①貸方に収益項目，借方に費用項目を起算する「勘定（account）様式」，②冒頭に売上高を記載し，さらに各項目を順次加減して上から下へ記載していく「報告（report）様式」の２つがあり，財務諸表規則では後者によることとしている。

3　損益計算書には，①総収益と総費用をそれぞれ一括し両者の差額として純損益を記載する「無区分損益計算書」，②収益と費用を発生原因に従いいくつかに区分し記載する「区分損益計算書」があるが，企業会計原則および商法では，どちらも認められている。

4　損益計算書の作成に当たっては，各期の経済・社会情勢の変化に対応する必要があるため，同一の用語を毎期継続して用いるなどの形式的な継続性に配慮する必要はない。

5　商法によれば，株式会社は規模の大小にかかわらず，株主総会終了後遅延なく，損益計算書またはその要旨を公告しなければならないが，その場合，原則として10億円未満の端数を切り捨てて表示することができる。

No.16 甲工業株式会社はＡ工場に製品を製造させている。Ａ工場にはＢ営業所が同居しているが電力，ガス，水道料は一括してＡ工場が支払っている。経費が，次の資料Ⅰ，Ⅱのとおりであるとき，当社の当期製品製造原価はいくらか。

【国税専門官・平成元年度】

（資料Ⅰ）

材料費	期首棚卸高	6,000千円	当期仕入高	35,000千円
	期末棚卸高	5,000千円		

労務費　29,000千円

経費　7,980千円

減価償却費（建物）　2,500千円　（機械）1,800千円

修繕費　（建物）　400千円　（機械）　580千円

電力料　1,000千円　ガス・水道料　600千円

雑費　1,100千円

期首仕掛品棚卸高　900千円

期末仕掛品棚卸高　700千円

（資料Ⅱ）

（1）建物の使用比率は工場4対営業所1である。

（2）電力については，電力用（工場）500千円，照明用500千円であった。ガス・水道料については，営業所では，ほとんど使用しないので工場が全部支払った。

（3）一般管理費で建物の固定資産税500千円を支払った。

1　72,680千円
2　72,900千円
3　72,980千円
4　73,000千円
5　73,180千円

No.17 リース会計に関する次の記述のうち，妥当なのはどれか。

【国税専門官・平成16年度】

1 リース取引は，一般にファイナンス・リース取引とオペレーティング・リース取引とに分けられる。前者は，リース契約に基づくリース期間の中途において解除できるリース取引をいい，後者は前者以外のリース取引をいう。

2 リース取引の会計処理は，ファイナンス・リース取引の場合は，原則として通常の売買取引に係る方法に準じて行うこととされ，オペレーティング・リース取引の場合は，通常の賃貸借取引に係る方法に準じて行うこととされている。

3 ファイナンス・リース取引では，リース物件を自己所有したのと実質的にまったく同様の経済的利益を享受することができるにもかかわらず，支払われるリース料は，リース物件を購入した場合の取得費や維持管理費等実質的に負担すべき費用の合計よりかなり少ないことから，借手にとって有利なものとなっている。

4 ファイナンス・リース取引については，借手側は，財務諸表の作成に当たり，リース料の総額を注記する方法（いわゆるオフバランス）のみが認められている。また，この場合，リース料の総額から合理的に見積もられた利息相当額を控除した額を併せて記載しなければならない。

5 オペレーティング・リース取引の場合，貸手側は，必ず「貸借対照表日後1年以内のリース期間に係る未経過リース料」を財務諸表に注記しなければならないが，「貸借対照表日後1年を超えるリース期間に係る未経過リース料」については注記を省略することができる。

＊＊＊
No.18 リース取引の会計に関する次の記述のうち，妥当なのはどれか。

【国税専門官・平成22年度】

1 リース取引のうち，オペレーティング・リース取引については，ノン・キャンセラブルおよびフル・ペイアウトがその要件とされている点で，通常の売買取引に係る方法に準じて会計処理を行うファイナンス・リース取引とは性格が異なる。

2 オペレーティング・リース取引の借手側の会計処理については，リース開始時にリース物件のリース料の支払予定合計額を取得原価として資産に計上し，それに見合う未経過のリース期間に対応するリース債務を負債に計上する。

3 オペレーティング・リース取引の貸手側の会計処理については，通常の賃貸借取引に係る方法に準じて会計処理を行わなければならないので，リース料は売上高，営業外収益などとして計上することになる。

4 ファイナンス・リース取引の借手側の会計処理については，通常の賃貸借取引に係る方法に準じて会計処理を行わなければならないので，リース料は製造原価，営業費などとして計上する必要があるほか，期末におけるリース債務の額を財務諸表に注記しなければならない。

5 ファイナンス・リース取引の貸手側の会計処理については，通常の賃貸借取引に係る方法に準じて会計処理を行い，かつ，リース期間の中途において当該契約を解除することができるファイナンス・リース取引を除き，貸借対照表日以後のリース期間に係る未経過リース料を財務諸表に注記しなければならない。

第5章

財務諸表の種類と表示

No.19 リース取引に関するA～Dの記述のうち，妥当なもののみをすべて挙げているのはどれか。 【国税専門官・令和3年度】

A：リース取引には，ファイナンス・リース取引とオペレーティング・リース取引の2種類がある。あるリース取引がファイナンス・リース取引に該当する場合，解約不能のリース期間中のリース料総額の現在価値が，見積現金購入価額のおおむね75％以上であり，かつ，解約不能のリース期間が，当該リース物件の経済的耐用年数のおおむね90％以上でなければならない。

B：所有権移転ファイナンス・リース取引において，貸手の購入価額が明らかな場合，リース資産およびリース債務の計上価額は，リース料総額の割引現在価値または貸手の購入価額のいずれか低い価額となる。

C：リース資産およびリース債務の計上価額を，リース料総額の割引現在価値として求める場合，割引率に使用する利子率が小さいほど，貸借対照表に計上される金額は大きくなる。

D：オペレーティング・リース取引において，リース資産を償却する際は，リース期間を耐用年数として計算を行い，償却方法は定額法，定率法，級数法，生産高比例法の中から企業の実態に応じて選択できる。

1 A
2 C
3 A，C
4 B，C
5 B，D

財務諸表の種類と表示

実戦問題❸の解説

No.13 の解説 損益計算書の本質　　　　　　　　　→ 問題はP.197　**正答5**

1 ✕ 収益の認識は**実現主義**が原則であり，**未実現収益**の計上は評価の客観性ならびに処分の確実性という点でその計上は認められない（損益計算書原則1のA）。

2 ✕ 費用および収益は**総額主義**によって記載するのが原則であり，費用の項目と収益の項目とを直接に相殺することによってその全部または一部を損益計算書から除去してはならない（損益計算書原則1のB）。

3 ✕ **経常損益計算**の区分は，**営業損益計算**の結果を受けて，利息および割引料，有価証券売却損益その他営業活動以外の原因から生ずる損益であって特別損益に属しないものを記載し，**経常利益**を計算する（損益計算書原則2のB）。

4 ✕ **営業損益計算**の区分は，当該企業の営業活動から生ずる費用および収益を記載して，**営業利益**を計算する。**2つ以上の営業**を目的とする企業にあっては，その費用および収益を**主要な営業別に区分**して記載する（損益計算書原則1のA）。

5 ◎ 正しい（損益計算書原則1）。

第5章 財務諸表の種類と表示

203

1 × **貸借対照表完全性の原則**とは，貸借対照表日におけるすべての資産，負債および資本（純資産）を貸借対照表に記載すべきことを要請する原則で，「**網羅性の原則**」とも呼ばれる。したがってこの原則によれば，**簿外資産・簿外負債**は認められないことになるが，「**重要性の原則**」が適用され，「**正規の簿記の原則**」に従って処理された場合に生ずる簿外資産・簿外負債は，例外的にこれを貸借対照表の記載外に置くことができることになる（貸借対照表原則 1，注解 1）。

2 × 損益計算書の計算区分には，**営業損益計算**，**経常損益計算**，**純損益計算**の区分があり，損益計算書の末尾には，純損益計算の結果を受けて，前期繰越利益等を記載し，**当期未処分利益**を計算表示することになっている（損益計算書原則 2）。

3 ◎ 正しい。平成11年 4 月 1 日以後に開始する事業年度から，連結キャッシュ・フロー計算書の作成が義務づけられるようになり，財務諸表規則ではキャッシュ・フロー計算書が財務諸表体系の中に加わった。**キャッシュ・フロー計算書は，1 会計期間における資金（現金および現金同等物）の状況を営業活動，投資活動，財務活動の 3 つの活動区分別に表示するものであり，貸借対照表および損益計算書と同様に企業活動全体を対象とする重要な情報を提供するものである。**

4 × 財務諸表には，**損益計算書および貸借対照表を作成する日**までに発生した重要な**後発事象**（**貸借対照表日後**に発生した事象で，**次期以後**の財政状態および経営成績に影響を及ぼすもの）を**注記**しなければならない（企業会計原則注解 1 - 3）。

5 × **附属明細表**は，「**明瞭性の原則**」に基づいて作成されるもので，貸借対照表や損益計算書に記載されている科目のうちで，企業の財政状態や経営成績を判断するうえで重要性の大きなものについて，その内訳明細や会計期間中の変動状況等を表示した計算書である。

No.15 の解説 損益計算書の形式（勘定様式と報告様式） → 問題はP.198 **正答2**

1 ✕ 損益計算書は，企業の**経営成績**を明らかにするとともに，「**当期純利益**」を最終的に計算表示するものであり，両者の重要度については違いがない。

2 ◎ 正しい（財務諸表規則6条）。

3 ✕ 企業会計原則ならびに会社法では，**区分式損益計算書**を作成しなければならない（損益計算書原則2，会社計算規則119条）。

4 ✕ 財務諸表に記載される**用語等の変更**は，当然財務諸表の**期間比較を困難に**し，その結果，企業の財務内容に関する**利害関係者の判断を誤らせる**ことになるため，会計処理の原則ならびに手続きと同様に，**財務諸表の形式**にも**継続性の原則**は適用される。

5 ✕ 株式会社は，株主総会終了後遅滞なく貸借対照表（大会社は貸借対照表と損益計算書）またはその要旨を公告しなければならず（会社法440条），その金額は，**百万円単位**または**十億円単位**をもって表示するが，株式会社の財産または損益の状態を的確に判断することができなくなるおそれがある場合には，**適切な単位**をもって表示しなければならない（会社計算規則172条）。

No.16 の解説 当期製品製造原価の計算 → 問題はP.199 **正答2**

製造原価報告書		（単位：千円）	
Ⅰ　材料費	期首棚卸高	6,000	
	当期仕入高	35,000	
	小計	41,000	
	期末棚卸高	5,000	36,000
Ⅱ　労務費			29,000
Ⅲ　経　費	減価償却費（建物）	2,000	
	減価償却費（機械）	1,800	
	修繕費（建物）	320	
	修繕費（機械）	580	
	電力料	900	
	ガス・水道料	600	
	固定資産税	400	
	雑費	1,100	7,700
	当期製造費用		72,700
	期首仕掛品棚卸高		900
	小計		73,600
	期末仕掛品棚卸高		700
	当期製品製造原価		72,900

したがって，正答は**2**である。

第5章
財務諸表の種類と表示

1 × **ファイナンス・リース取引**とは，リース契約に基づくリース期間の中途において当該契約を解除することができないリース取引またはこれに準ずるリース取引であり，**オペレーティング・リース取引**とは，ファイナンス・リース取引以外のリース取引をいう（「リース取引に関する会計基準」5・6）。

2 ◎ 正しい（「リース取引に関する会計基準」9・15）。

3 × **ファイナンス・リース取引**とは，借手が，当該契約に基づき使用する物件（以下「**リース物件**」という）からもたらされる経済的利益を実質的に享受することができ，かつ，当該リース物件の使用に伴って生じるコストを実質的に負担することとなるリース取引であり，「**当該リース物件の使用に伴って生じるコストを実質的に負担する**」とは，当該リース物件の取得価額相当額，維持管理等の費用，陳腐化によるリスク等のほとんどすべてのコストを負担することをいう（「リース取引に関する会計基準」5・36）。

4 × **ファイナンス・リース取引**について，**借手側**がリース資産およびリース債務の計上額を算定するに当たっては，原則として，リース契約締結時に合意された**リース料総額からこれに含まれている利息相当額の合理的な見積額を控除する**方法による。当該利息相当額については，原則として，リース期間にわたり**利息法により配分**する（「リース取引に関する会計基準」11）。

5 × **オペレーティング・リース取引**のうち**解約不能**のものに係る**未経過リース料**は，貸借対照表日後**1**年以内のリース期間に係るものと，貸借対照表日後**1年を超える**リース期間に係るものとに区分して**注記する**。ただし，重要性が乏しい場合には，当該注記を要しない（「リース取引に関する会計基準」22）。

No.18 の解説　オペレーティング・リース取引 　　→ 問題はP.201　正答3

1 ✕　リース取引は，**ファイナンス・リース取引**と**オペレーティング・リース取引**に分けられ，前者はリース契約に基づくリース期間の中途において当該契約を解除することができないリース取引またはこれに準ずるリース取引で，借手が，当該契約に基づき使用する物件（以下「リース物件」という）からもたらされる経済的利益を実質的に享受することができ，かつ，当該リース物件の使用に伴って生じるコストを実質的に負担することとなるリース取引をいい，**ノン・キャンセラブル（解約不能）**および**フル・ペイアウト**を要件とする取引であり，オペレーティング・リース取引とは**ファイナンス・リース取引以外のリース取引**をいう（「リース取引に関する会計基準」5・6）。

2 ✕　**オペレーティング・リース取引**は，通常の**賃貸借取引に係る方法に準じて会計処理を行う**ことになるので（「リース取引に関する会計基準」15），年間の**リース料を製造原価，営業費**等として処理をし，**未経過リース料は財務諸表に注記**をする。問題文の処理は，ファイナンス・リース取引である（同基準22）。

3 ◎　正しい（「リース取引に関する会計基準」15）。

4 ✕　**ファイナンス・リース取引の借手側の処理**は，リース取引開始日に，**通常の売買取引に係る方法に準じた会計処理**により，リース物件とこれに係る債務を**リース資産およびリース債務として計上**する（「リース取引に関する会計基準」10）。問題文の処理は，オペレーティング・リース取引の処理である。

5 ✕　**ファイナンス・リース取引の貸手側の処理**は，リース取引開始日に，**通常の売買取引に係る方法に準じた会計処理**により，**所有権移転ファイナンス・リース取引**については**リース債権**として，**所有権移転外ファイナンス・リース取引**については**リース投資資産**として計上する（「リース取引に関する会計基準」13）。問題文の処理は，オペレーティング・リース取引の処理である。

第5章

財務諸表の種類と表示

A ×　妥当でない。ファイナンス・リース取引と判定されるのは，解約不能リース期間中のリース料総額の**現在価値**が，リース物件の**見積現金購入価額のおおむね90％以上**であるリース取引か，**解約不能リース期間**が，リース物件の**経済的耐用年数のおおむね75％以上**であるリース取引のいずれかに該当する場合である（「リース取引に関する会計基準の適用指針」9）。

B ×　妥当でない。所有権移転ファイナンス・リース取引において，リース物件とこれに係る債務をリース資産およびリース債務として計上する場合の価額は，借手において当該リース物件の**貸手の購入価額**等が明らかな場合は，当該価額による（「リース取引に関する会計基準の適用指針」37）。

C ○　妥当である。

D ×　妥当でない。ファイナンス・リース取引は，通常の売買取引に係る方法に準じて会計処理を行うのに対して，**オペレーティング・リース取引は，通常の賃貸借取引に係る方法に準じて会計処理を行う**（「リース取引に関する会計基準」9および15）。したがってオペレーティング・リース取引では，リース資産の減価償却費を，自己所有の固定資産に適用する減価償却方法と同一の方法により算定することはない。

　以上から，妥当なものは**C**のみであり，正答は**2**である。

第6章
外貨換算・金融商品会計

テーマ **11** 外貨換算・金融商品会計

試験別出題傾向と対策

頻出度	試験名	国家専門職（国税専門官）														
	年度	21	22	23	24	25	26	27	28	29	30	元	2	3	4	5
C	テーマ・選択肢の内容 　出題数	0	0	0	0	0	2	0	0	0	0	1	0	0	0	1
	⑪外貨換算・金融商品会計															
	流動・非流動法						○					○				○
	貨幣・非貨幣法						○					○				
	テンポラル法						○					○				
	決算日レート法															○
	為替差損益											○				
	在外支店・子会社に関する処理						○									
	為替相場															○
	デリバティブ取引						○									○
	ヘッジ会計						○									

　企業活動のグローバル化は，必然的に海外企業との取引を生じさせ，債権債務や売上損益等の現地通貨での取引を生じさせる。このような外貨建取引を，どのように邦貨に換算し，記録するか，また決算に際してはどのように評価するかが重要な問題となる。本章ではこのような外貨の換算方法について学習する。

　外貨換算方法には，大別すると２つの問題が含まれる。それは，①どのような為替レートを適用するかという問題と，②そのレートをどのような外貨建項目に適用するかという問題である。①の為替レートについては，取得時または発生時の為替相場による方法（Historical Rate；HR）と，決算時の為替相場による方法（Current Rate；CR）の２つがある。また，②に関しては，流動・非流動法（流動項目にはCRを適用し，非流動項目にはHRを適用する方法），貨幣・非貨幣法（貨幣項目にCRを適用し，非貨幣項目にHRを適用する方法），テンポラル法（基本的には貨幣・非貨幣法によりながらも，各項目の属性を加味してCRとHRを選択適用する方法），決算日レート法（すべての項目にCRを適用する方法），等がある。

　従来は，原則として，貨幣・非貨幣法に流動・非流動法を加味した方法によっていたが，平成11年10月22日に改正された「外貨建取引等会計処理基準」では，CRによる換算が大幅にとり入れられることになった。

　本章では，外貨建取引の意義とその範囲，決算時の換算方法と換算差額の処理，

在外支店および在外子会社の財務諸表項目の換算などについて学習する。

　出題傾向を見ると，外貨建取引全般にわたっているが，なかでも多く出題されているテーマとしては，決算時の換算方法に関するもの（換算諸方法，外国通貨の換算，金銭債権債務の換算，有価証券の換算）がある。

　したがって，以下のような諸点については特に重点的に学習しておく必要がある。

（1）外貨建資産・負債の決算時の換算方法
　　　① 外国通貨
　　　② 金銭債権債務
　　　③ 有価証券
　　　・満期保有目的債券
　　　・売買目的有価証券およびその他有価証券
　　　・子会社株式および関連会社株式
　　　・時価または実質価額の著しい下落による評価

（2）換算差額の処理
　　　① 換算差額と評価損
　　　② 在外支店の換算差額
　　　③ 在外子会社の換算差額

　金融商品に関する会計については，平成26年度に初めて出題された。金融取引を巡る環境が変化する中で，金融商品の時価情報に対するニーズが拡大していること等を踏まえて，金融商品についてその状況やその時価等に係る事項の開示の充実を図るため，平成18年8月に「金融商品に関する会計基準」（企業会計基準第10号）が公表されている。

　金融商品のうち，特に，有価証券や社債等の伝統的な金融商品の会計処理については，テーマ3「資産の評価」やテーマ7「負債会計(2)(社債)」で学習しているので，ここではデリバティブ取引やヘッジ会計について理解しておく必要がある。デリバティブ取引やヘッジ会計については，簿記的な仕訳処理を通じて理解しなければならない部分も多く，適当な簿記の解説書を参考にしながら学習を進めていくことが望ましい。

11 外貨換算・金融商品会計

必修問題

外貨建取引の会計処理に関する次の記述のうち，妥当なのはどれか。

【国税専門官・平成8年度】

1 取引価額が外国通貨で表示されている外貨建取引については，取引発生時には外貨による額をもって記録し，決算時の財務諸表作成の際に，合理的な基礎に基づいて算定された円換算額により換算しなければならない。

2 外貨建取引の換算方法には種々の方法があるが，このうち**テンポラル法**とは，保守主義の立場から，発生時の為替相場が決算時の為替相場より円安の場合にのみ決算日レートを適用するものである。

3 外貨建取引と為替レートの変動に伴い当該取引に生じる為替差異の処理については，これらを別個の取引と考える**二取引基準**と，1つの取引と考える**一取引基準**とがあるが，わが国では，二取引基準が採用されている。

4 わが国の企業会計原則上は，これまで外貨換算について体系的な基準がなかったが，平成7年5月に「外貨建取引等会計処理基準」が設定され，外貨換算に関する基本原則が企業会計審議会から初めて公表された。

5 本支店合併財務諸表の作成に際し，在外支店の外国通貨で表示された財務諸表項目の換算によって生じた換算差額は**為替換算調整勘定**に計上し，貸借対照表上，資本の部に記載する。

難易度 ＊＊

必修問題の解説

　外貨建取引の意義とその範囲，代金決済取引との関係については一取引基準と二取引基準がありわが国は後者によっていること，また決算時の換算方法については，取得時・発生時の為替相場による処理方法（HR法）と決算日・決済日の為替相場による処理方法（CR法）があり，それらをどのような外貨建項目に適用するかによって，流動・非流動法，貨幣・非貨幣法，テンポラル法，決算日レート法が存在すること，在外支店および在外子会社の財務諸表項目の換算と換算差額（為替差益と為替差損）の算定方法・表示方法について理解しておく必要がある。

1 ✕ **取引発生時の為替相場は，直物為替相場または一定期間の平均相場である。**

外貨建取引は，原則として，当該**取引発生時の為替相場**による円換算額をもって記録し，取引発生時の為替相場としては，取引が発生した日における**直物為替相場**または合理的な基礎に基づいて算定された**一定期間の平均相場**による（「外貨建取引等会計処理基準」1の1，注解2）。

2 ✕ **テンポラル法とは，CR法とHR法を選択適用する方法である。**

テンポラル法とは，基本的には**貨幣・非貨幣法**によりながらも，**各項目の属性を加味してCRとHRを選択適用する方法**をいう。すなわち，テンポラル法は，**測定属性が現地通貨による原価である項目にはHRを適用**し，**測定属性が現地通貨による時価または公正価値である項目にはCRを適用**して換算する方法である。

3 ◎ **わが国は外貨建取引と代金決済取引を区別する二取引基準である。**

正しい。一取引基準とは，外貨建取引と当該取引にかかわる代金決済取引を1つの取引とみなすものであり，二取引基準とは，それらを別個の取引とみなすものである。2つの基準は損益計算上の最終的な結果は同じになるが，しかしながら，たとえば二取引基準の場合には，決済日以前に決算日が到来した場合には為替差損益が計上されることになるため，いずれの方法を採用するかによって，全体利益の期間区分（計上のタイミング），あるいは表示区分（売上総利益か営業外損益か）が相違することになる。**一般に，一取引基準は代金が決済されるまで仕入原価や取得原価が確定しないなどの問題もあり，実務上の便利さという点で，わが国では二取引基準が採用されている。**

4 ✕ **外貨換算に関する会計基準は，昭和54年6月26日に最初に設定された。**

「外貨建取引等会計処理基準」が**最初に設定**されたのは，**昭和54年6月26日**である。同基準は，その後平成7年5月26日と平成11年10月22日に改正され今日に至っている。

5 ✕ **在外子会社ではなく本支店の換算差額は，当期の為替差損益で処理する。**

本支店合併財務諸表の作成に際して，本店と異なる方法により換算することによって生じた**換算差額**は，当期の**為替差損益**として処理する（「外貨建取引等会計処理基準」2の3）。**為替換算調整勘定**として処理するのは，在外子会社等の財務諸表項目の換算によった換算差額である（「外貨建取引等会計処理基準」3の4）。

正答 3

FOCUS

従来の外貨換算方法は，原則として，貨幣・非貨幣法に流動・非流動法を加味した方法によっていたとされるが，平成11年の改正では，CRによって換算する項目が大幅に増えている。しかし子会社株式や関連会社株式などはHRで評価するなど，結果的にはテンポラル法に近い換算方法になっていると解釈できる。

─ POINT ─

重要ポイント 1 ▶ 外貨建取引の意義と範囲

外貨建取引とは，売買価額その他の取引価額が外国通貨で表示されている取引をいい，次のものが含まれる（「外貨建取引等会計処理基準」注解1）。

- イ．取引価額が外国通貨で表示されている物品の売買または役務の授受
- ロ．決済金額が外国通貨で表示されている資金の借入または貸付
- ハ．券面額が外国通貨で表示されている社債の発行
- ニ．外国通貨による前渡金，仮払金の支払または前受金，仮受金の受入等
- ホ．決済金額が外国通貨で表示されているデリバティブ取引

重要ポイント 2 ▶ 取引発生時の処理

外貨建取引は，原則として，当該取引発生時の為替相場による円換算額をもって記録する。この場合，取引発生時の為替相場としては，取引が発生した日における直物為替相場かまたは合理的な基礎に基づいて算定された一定期間の平均相場による（「外貨建取引等会計処理基準」1の1，注解2）。

なお，外貨建債権債務および外国通貨の保有状況や決済方法等から，外貨建取引について当該取引発生時の外国通貨により記録することが合理的であると認められる場合には，取引発生時の外国通貨額をもって記録することもできる。この場合には，外国通貨額で記録された外貨建取引は，各月末等一定の時点において，当該時点の直物為替相場または合理的な基礎に基づいて算定された一定期間の平均相場による円換算額を付する必要がある（「外貨建取引等会計処理基準」注解3）。

重要ポイント 3 ▶ 決算時の換算方法と換算差額の処理

（「外貨建取引等会計処理基準」1の2）

外貨建資産・負債の種類		換算方法	換算差額の処理
外国通貨		CR	当期の為替差損益
外貨建金銭債権債務（外貨預金を含む）		CR	当期の為替差損益
外貨建自社発行社債のうち転換請求期間満了前の転換社債(転換請求の可能性がないと認められるものを除く)		HR	────────
（注1）外貨建有価証券	満期保有目的債券	CR	当期の為替差損益
	売買目的有価証券	CR	当期の有価証券評価損益
	その他有価証券	CR	①評価差額として純資産の部に計上，または②換算差損は当期の有価証券評価損（注2）
	子会社および関連会社株式	HR	────────
デリバティブ取引		CR	当期の為替差損益

214

（注1）外貨建有価証券について時価の著しい下落または実質価額の著しい低下により評価額の引下げが求められる場合には，当該外貨建有価証券の時価または実質価額は，外国通貨による時価または実質価額を決算時の為替相場により円換算した額による。

（注2）その他有価証券に属する債券については，外国通貨による時価を決算時の為替相場で換算した金額のうち，外国通貨による時価の変動に係る換算差額を評価差額とし，それ以外の換算差額については為替差損益として処理することができる。

重要ポイント 4　決済時の換算損益

外貨建金銭債権債務の決済に伴って生じた損益は，原則として当期の為替差損益として処理する（「外貨建取引等会計処理基準」1の3）。

重要ポイント 5　在外支店および在外子会社の財務諸表項目の換算

（「外貨建取引等会計処理基準」2・3）

	在外支店の財務諸表項目	在外子会社の財務諸表項目
資産および負債	本店と同様の処理 特例として非貨幣性項目の額に重要性がない場合はCRによることも可	CR
資本	同上	親会社による株式の取得時および取得後に生じた資本に属する項目はHR
収益および費用	本店と同様の処理 特例として期中平均相場またはCRも可	期中平均相場またはCR なお親会社との取引は親会社の用いる為替相場による
換算差額の処理	当期の為替差損益	為替換算調整勘定として純資産の部に表示

重要ポイント 6　金融資産・金融負債の範囲

金融資産，金融負債およびデリバティブ取引に係る契約を総称して金融商品という（「金融商品に関する会計基準」52）。金融資産とは，現金預金，受取手形，売掛金および貸付金等の金銭債権，株式その他の出資証券および公社債等の有価証券ならびにデリバティブ取引（先物取引，先渡取引，オプション取引，スワップ取引およびこれらに類似する取引）により生じる正味の債権等をいう（同基準4）。金融負債とは，支払手形，買掛金，借入金および社債等の金銭債務ならびにデリバティブ取引により生じる正味の債務等をいう（同基準5）。

重要ポイント 7　金融資産・金融負債の評価

　金融資産は**時価**で評価するのが原則であるが，金融負債は時価評価せずに当該債務額をもって貸借対照表価額とする。この場合の時価とは，**公正な評価額**をいい，市場において形成されている取引価格，気配または指標その他の相場（これを市場価格という）に基づく価額をいう。市場価格がない場合には合理的に算定された価額を公正な評価額とする（「金融商品に関する会計基準」6）。

重要ポイント 8　デリバティブ取引の評価

　デリバティブ取引により生じる正味の債権および債務は，時価をもって貸借対照表価額とし，評価差額は，原則として，当期の損益として処理する（「金融商品に関する会計基準」25）。デリバティブ取引の対象となる金融商品に市場価格がないこと等により時価を把握することが極めて困難と認められる場合には，取得価額をもって貸借対照表価額とすることができる（同基準89）。

重要ポイント 9　ヘッジ会計

　ヘッジ会計とは，ヘッジ取引のうち一定の要件を満たすもの（「金融商品に関する会計基準」注11）について，ヘッジ対象に係る損益とヘッジ手段に係る損益を同一の会計期間に認識し，ヘッジの効果を会計に反映させるための特殊な会計処理をいう（同基準29）。

重要ポイント 10　金融商品に関する注記事項

　金融商品に関する次の事項は注記しなければならない。ただし，重要性が乏しいものおよび連結財務諸表において注記している場合には，個別財務諸表の記載を省略することができる（「金融商品に関する会計基準」40-2）。

（1）金融商品の状況に関する事項
　　①金融商品に対する取組方針
　　②金融商品の内容およびそのリスク
　　③金融商品に係るリスク管理体制
　　④金融商品の時価等に関する事項についての補足説明

（2）金融商品の時価等に関する事項

　なお，時価を把握することが極めて困難と認められるため，時価を注記していない金融商品については，当該金融商品の概要，貸借対照表計上額およびその理由を注記する。

実 戦 問 題

No.1 外貨建取引の換算方法に関するA～Dの記述のうち，妥当なもののみを
すべて挙げているのはどれか。　　　　　　　　　【国税専門官・平成26年度】

A：外貨表示の項目を流動項目と非流動項目に分類し，流動項目には過去におけ
る取得時または発生時の為替相場を適用し，非流動項目には決算時の為替相
場を適用して換算を行う方法を流動・非流動法という。

B：外貨表示の項目を，貨幣性のものと非貨幣性のものに分類し，貨幣性項目に
は決算時の為替相場を適用し，非貨幣性項目には取得時または発生時の為替
相場を適用して換算を行う方法を貨幣・非貨幣法という。

C：外貨表示の各項目の金額が，取得原価を表すか，時価を表すかによって分類
を行い，外貨による取得原価で評価されている項目には取得時または発生時
の為替相場を適用して換算し，外貨による時価で評価された項目には決算時
の為替相場を用いて換算を行う方法をテンポラル法という。

D：外貨表示の項目のすべてを決算時の為替相場という単一レートで換算する方
法を決算日レート法という。この方法では，在外支店の本店勘定や在外子会
社の資本勘定も一律に決算時の為替相場で換算される。

1　A，B
2　A，C
3　A，D
4　B，C
5　B，D

No.2 国際化に伴う会計に関する次の記述のうち，最も妥当なのはどれか。
【国税専門官／財務専門官・令和5年度】

1　売買価額その他取引価額が外国通貨で表示されている外貨建取引は，各取引が
発生した時点の為替相場による外貨をもって記録する必要がある。外貨表示の項
目の換算方法には複数の種類があるが，実務上，すべての項目を単一レートで換
算する方法は認められていない。

2　流動・非流動法とは，外貨表示の項目を流動項目と非流動項目に分類し，流動
項目には決算時の為替相場を適用し，非流動項目には過去における取得時または
発生時の為替相場を適用して換算を行う方法である。

3　決算日レート法とは，外貨表示の各項目の金額が取得原価を表すか時価を表す
かによって分類を行い，外貨による取得原価で評価されている項目には決算時の
為替相場を適用し，時価で評価されている項目には過去における取得時または発
生時の為替相場を適用して換算を行う方法である。

4　外国為替相場は，外貨と自国通貨の交換・受渡しを行う時期により，外貨との

交換が当日または翌日中に行われる場合に適用される先物為替相場と，将来の時点で外貨と交換することを契約する取引に適用される直物為替相場の2つに大別される。

5 国際的な会計基準として，国際会計基準審議会（IASB）により設定された，国際財務報告基準（IFRS）がある。わが国は，上場企業に対してはIFRSの適用を義務づけているものの，非上場企業に対してはわが国の企業会計基準の適用しか認めていない。

♦ No.3 外貨換算の会計処理に関する次の記述のうち，外貨建取引等会計処理基準に基づき妥当なのはどれか。　　　　　　　　　　【国税専門官・平成11年度】

1 為替予約等の付されている外貨建取引については，当該取引発生時の為替相場による円換算額をもって記録した後，決算時において当該為替予約等により確定している円貨額をもって記録し直し，為替差損益を確定させる。

2 外貨建保有有価証券については，決算を行うごとに決算時の為替相場による円換算額で評価し直し，各会計期間ごとに為替差損益を確定させる。

3 本支店合併財務諸表の作成に当たり，在外支店の財務諸表項目のうち，棚卸資産および有形固定資産等の非貨幣性資産については，決算時の為替相場による円換算額を付する。

4 連結財務諸表の作成に当たり，在外子会社の財務諸表項目のうち，資産および負債については決算時の為替相場による円換算額を付するが，親会社に対する債権債務の換算については，親会社が換算に用いる為替相場による。

5 決算時の為替相場としては，決算日の直物為替相場の終値または決算日の直物為替相場の平均値のいずれかを用いる。

No.4 金融商品に関する会計についての次の記述のうち，妥当なのはどれか。

【国税専門官／財務専門官・平成26年度】

1 売買目的有価証券は，時価をもって貸借対照表価額とする。ここでいう時価とは，市場で形成された取引価格を意味するため，取引価格がない場合には評価額は0円となる。また，期末における時価の決定には有価証券の取得や売却に要する付随費用を含める。

2 満期保有目的の債券とは，満期まで所有する意図をもって保有する社債その他の債券をいい，たとえ途中で時価が変化しても企業は売却しないから時価を反映させる必要はなく，貸借対照表には原価で計上する。また，中途で時価変動による利益獲得へと保有目的を変更した場合でも，変更前の保有目的どおり貸借対照表には常に原価で計上する。

3 「金融商品に関する会計基準」によれば，「その他有価証券」は売却されるまで時価変動による評価差額を損益計算書に含めるとともに，貸借対照表の純資産の部の「評価・換算差額」の一項目として「有価証券評価損益」という名称で計上する。

4 デリバティブとは，株式・債券・預貯金などの伝統的な金融資産から派生した新しい金融取引をいい，経済的機能の観点からは，リース取引，オプション取引，スワップ取引の3類型に分類される。また，デリバティブ取引により生じる正味の債権および債務は，時価をもって貸借対照表価額とし，評価差額は，原則として，当期の損益に含めてはならない。

5 ヘッジ取引とは，ある財貨の価格変動等による損失の可能性を減殺することを目的として先物取引などを手段として利用する取引をいう。ヘッジ取引において，相場変動等による損失の可能性を回避しようとする対象項目をヘッジ対象といい，その目的のために利用されるデリバティブなどをヘッジ手段という。

実 戦 問 題 の 解説

→ 問題はP.217

No.1 の解説　外貨換算会計　　　　　　　　　　　　　　　　→ 問題はP.217　正答4

A ✕ 妥当でない。**流動・非流動法**とは，外貨表示の項目を流動項目と非流動項目とに分類し，**流動項目については決算時の為替相場**で換算し，**非流動項目については取得時または発生時の為替相場**で換算する方法である。

B ◯ 妥当である。

C ◯ 妥当である。

D ✕ 妥当でない。**決算日レート法は，在外支店の本店勘定や在外子会社の資本勘定を除くすべての財務諸表項目を決算時の為替相場で換算する方法**である。

以上から，妥当なものは**B**と**C**であり，正答は**4**である。

No.2 の解説　流動・非流動法による外貨表示項目の換算　→ 問題はP.217　正答2

1 ✕ 外貨建取引は，原則として，当該取引発生時の為替相場による円換算額をもって記録する（「外貨建取引等会計処理基準」1－1）。外貨表示項目の換算方法には，**流動・非流動法，貨幣・非貨幣法，テンポラル法**，そしてすべての項目を単一レート（決算時の為替相場：Current Rate）で換算する**決算日レート法**等が認められている。

2 ◯ 正しい。

3 ✕ **決算日レート法**は，在外支店の本店勘定や在外子会社の資本勘定を除く**すべての財務諸表項目を決算時の為替相場で換算する方法**である。問題文の説明はテンポラル法である。

4 ✕ 問題文の直物為替相場と先物為替相場の説明が逆である。**直物為替相場**とは外貨との交換が当日または翌日中に行われる場合に適用される相場であり，**先物為替相場**とは将来の時点で外貨と交換する場合に適用される相場である。

5 ✕ 企業会計審議会は2009年6月に「我が国における国際会計基準の取扱いに関する意見書（中間報告）」を公表した。この中間報告を踏まえ，2010年3月期から，国際会計基準（IFRS）に準拠して作成した連結財務諸表を金融商品取引法の規定による連結財務諸表として提出することが認められた。その後，企業会計審議会は，2012年7月に「国際会計基準（IFRS）への対応のあり方についてのこれまでの議論（中間的論点整理）」，2013年6月に「**国際会計基準（IFRS）への対応のあり方に関する当面の方針**」を公表しており，その中で，**IFRSの任意適用**の積上げを図ることが重要であることの考え方が示され，現在に至っている（金融庁「IFRS適用レポート」2015年4月15日）。

No.3 の解説　連結財務諸表項目の換算　　　　　→ 問題はP.218　**正答4**

1 × 外貨建取引発生時以前における物品の売買または役務の授受に係る外貨建金銭債権債務については，当該取引発生時の為替相場によるのではなく，**予約レート**で換算する。

2 × **外貨建有価証券**のうち，**CRで評価**されるのは，子会社・関連会社株式を除いた有価証券（**満期保有目的債券，売買目的有価証券，その他有価証券**）である（「外貨建取引等会計処理基準」1の2の(1)③）。

3 × 在外支店の外国通貨で表示された財務諸表項目の換算に当たっては，**非貨幣性項目の額に重要性がない場合**には，すべての貸借対照表項目（支店における本店勘定等を除く）について**決算時レート**による円換算額を付す方法を適用できる（「外貨建取引等会計処理基準」2の2）。

4 ◎ 正しい。**資産・負債については決算時レートによるが，親会社との取引による収益および費用の換算については，親会社が換算に用いる為替レートによる**（「外貨建取引等会計処理基準」3の1および3）。

5 × 決算時の**直物為替相場**としては，決算日の直物為替相場のほか，決算日の前後一定期間の直物為替相場に基づいて算出された**平均相場**を用いることができる（「外貨建取引等会計処理基準」注解8）。

No.4 の解説　ヘッジ会計　　　　　→ 問題はP.219　**正答5**

1 × **売買目的有価証券**に適用される時価は，**公正な評価額**をいい，証券取引所その他これに類する市場等における**取引価格や市場価格**をさすが，取引価格や市場価格がない場合は**合理的に算定された公正な評価額**が用いられる。有価証券の取得や売却に要する付随費用は，売買目的有価証券の取得原価の決定に考慮すべき費用である。

2 × 満期保有目的の債券の保有目的を変更した場合には，当該債券は変更後の保有目的に係る評価基準に準拠しなければならない（「金融商品に関する会計基準」注6）。

3 × 「その他有価証券」の評価差額は，**洗替方式**により次のいずれかの方法で処理する（「金融商品に関する会計基準」18）。①評価益と評価損を相殺して差額を「その他有価証券評価差額金」として純資産の部に計上する。②評価益と評価損が発生している有価証券を区別し，評価益は「その他有価証券評価差額金」として純資産の部に計上し，評価損は「（投資）有価証券評価損」として当期の損失に計上する。

4 × **デリバティブ取引**は，**先物，先渡，オプション，スワップ取引**からなり，デリバティブ取引から生ずる評価差額は，**デリバティブ評価損益として損益計算書に計上する**（「金融商品に関する会計基準」25）。

5 ◎ 正しい（「金融商品に関する会計基準」29・30・96）。

第7章
本支店・合併・連結会計

テーマ⑫　本支店・合併会計
テーマ⑬　連結会計

第7章 本支店・合併・連結会計

試験別出題傾向と対策

頻出度	試 験 名	国家専門職（国税専門官）														
	年　度	21	22	23	24	25	26	27	28	29	30	元	2	3	4	5
	テーマ・選択肢の内容　出題数	0	1	0	1	3	1	2	0	2	2	1	2	0	2	1
C	12 本支店・合併会計															
	パーチェス法・プーリング法		○			○	○		○		○				○	
	合併比率					○										
B	13 連結会計															
	経済的単一説・親会社説						○			○		○	○			
	連結財務諸表の意義・種類															
	連結の範囲		○			○	○									
	のれん														○	○
	資本連結		○													
	持分法		○													
	連結決算日						○								○	
	部分・全面時価評価法					○							○			
	債権・債務の相殺消去						○									
	未実現利益の消去															
	税効果会計					○		○		○	○		○			
	非支配株主持分				○	○									○	

　企業会計は，企業の資本主，債権者，その他の利害関係者から独立した企業そのものの立場で行われる。換言すれば，会計は企業そのものが独立に存在するという仮定に立脚して行われ，これを会計単位とする。このような会計の行われる場所的限定に関する基本的仮定を「企業実体の公準」という。

　会計単位は，通常，法人格を付与されたいわゆる法的実体をさす場合が多いが，実際には法律上一会計単位である企業を分けて，それぞれ会計手続き上独立させることもあれば（本支店会計），逆に法律上はそれぞれ独立した企業が単一会社に結合する場合（合併会計）や，または複数集まって全体として1つの企業集団を構成している場合（連結会計）もある。本章では，複数の会計単位にわたる特殊

な会計について学習する。

　過去の出題傾向を分析すると，本支店会計は計算問題として出題される場合が多く，本支店合併当期純利益を算定する内容になっている。計算の難易度は，簿記検定の2級程度であり，出題パターンも毎回ほぼ同じ形式となっているので，標準的な計算問題は必ず一度は解いておかなければならない。

　合併会計および連結会計は，計算問題としてよりはむしろ，制度的な取扱いを規定した「企業結合に関する会計基準」「連結財務諸表に関する会計基準」「連結財務諸表原則・同注解」を中心にした理論問題として出題されている。今後はこれらの会計基準や会計原則を中心とした問題がかなりの頻度で出題されることが予想されるので，十分な対策を講じておく必要がある。

(1) 本支店会計

　本支店合併貸借対照表および損益計算書に関する一連の作成手続きやその方法の体系的理解と，特に未達取引の処理，未実現損益の除去方法を理解する。

　本支店会計については，過去の出題のほとんどが計算問題であり，本支店合併純利益の計算がその中心課題となっている。したがって，未達取引の処理，内部利益の控除方法をひととおり学習しておけばほとんど問題ない。

(2) 合併会計

　合併の処理に関するパーチェス法と持分プーリング法の相違，企業価値の各種計算方法，のれんの算定方法と償却を理解する。

　合併会計については，パーチェス法と持分プーリング法の現行制度上の取扱いとその処理方法の相違等について出題されているが，今後は計算問題として合併比率の算定に関して各種計算方法による出題が予想されるので，ひととおり学習しておく必要がある。

(3) 連結会計

　親会社・子会社の概念と連結の範囲，関連会社と持分法，投資勘定と資本勘定の相殺消去方法，連結調整勘定の計算とその処理，少数株主持分の計算とその表示，未実現損益の消去方法，連結キャッシュ・フロー計算書ならびに連結剰余金計算書の意義と表示方法等について理解する。

　連結会計は，平成9年6月6日の連結財務諸表原則の改正，平成22年6月30日の「連結財務諸表に関する会計基準」および「包括利益の表示に関する会計基準」の設定によって，「持株基準」から「支配力基準」へ変更が行われ連結の範囲が大きく変わったこと，資本連結に際しては「部分時価評価法」と「全面時価評価法」のうち後者を適用すること，また税効果会計の適用や連結キャッシュ・フロー計算書の作成義務，包括利益の表示など，多くの改正が行われており，旧原則との違いを含めそれらの改正点を重点的に学習しておく必要がある。

12 本支店・合併会計

必修問題

　期末の本支店残高試算表（A），期末修正事項（B）および未達事項（C）が次のとおりであるとき，本支店合併損益計算書における当期純利益はいくらになるか。なお，（1）支店の商品はすべて本店から仕入れ，本店以外から仕入れたものはない。（2）本店から支店へ商品を発送する際，原価の10%の利益が加算されているが，未実現の内部利益は商品棚卸高から直接控除すること。　　　　　　　　　　　　　　　【国税専門官・平成11年度】

（A）　　　　　　　　　　　　　本支店残高試算表

（単位：円）

借　　方	本　店	支　店	貸　　方	本　店	支　店
現 金 預 金	50,000	20,000	買　掛　金	80,000	
売　掛　金	150,000	80,000	本　　店		104,000
繰 越 商 品	40,000	33,000	資　本　金	200,000	
支　　店	120,000		剰　余　金	40,000	
仕　　入	400,000	125,000	売　　上	349,000	176,000
営　業　費	45,000	22,000	支店へ売上	136,000	
	805,000	280,000		805,000	280,000

（B）期末修正事項

　　　期末商品棚卸高　　本店 50,000円　支店 22,000円

（C）未達事項

　（1）本店から支店への商品発送高のうち，11,000円が未達である。

　（2）本店で支払った支店の営業費5,000円が未達である。

1　53,000円

2　58,000円

3　63,000円

4　66,000円

5　70,000円

難易度　＊＊

必修問題の解説

本支店合併損益計算書における当期純利益の算定手続きは下記のとおりである。

STEP❶　未達事項の整理仕訳

<支店>　　　　（仕　　入）11,000　　　（本　　店）11,000
<支店>　　　　（営業費）5,000　　　　（本　　店）5,000

STEP❷　本店勘定と支店勘定の相殺消去と内部取引の相殺消去

　　　　　　　（本　　店）120,000　　　（支　　店）120,000
　　　　　　　＊本店 120,000円 ＝ 104,000円 ＋ 11,000円 ＋ 5,000円
　　　　　　　（支店へ売上）136,000　　　（仕　　入）136,000
　　　　　　　＊仕入 136,000円 ＝ 125,000円 ＋ 11,000円

STEP❸　内部利益の除去

①期首商品棚卸高

　本店 40,000円 ＋ 支店 33,000円 － 内部利益 3,000円 ＝ 70,000円
　＊内部利益 3,000円 ＝33,000円 × 1/11

②期末商品棚卸高

　本店 50,000円 ＋ 支店 22,000円 ＋ 支店未達分 11,000円
　　－ 内部利益 3,000円 ＝ 80,000円
　＊内部利益 3,000円 ＝（22,000円＋11,000円）× 1/11

STEP❹　本支店合併損益計算書の作成

本支店合併損益計算書			（単位：円）
期首商品棚卸高	70,000	売　　　　　上	525,000
仕　　　　　入	400,000	期末商品棚卸高	80,000
営　　業　　費	72,000		
当 期 純 利 益	**63,000**		
	605,000		605,000

正答 **3**

FOCUS

　未達取引が存在する場合，それを修正して本支店合併財務諸表を作成しなければならないが，本支店ともに決算が終了し，各総勘定元帳を締め切ってしまっている場合には，それらの計上，内部損益取引の除去，債権債務の相殺等は合併損益計算書・合併貸借対照表あるいは合算精算表上で行われるのみで，本店または支店の総勘定元帳には記録されない。

第7章

本支店・合併・連結会計

重要ポイント **1** 　本支店会計制度

（1）代理会計制度

　支店が単に販売代理店ないしは出張所として機能しているような場合に，支店には補助的会計記録をさせ，主要簿の記録はこれをすべて本店において行う方式である。したがって，本支店間の取引は「仮払金」「仮受金」勘定で処理されることになり，特に本支店会計として取り扱うような特殊な会計処理は生じない。

（2）支店独立会計制度

　支店は独立した会計制度として完全な帳簿組織を持ち，本店とは別に独自の損益計算を行う方式である。その場合，本支店間の取引はそれぞれ「支店」勘定，「本店」勘定（このような勘定を「**照合勘定**」という）を設けて処理する。

重要ポイント **2** 　支店相互間取引

（1）本店集中計算法

　支店相互間の取引を本店を通じて行った取引とみなして処理する方法で，本店では各支店を管理統制するのに便利な方法といえる。

（2）支店分散計算法

　支店相互間の取引はそのまま直接当事者間の取引として処理する方法で，したがって本店では支店相互間の取引についての仕訳はなんら生じないことになる。

重要ポイント **3** 　未達取引

　本店の支店勘定ならびに支店の本店勘定は照合勘定の関係にあるから，その貸借関係および残高は常に一致するはずである。しかしながら，決算直前に本支店間取引が行われた場合のように，取引を行ったいずれか一方においては，その記帳処理がなされていても，相手方にはその取引が未達のために記帳されず，したがって照合勘定の残高が一致しないことがある。このような取引を**未達取引**という。

　未達取引のうち，現金や商品の未達については，手許の現金と商品を区別するためにそれぞれ「未達現金」「未達商品」勘定を設定して処理する。しかし，これらは企業内部の取引であるので，外部の公表財務諸表を作成する場合には，「現金」「商品」として貸借対照表に表示する。

　未達取引の整理が行われると，「支店」勘定ならびに「本店」勘定は一致し，これらの照合勘定は合併精算表上において相殺消去される。

重要ポイント 4 　内部利益の控除

　本店から支店に商品を発送する際に，仕入原価に一定の利益を加算したいわゆる振替価額によっている場合には，支店で売れ残った期末商品棚卸資産に内部利益（未実現利益）が含まれることになる。したがって決算に際しては，この内部利益を控除することが必要になる。

　「企業会計原則」によれば，「内部利益の除去は，本支店等の合併損益計算書において売上高から内部売上高を控除し，仕入高（または売上原価）から内部仕入高（または内部売上原価）を控除するとともに，期末たな卸高から内部利益の額を控除する方法による。これらの控除に際しては，合理的な見積概算額によることも差支えない」と規定されている（企業会計原則注解11）。

　期末棚卸資産の内部利益控除方法には，直接控除法と間接控除法がある。

（i）直接控除法：期末商品棚卸高から内部利益を直接控除する方法

　　　（損　　　　　益）×××　（繰 越 商 品）×××

（ii）間接控除法：「繰延内部利益」勘定（貸借対照表に記載される商品の評価勘定を設けて，間接的に内部利益を控除する方法）

　　　（内部利益控除）×××　（繰延内部利益）×××

　　　（損　　　　　益）×××　（内部利益控除）×××

　繰延内部利益勘定は，翌期末に実現収益として再修正仕訳をする必要がある。

　　　（繰延内部利益）×××　（繰延内部利益戻入）×××

重要ポイント 5 　本支店合併損益計算書および貸借対照表

　本支店の合併損益計算書および貸借対照表の作成手続きは，未達取引の処理方法によって次の2つに分けられる。

（1）未達取引を本店・支店それぞれが決算時において処理する場合

　株式会社の決算手続期間は，商法上，大会社は決算日から4週間以内，小会社は3週間以内となっているため，未達取引を通常の決算修正事項と同じように取り扱い，本店ならびに支店の総勘定元帳に記録して決算手続きを行う。この場合の合併財務諸表の作成手続きは次のとおりである。

①本支店においてそれぞれ未達取引の処理を行う。

②本支店の決算整理事項を修正する。

③本店の「支店」勘定と支店の「本店」勘定とを相殺消去する。

④本支店間取引または支店相互間取引による内部売上高（「支店へ売上」）と内部仕入高（「本店より仕入」）とを相殺消去する。

⑤期首ならびに期末商品棚卸高に含まれる内部利益を控除する。

⑥本支店の同じ勘定科目の金額を合算して合併財務諸表を完成する。

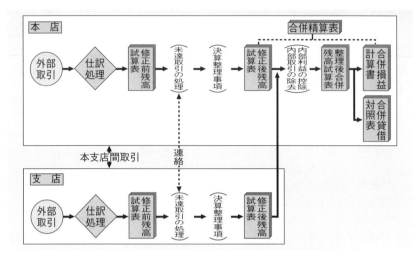

（2）未達取引を本店において合併財務諸表作成時に処理する場合

　本店ならびに支店においてすでに決算が終了し，各総勘定元帳が締め切られている場合には，未達取引の処理，内部取引の除去，内部利益の控除などの取引は，本店または支店の総勘定元帳には記録されないため，本店において合併のために作成される合併損益計算書・合併貸借対照表あるいは合併精算表上で処理される。

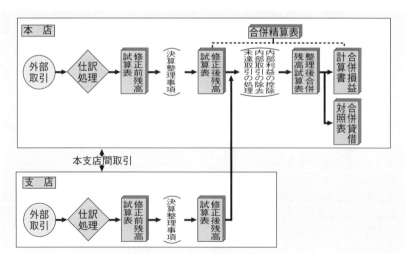

重要ポイント❻ 合併会計の処理

　会社の合併とは，複数の会社が会社法の規定に基づき合併契約を結び，単一会社に結合することである。この合併の形態には，新設合併と吸収合併の2つがある。前者は合併会社がともに解散し，直ちに新会社を設立する形態であり，後者は合併会社が被合併会社を吸収して存続し，被合併会社は解散して消滅する形態である。また，合併の会計処理にはパーチェス法と持分プーリング法がある。

（1）パーチェス法

　これは合併取引を，被合併会社株主が合併会社または新設会社に対して，会社財産を現物資本により出資したとする考え方（**現物出資説**）であり，この見解に基づく会計処理方法は**パーチェス法**と呼ばれている。したがって，吸収合併であれば合併後存続する会社の資本増加となり，新設合併の場合には現物出資によって新会社が設立されたものと考える。

　合併に際して，受入財産との交換に被合併会社の株主に株式を発行したり，合併交付金を支払ったりするが現物出資説ではこれらの取引は資本の払込取引（資本取引）であり，したがって，合併差益は払込剰余金の一種として，その全額を資本準備金として処理しなければならない。企業会計原則によれば，合併差益は原則として全額資本準備金として処理すべきことを規定している（貸借対照表原則4の(3)のB）。

（2）持分プーリング法

　これは合併会社または新設会社が被合併会社の権利義務をそのまま包括的に承継し，合併当事会社の法人格が合流して1つの会社になるとする考え方（**人格合一説**）によるものであり，この見解に基づく会計処理方法は**持分プーリング法**と呼ばれる。その際被合併会社から承継した資産・負債・純資産は，帳簿価額のまま合併会社または新設会社に受け継がれることになり，またかかる純資産簿価と増加資本との差額については株主持分の修正として処理する方法であるので，後述する「のれん」が認識されることはない。

　企業会計原則では，原則としてパーチェス法によりながらも，合併差益のうち消滅した会社の利益剰余金に相当する金額は資本準備金としないことができるとして持分プーリング法による処理も認めていたが（注解9），持分プーリング法が適用される事例が極めて限られていること，国際的な会計基準ではすでに持分プーリング法を廃止しており，国内外の企業間における財務諸表の比較可能性を確保できなくなる等の理由により，平成22年4月1日以後に開始する事業年度から持分プーリング法は廃止された（「企業結合に関する会計基準」17）。

第7章　本支店・合併・連結会計

重要ポイント **7** 合併比率

合併比率とは，合併会社が被合併会社の株主に割当交付する株式の割合をいう。その基準となるのは合併当事会社の企業価値評価額であるが，その企業価値を評価する代表的な方法には次のものがある。

（1）純資産法

資産から負債を差し引いた純資産額を基準にして合併比率を決定する方法で，その場合，資産を帳簿価額で評価するか，あるいは適正な再調達原価で評価するかにより，帳簿価額法と復成原価法に分けられる。

（2）収益還元価値法

合併当事会社の収益を資本還元して企業の資本価値を計算し，その比率によって合併比率を決定する方法である。通常，収益は過去３〜５年間くらいの平均収益を基準にし，そして平均的な市場利子率が資本還元率として採用される。

（3）純資産と収益還元価値との平均価値法

上述した純資産額と収益還元価値との平均価値を基準とする方法である。収益還元価値では，しばしばのれんの価値が計算に含められることになるが，この超過収益力を示すのれんは，競争によって将来消滅することも予想され，その競争危険を勘案して保守的に純資産との平均価値を企業評価額にしようとするものである。

（4）株式市価法

株式の市場価格を基礎として評価する方法で，合併当事会社株式の１株当たり時価相場に発行株式数を乗じて企業価値を見積もる方法である。

重要ポイント **8** のれん

「**のれん**」とは，受入純資産額に対する支払対価の超過額をいい，不足する額は「**負ののれん**」という。のれんは，無形固定資産の部に表示し，20年以内のその効果の及ぶ期間にわたって，定額法その他の合理的な方法により規則的に償却する。ただし，のれんの金額の重要性が乏しい場合には，当該のれんが生じた事業年度の費用として処理することができる。

従来，負ののれんは固定負債の区分に表示し，20年以内の取得の実態に基づいた適切な期間で規則的に償却するとされていたが，国際的な会計基準のコンバージェンス（収斂）により，負債計上が禁止されることになり，発生額は「負ののれん発生益」として特別利益に計上されることになった（「企業結合に関する会計基準」33・48，会社計算規則88条2項）。

実 戦 問 題

No.1 ****** 　企業結合に関するＡ，Ｂ，Ｃの記述のうち，妥当なもののみをすべて挙げているのはどれか。　　　　　　　　　　　　　　　【国税専門官・平成27年度】

Ａ：企業結合は，その経済的実態により「取得」と「持分の結合」に分類でき，「取得」とは，結合するいずれの企業の株主も，他方の企業を支配したとは認められず，結合後の企業のリスクや便益を引き続き相互に共有することを達成するために行われる企業結合をいう。

Ｂ：企業結合の会計処理のうち，パーチェス法とは，被結合企業から受け入れる資産および負債の取得原価を，対価として交付する現金および株式等の時価（公正価値）とする方法をいう。

Ｃ：企業結合の会計処理のうち，持分プーリング法とは，すべての結合当事企業の資産，負債および資本を，それぞれの適切な帳簿価額で引き継ぎ，かかる純資産簿価と増加資本額との差額については株主資本の修正として処理する方法であるので，のれんが認識されることはない。なお，現在のわが国の会計基準においては，持分プーリング法の適用は認められていない。

1 　Ａ

2 　Ｂ

3 　Ａ，Ｂ

4 　Ｂ，Ｃ

5 　Ａ，Ｂ，Ｃ

No.2 次の資料により計算された本支店合併純利益はいくらになるか。

【国税専門官・平成４年度】

本店損益計算書（単位：千円）				支店損益計算書（単位：千円）			
仕入	6,400	売上	8,000	本店から仕入	3,000	売上	5,600
販売費・		支店へ売上	3,055	販売費・			
一般管理費	700			一般管理費	300		

(1) 本店の期首商品棚卸高4,000千円，支店の期首商品棚卸高3,300千円。
　　本店の期末商品棚卸高3,000千円，支店の期末商品棚卸高4,400千円。

(2) 本店から支店への商品送付高のうち55千円が未達である。

(3) 支店の商品は期首商品棚卸高を含め，すべて本店から仕入れられたものである。なお，本店では原価に10％を加算した価格で支店に販売している。

1　5,950千円

2　6,250千円

3　6,355千円

4　6,655千円

5　7,255千円

No.3 期末の本支店残高試算表では（1）のとおりであり，［付記事項］に基づいて作成された本支店合併損益計算書の一部が（2）で示されている。このとき，　**X**　（期末商品棚卸高）に記入すべき金額はいくらになるか。

【国税専門官・平成８年度】

［付記事項］

①本店から支店への商品発送高のうち，5,500円が未達である。

②本店の期末商品棚卸高　65,000円

　支店の期末商品棚卸高　18,000円（うち11,000円は本店から発送されたもの）

　なお，この棚卸高には上記未達商品は含まれていない。

③本店から支店へ商品を発送する場合には，原価の10％の利益を加えている。

(1) 本支店残高試算表

借　　方	本　店	支　店	貸　　方	本　店	支　店
現 金 預 金	30,000	15,000	買　掛　金	35,000	10,000
売　掛　金	50,000	35,000	本　　店		94,500
支　　店	100,000		資　本　金	155,000	
繰 越 商 品	50,000	20,000	売　　上	440,000	160,000
仕　　入	450,000	50,000	支店へ売上	130,000	
支店より仕入		124,500			
営　業　費	80,000	20,000			
計	760,000	264,500	計	760,000	264,500

(2) 本支店合併損益計算書

Ⅰ　売上高　　　　　　　　　　　　　　　　　　　60,000

Ⅱ　売上原価

　　　1．期首商品棚卸高　　　　70,000

　　　2．当期商品仕入高　　　　500,000

　　　　　　小　計　　　　　　570,000

　　　3．期末商品棚卸高　　　　| X |　?

　　　　売上総利益

　　　　　　┊

　　　（以下省略）

1　82,000円

2　82,500円

3　83,000円

4　87,000円

5　87,500円

第7章

本支店・合併・連結会計

　企業集団の会計に関する次の記述のうち，妥当なのはどれか。

【国税専門官・平成22年度】

1　一般に，企業結合の会計処理にはパーチェス法と持分プーリング法があり，わが国および米国の会計基準によれば，取得または買収とみなされる企業結合には，原則として，持分プーリング法が適用されるほか，パーチェス法の適用も認められている。

2　パーチェス法では，個々の資産を取得または買収するケースと同様に，投資額または支払対価で取得した純資産を評価し，取得した純資産の公正価値よりも投資額または支払対価のほうが大きい場合には，その超過分をのれんとして処理する。

3　連結財務諸表の作成に当たっての連結範囲の決定基準には，持分基準と支配力基準があるが，持分比率以外に事実上の支配関係の有無を判断する具体的な基準を設定することは実務上極めて困難であることから，企業会計上，支配力基準の導入は見送られている。

4　資本連結手続きとは，親会社の子会社に対する投資とこれに対応する子会社の資本を相殺消去し，消去差額が生じた場合には，これを少数株主持分に計上するとともに，子会社の資本のうち親会社に帰属しない部分をのれんとして処理する一連の会計手続きをいう。

5　持分法は連結子会社のみをその適用対象としており，適用した場合には，投資会社は被投資会社（持分法適用会社）の資産のうち投資会社に帰属する部分の変動に応じて，その投資額を連結決算日ごとに修正することになる。

実戦問題の解説

→ 問題はP.233 **正答 4**

No.1 の解説　企業結合の会計処理

A × 妥当でない。**企業結合**とは，ある企業またはある企業を構成する事業と他の企業または他の企業を構成する事業とが１つの報告単位に統合されることをいう（「企業結合に関する会計基準」5）。企業結合には従来から「**取得**」と「**持分の結合**」があり，両者はそれぞれ異なる経済的実態を有すると考えられ，会計処理も異なっていた。「**取得**」とは，ある企業が他の企業または企業を構成する事業に対する支配を獲得することをいう（「同基準」9）。他方，「持分の結合」とは，いずれの企業（または事業）の株主（または持分保有者）も他の企業（または事業）を支配したとは認められず，結合後企業のリスクや便益を引き続き相互に共有することを達成するため，それぞれの事業のすべてまたは事実上のすべてを統合して１つの報告単位となることをいう（「同基準」68）。しかしながら，会計基準のコンバージェンスを推進する観点から，従来「持分の結合」に該当した企業結合のうち，共同支配企業の形成以外の企業結合については「取得」となるものとして，**パーチェス法により会計処理を行う**こととした。この結果，**持分プーリング法は廃止**されることとなった（「同基準」70）。

B ○ 妥当である（「同基準」17）。

C ○ 妥当である（「同基準」70）。

　以上から，妥当なものは**B**と**C**であり，正答は**4**である。

(1) 未達事項の整理仕訳

 ＜支店＞（本店から仕入）55 （本 店）55

(2) 内部取引の相殺消去

 （支店へ売上）3,055 （本店から仕入）3,055

 ＊本店から仕入 3,055千円 ＝ 3,000千円 ＋ 55千円

(3) 内部利益の除去

①期首商品棚卸高

 本店 4,000千円 ＋ 支店 3,300千円 － 内部利益 300千円 ＝ 7,000千円

 ＊内部利益 300千円 ＝ 3,300千円 × 1/11

②期末商品棚卸高

 本店 3,000千円 ＋ 支店 4,400千円 ＋ 支店未達分 55千円

 － 内部利益 405千円＝7,050千円

 ＊内部利益 405千円＝（4,400千円＋55千円）× 1/11 ＝405千円

(4) 本支店合併損益計算書の作成

本支店合併損益計算書 （単位：千円）

期首商品棚卸高	7,000	売	上	13,600
仕　　入	6,400	期末商品棚卸高		7,050
販売費・一般管理費	1,000			
当 期 純 利 益	**6,250**			
	20,650			20,650

 したがって，正答は**2**である。

本店期末商品棚卸高	65,000
支店期末商品棚卸高	18,000
支店未達商品	5,500
小　　　計	88,500
内部利益控除	△ 1,500
期末商品棚卸高	**87,000**

 ＊内部利益控除 1,500円 ＝（11,000円＋5,500円）× 1/11

 したがって，正答は**4**である。

No.4 の解説　企業集団の会計（パーチェス法）　　→ 問題はP.236　正答2

1 ✕ **取得または買収**とみなされる企業結合には，**パーチェス法**が適用され，**持分プーリング法**の適用は認められない（「企業結合に関する会計基準」17）。「取得」に対しては，ある企業が他の企業の支配を獲得することになるという経済的実態を重視し，交付する現金および株式等の投資額を取得価額として他の結合当事企業から受け入れる資産および負債を評価することが，現行の一般的な会計処理と整合するからである。なお，従来「**持分の結合**」に該当した企業結合のうち，共同支配企業の形成以外の企業結合については取得となるものとして，パーチェス法により会計処理を行うこととなった（同基準66～71）。

2 ◎ 正しい（「企業結合に関する会計基準」31）。

3 ✕ 平成9年に改正された連結財務諸表原則では，子会社の判定基準として，議決権の所有割合以外の要素を加味した**支配力基準**を導入し，他の会社（会社に準ずる事業体を含む）の**意思決定機関を支配**しているかどうかという観点から，会計基準が設定され，現在にも踏襲されている（「連結財務諸表に関する会計基準」54）。

4 ✕ **資本連結**とは，親会社の子会社に対する**投資**とこれに対応する子会社の**資本**を相殺消去し，**消去差額**が生じた場合には当該差額を**のれん（または負ののれん）**として計上するとともに，**子会社の資本のうち親会社に帰属しない部分を少数株主持分**に振り替える一連の処理をいう（「連結財務諸表に関する会計基準」59）。

5 ✕ **非連結子会社および関連会社**に対する投資については，原則として**持分法**を適用する。ただし，持分法の適用により，連結財務諸表に重要な影響を与えない場合には，持分法の適用会社としないことができる（「持分法に関する会計基準」6）。

必修問題

連結財務諸表原則に関する次の記述のうち，妥当なのはどれか。

【国税専門官・平成15年度】

1 連結財務諸表は，支配従属関係にある2以上の会社からなる企業集団を単一の組織体とみなして，当該企業集団の財政状態および経営成績を総合的に報告するために作成するものであり，当該企業集団に属する会社であれば，どの会社が作成してもよい。

2 現在，連結される子会社の判定基準として，親会社が直接または間接に議決権の過半数を所有しているかどうかにより判定を行う**持株基準**が採用されている。

3 子会社のうち，支配が一時的であると認められる会社および連結することにより利害関係者の判断を著しく誤らせるおそれのある会社については，**連結の範囲**に含めないものとする。

4 連結財務諸表の作成に関する期間は1年とし，親会社の会計期間に基づき，年1回一定の日をもって連結決算日とする。したがって，親会社と子会社の決算日は同一日でなければならない。

5 異なる事業を行っている親会社と子会社の会計処理を画一的に統一すると，連結財務諸表に企業集団の財政状態および経営成績が正しく表示されなくなるおそれがあるため，同一環境下で行われた同一の性質の取引については，会計処理を統一する必要はない。

難易度　＊＊

必修問題の解説

本問は連結財務諸表全般にわたる基礎知識を問うている。解答に当たって留意すべき事項は，連結財務諸表が親会社の立場から作成されるものであること（親会社説），連結される子会社の判定基準は「支配力基準」によること，非連結子会社の要件には2つあること，子会社の決算日が連結決算日より3か月を超える場合には，子会社は正規の決算に準ずる決算を行う必要があること，親会社と子会社の会計処理は同一環境下で同一性質の取引については統一すること，等である。

1 ✕ 連結財務諸表は親会社が作成する。

連結財務諸表は，支配従属関係にある2以上の会社からなる企業集団を単一の組織体とみなして，親会社が当該企業集団の財政状態，経営成績およびキャッシュ・フローの状況を総合的に報告するために作成するものである（「連結財務諸表に関する会計基準」1）。このように，親会社の立場から連結財務諸表を作成する考え方を「**親会社説**」という。これに対して，企業集団を構成する親会社株主と非支配株主の立場から連結財務諸表を作成する考え方を「**経済的単一体説**」といい，いずれの立場を採用するかによって，非支配株主持分（平成25年の改正により少数株主持分を改称）の表示方法や資本連結手続きに関連する損益認識等が相違することになる。

2 ✕ 連結の範囲は，持株（比率）基準から支配力基準に改正された。

親会社は，原則としてすべての子会社を連結の範囲に含めなければならず，**親会社とは**，他の企業の財務および営業または事業の方針を決定する株主総会等の**意思決定機関を支配している**企業をいい，子会社とは，当該他の会社をいう（「連結財務諸表に関する会計基準」6）。このような連結の判定基準を「**支配力基準**」という。従来は子会社の判定基準は，「**持株（比率）基準**」によって，親会社が直接・間接に**議決権の過半数**を所有しているか否かによって判定してきたが，議決権が50％以下であっても，その会社を事実上支配しているケースもあり，そのような被支配会社を連結の範囲に含めない連結財務諸表は，企業集団に係る情報として有用性に欠けることになるため，現行の連結財務諸表原則では，議決権の所有割合以外の要素を加味した「支配力基準」が採用されている（同基準7）。

3 ◎ 支配が一時的，利害関係者の判断を誤らせる場合は連結範囲から除外。

正しい。**子会社のうち，①支配が一時的であると認められる会社，②連結することにより利害関係者の判断を著しく誤らせるおそれのある会社**，に該当するものは，連結の範囲に含めないものとする（「連結財務諸表に関する会計基準」14）。なお，子会社であって，その資産，売上高等を考慮して，連結の範囲から除いても企業集団の財政状態および経営成績に関する合理的な判断を妨げない程度に**重要性の乏しいものは，連結の範囲に含めないことができる**とされている（同基準注3）。

4 ✕ 決算日の差異が３か月を超えない場合は，連結決算日への調整は不要。

子会社の決算日が**連結決算日**と異なる場合には，子会社は，連結決算日に正規の決算に準ずる合理的な手続きにより決算を行わなければならない（「連結財務諸表に関する会計基準」16）。ただし，**決算日の差異が３か月を超えない場合には子会社の正規の決算を基礎として連結決算を行うこともできる**（同基準注４）。

5 ✕ 同一環境下の同一性質の取引の会計処理は，統一しなければならない。

同一環境下で行われた同一の性質の取引等について，親会社および子会社が採用する会計処理の原則および手続きは，原則として**統一しなければならない**（「連結財務諸表に関する会計基準」７）。なお，会計処理の原則および手続き等について，子会社の採用する会計処理の原則および手続きで親会社およびその他の子会社との間で特に異なるものがあるときは，その概要については注記をしなければならない（同基準43(3)②)。

正答 **3**

FOCUS

　親会社の株主の立場から連結財務諸表を作成する考え方を「親会社説」という。これに対して，企業集団を構成する親会社株主と非支配株主の立場から連結財務諸表を作成する考え方を「経済的単一体説」という。企業集団全体の情報を連結財務諸表に反映させるという点では両者に相違はないが，非支配株主持分（平成25年の改正により少数株主持分を改称）の表示方法や資本連結手続きに関連する損益認識等に関して両者は相違することになる。たとえば非支配株主持分の表示方法に関しては，前者は親会社以外の他人持分として「負債の部」への表示が主張されるのに対して，後者は株主資本には変わりがないことから「純資産の部」への表示が妥当とされる。連結財務諸表原則および「連結財務諸表に関する会計基準」では，親会社説をとってはいるが，「親会社説」においても非支配株主持分については，これを負債の部に表示する方法と，負債の部と純資産の部の中間に表示する方法が考えられ，結局，非支配株主持分は，返済義務のある負債ではなく，連結固有の項目であることから，その表示は純資産の部に表示することとなった。

　なお，企業会計基準第25号「包括利益の表示に関する会計基準」（平成22年6月30日）が公表され，平成23年3月31日以後終了する連結会計年度の年度末に係る連結財務諸表については，当期純利益にその他の包括利益（その他有価証券評価差額金，繰延ヘッジ損益，為替換算調整勘定等）を加減して包括利益を計算する「包括利益計算書」または「損益及び包括利益計算書」を作成しなければならなくなった。

─ POINT ─

重要ポイント 1 ▶ 連結の範囲

　親会社は，原則としてすべての**子会社**を連結の範囲に含めなければならない（「連結財務諸表に関する会計基準」13）。ここに「親会社」とは，他の企業の財務および営業または事業の方針を決定する株主総会等の意思決定機関を支配している企業をいい，「子会社」とは，当該他の企業をいう（同基準 6 ）。

　このような考え方を「**支配力基準**」といい，次の場合は，財務上または営業上・事業上の関係から見て他の企業の意思決定機関を支配していないことが明らかであると認められる企業を除き「他の企業の意思決定機関を支配している企業」とされる（同基準 7 ）。

(1) 他の企業の議決権の過半数を自己の計算において所有している企業

(2) 他の企業の議決権の100分の40以上，100分の50以下を自己の計算において所有している企業であって，かつ，次のいずれかの要件に該当する企業

　①自己の計算において所有している議決権と，自己と緊密な関係があることにより自己の意思と同一の内容の議決権を行使するか，行使することに同意している者が所有している議決権とを合わせて，他の企業の議決権の過半数を占めていること

　②役員もしくは使用人である者またはこれらであった者で自己が他の企業の財務および営業または事業の方針の決定に関して影響を与えることができる者が，当該他の企業の取締役会その他これに準ずる機関の構成員の過半数を占めていること

　③重要な財務および営業または事業の方針の決定を支配する契約等が存在すること

　④資金調達額の総額の過半について融資を行っていること

　⑤意思決定機関を支配していることが推測される事実が存在すること

(3) 自己の計算において所有している議決権と，自己と緊密な関係があることにより自己の意思と同一の内容の議決権を行使するか行使することに同意している者が所有している議決権とを合わせて，他の企業の議決権の過半数を占めている企業であって，かつ，上記(2)の②から⑤までのいずれかの要件に該当する企業

　なお，子会社のうち支配が一時的であると認められる企業，連結することにより利害関係者の判断を著しく誤らせるおそれのある企業，小規模子会社で重要性の乏しい企業は連結に含めないとされている（同基準14・注 3 ）。

連結財務諸表の作成

　連結財務諸表は，企業集団に属する親会社および子会社が一般に公正妥当と認められる企業会計の基準に準拠して作成した**個別財務諸表**を基礎として（「連結財務諸表に関する会計基準」10），これに連結財務諸表作成のための**連結修正**を行って作成する。

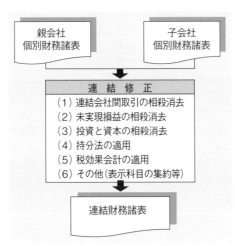

投資と資本の相殺消去

　連結財務諸表原則では，親会社の子会社に対する投資とこれに対応する子会社の資本は，相殺消去しなければならないとして，**資本連結**について規定している（「連結財務諸表に関する会計基準」23・24・26）。ここに資本連結とは，親会社の子会社に対する投資とこれに対応する子会社の資本とを相殺消去し，消去差額が生じた場合にはこの差額を**のれん**に計上するとともに，資本のうち親会社に帰属しない部分を非支配株主持分に振り替える一連の手続きをいう。

　この資本連結に際しては，部分時価評価法と全面時価評価法の2つの方法があるが，子会社の資産および負債を公正な評価額で評価し，この結果生ずる評価差額（評価替剰余金）を子会社の資本に含め，これを含めて算定された資本を支配獲得日における資本連結の対象にしなければならないことに留意する必要がある。

（1）部分時価評価法

　部分時価評価法とは，子会社の資産および負債のうち，親会社の持分に相当する部分については株式の取得日ごとに当該日における公正な評価額（時価）により評価し，非支配株主持分に相当する部分については子会社の個別貸借対照表上の金額による方法をいう。

　なお，この方法は平成22年4月1日以降廃止されることになった。

（2）全面時価評価法

全面時価評価法とは，子会社の資産および負債のすべてを，支配獲得日の時価により評価する方法をいう（同基準20）。

なお，のれんは，無形固定資産または固定負債の部に表示し，原則としてその計上後20年以内に，定額法その他合理的な方法により償却し，償却額は販売費および一般管理費の区分に表示し，負ののれんは，原則として特別利益に表示する（「企業結合に関する会計基準」32・33・47・48）。

重要ポイント 4 　持分法の適用

非連結子会社および**関連会社**に対する投資については，原則として**持分法**を適用しなければならない（「持分法に関する会計基準」6）。ここに持分法とは，投資会社が被投資会社の純資産および損益のうち投資会社に帰属する部分の変動に応じて，その投資の額を連結決算日ごとに修正する方法をいう（同基準4）。

また，持分法が適用される関連会社とは，親会社および子会社が，出資，人事，資金，技術，取引等の関係を通じて，子会社以外の他の会社の財務および営業の方針決定に対して重要な影響を与えることができる場合における当該子会社以外の他の会社をいう（同基準5）。

重要ポイント 5 　包括利益

（1）包括利益の意義

包括利益とは，ある企業の特定期間の財務諸表において認識された純資産の変動額のうち，当該企業の純資産に対する持分所有者（株主，新株予約権所有者等）との直接的な取引によらない部分をいう。具体的には，当期純利益に「その他の包括利益」を加えた合計額をいう。「その他の包括利益」には，その他有価証券評価差額金，繰延ヘッジ損益，為替換算調整勘定等が含まれる（「包括利益の表示に関する会計基準」4・5・7）。

（2）包括利益を表示する目的

包括利益を表示する目的は，期中に認識された取引および経済的事象（資本取引を除く）により生じた純資産の変動を報告することによって，投資家等の財務諸表利用者が企業全体の事業活動について検討するのに役立つことが期待されている。

たとえば，従来，有価証券の未実現損益が利益マネジメントに利用されてきたが，それが包括利益として開示されることによって，経営者の裁量的な会計処理を抑止し，市場価格の変動や為替レートの変動など経営者の制御可能性の有無にかかわらず，経営者が株主から受託された資産に対する責任を全うしているか否かを判断することが可能となる。

また，貸借対照表との連携を明示することによって，財務諸表の理解可能性と比較可能性を高め，また，国際的な会計基準とのコンバージェンス（収斂）にも資することが期待されている（同基準21）。

なお，包括利益による表示は，平成23年3月31日以後終了する連結会計年度の年

度末に係る連結財務諸表から適用され（同基準12・14），当面の間個別財務諸表には適用しないことになった（「改正企業会計基準第25号」16-2，39-4）。

（3）包括利益の表示

包括利益の計算の表示は，次による（同基準6）。

①個別財務諸表においては，当期純利益にその他の包括利益の内訳項目を加減して包括利益を表示する。

②連結財務諸表においては，当期純利益にその他の包括利益の内訳項目を加減して包括利益を表示する。

なお，包括利益の表示の形式としては，当期純利益を構成する項目とその他の包括利益の内訳を単一の計算書に表示する方法（1計算書方式）と，当期純利益を構成する項目を表示する第1の計算書（従来の損益計算書と同じ）と，その他の包括利益の内訳を表示する第2の計算書からなる方法（2計算書方式）の2つの方法があり，いずれの方法も認められている（同基準11）。

実戦問題 ❶ 基本レベル

No.1 連結財務諸表に関する次の記述のうち，妥当なのはどれか。

【国税専門官／財務専門官・平成26年度】

1 連結会計主体論に関して，経済的単一説によれば，親会社の株主による出資だ
けが株主資本となるから，少数株主の出資持分は株主資本以外の純資産または負
債と考えられる。これに対し，親会社説によれば，少数株主も企業集団への出資
者の一部であるから，その持分は株主資本として取り扱われる。

2 連結財務諸表を作成するためには，企業集団の範囲を決定する必要があるが，
その基準の一つに支配力基準がある。支配力基準とは，議決権のある株式の過半
数を所有していなくても，資金提供，役員派遣，取引関係などによって他の会社
を実質的に支配している，すなわち，他の会社の意思決定機関を支配している場
合にも，当該会社を連結の対象とする考え方である。

3 支配力基準によって抽出された子会社は，原則として，すべて連結の範囲に含
めなければならず，親会社による支配が一時的であると認められる子会社や売上
高等が非常に少ない小規模な子会社であっても，連結の範囲から除外することは
認められない。

4 連結財務諸表を作成する対象となる会計期間は1年または半年としなければな
らず，その期間の終了後に決算発表を行う日を連結決算日と呼ぶ。連結決算日
は，親会社の会計期間を基礎として，年1回または2回の一定の日が選ばれる。
連結財務諸表は親会社と子会社の個別財務諸表を合算して作成するものであるか
ら，子会社の決算日と親会社の決算日とは必ず一致していなければならない。

5 連結会社相互間の債権と債務は，企業集団の内部での取引の結果にすぎないか
ら，連結会社相互間の売掛金と買掛金などは，連結決算上，相殺消去しなければ
ならない。ただし，連結会社相互間の取引から生じた前払費用，未収収益，前
受収益，未払費用などの経過勘定項目は相殺消去してはならない。

◆ **No.2** **連結財務諸表の作成については，以下の２つの考え方がある。これらに関するア～エの記述のうち，妥当なもののみをすべて挙げているのはどれか。**

【国税専門官／財務専門官・平成25年度】

A説：利害関係者は親会社株主のみであり，連結財務諸表は親会社株主のために作成される。

B説：利害関係者として親会社株主（支配株主）と少数株主が存在し，連結財務諸表は両者を含めた企業集団の利害関係者のために作成される。

ア：連結範囲の決定基準について，A説の下では，経済的な支配の事実のみを重視し議決権の所有割合を考慮しない基準である支配力基準が整合的である。

イ：少数株主持分について，A説の下では，親会社株主による出資だけが資本となるから，少数株主の出資持分は負債とされる。

ウ：連結子会社の資産および負債の評価について，B説の下では，少数株主持分に相当する部分を含めて連結子会社の資産および負債のすべてを支配獲得日の時価で評価する。

エ：連結子会社の計上した未実現損益について，B説の下では，連結会社間取引は外部取引であるとみなされ，消去額は親会社のみが負担する。

1　ア，イ　　　**2**　ア，ウ

3　イ，ウ　　　**4**　イ，エ

5　ウ，エ

No.3 **連結財務諸表に関するA～Eの記述のうち，妥当なもののみをすべて挙げているのはどれか。** 【国税専門官／財務専門官・令和４年度】

A：連結財務諸表を作成するに当たり，たとえば，P社がS1社の議決権を80％，S2社の議決権を45％保有し，S1社がS2社の議決権を25％保有する場合，支配力基準に照らし，P社はS2社を連結の範囲に含めない。

B：連結財務諸表を作成するに当たり，親会社と子会社の決算日が異なる場合においては，その差異が３か月を超えない場合には，親会社は子会社の正規の決算に基づいて連結決算を行うことができる。

C：非支配株主が存在する子会社において，たとえば，親会社の出資額が800万円，非支配株主の出資額が200万円の子会社が，1,500万円の債務超過となった場合，親会社の持分による負担は1,200万円，非支配株主の持分による負担は300万円となる。

D：資本金1,000万円の会社を1,500万円で買収した場合，資本連結によって500万円がのれんとして貸借対照表の借方に計上される。その後，原則としてのれんは20年以内のその効果の及ぶ期間で，定額法その他の合理的な方法により

規則的に償却する。

E：経済的単一体説の立場では，連結財務諸表は，非支配株主のためではなく親
　会社の株主のために作成されると考える。そのため，非支配株主による出資
　持分については，株主資本以外の純資産または負債として取り扱う。

1　A，B
2　A，C
3　B，D
4　C，E
5　D，E

**
No.4　**連結財務諸表に関する次の記述のうち，妥当なのはどれか。**

【国税専門官・平成13年度】

1　連結財務諸表原則は，連結財務諸表の作成基準を示しているが，その全般にわ
たる基本原則として，真実性の原則，基準性の原則，明瞭性の原則，継続性の原
則，重要性の原則の5つを掲げている。

2　連結財務諸表原則では，連結の範囲について，破産会社や清算会社など継続企
業と認められない会社，更生会社や整理会社，親会社が議決権を単に一時的に保
有していると認められる会社をはじめ，いかなる子会社も含めなければならない
としている。

3　連結会社相互間の取引によって取得した棚卸資産，固定資産その他の資産に含
まれる未実現損益は消去しなくてはならない。その際，親会社が子会社へ商品な
どを受け渡した場合には，親会社の持分比率に相当する未実現利益の額のみを消
去し，それを親会社持分に負担させる方法をとる。

4　連結貸借対照表の科目分類は，個別財務諸表における科目分類を基礎とするた
め，自己株式および子会社が保有する親会社の株式は，流動資産の部に他の株式
と区別して記載しなければならない。

5　連結財務諸表原則は，「非連結子会社及び関連会社に対する投資勘定は，連結
貸借対照表上，原則として，持分法により計算した価額をもって計上しなければ
ならない」とし，非連結子会社および関連会社に対する投資勘定に対して，原則
として，持分法を適用することとしている。

第7章　本支店・合併・連結会計

実戦問題 **1** の 解説

1 ✗ **親会社説**は，親会社の株主の立場から連結財務諸表を作成する考え方であるため，親会社の株主による出資だけが株主資本となり，**非支配株主の出資持分は株主資本以外の純資産または負債**と考える。これに対し，**経済的単一説**は，企業集団に参加するすべての会社を1つの経済単位として連結財務諸表を作成する考え方であり，**非支配株主も企業集団への出資者の一部であるから，その持分は株主資本として取り扱われる**ことになる。

2 ◎ 正しい。従来は子会社の判定基準は，「**持株（比率）基準**」によって，親会社が直接・間接に議決権の過半数を所有しているか否かによって判定してきたが，議決権が50%以下であっても，その会社を事実上支配しているケースもあり，そのような被支配会社を連結の範囲に含めない連結財務諸表は，企業集団に係る情報として有用性に欠けることになるため，現行の基準では，議決権の所有割合以外の要素を加味した「**支配力基準**」が採用されている（「連結財務諸表に関する会計基準」7）。

3 ✗ 子会社のうち**支配が一時的**であると認められる企業，連結することによって**利害関係者の判断を著しく誤らせる**おそれのある企業，**小規模子会社で重要性の乏しい企業**は連結に含めないことができる（「連結財務諸表に関する会計基準」14・注3）。

4 ✗ 子会社の決算日が連結決算日と異なる場合には，子会社は，連結決算日に正規の決算に準ずる合理的な手続きにより決算を行わなければならないが，**決算日の差異が3か月を超えない場合には子会社の正規の決算を基礎として連結決算を行う**ことも認められている（連結財務諸表原則第3の2・注解7）。

5 ✗ **連結会社相互間**における商品・製品の売買，地代・家賃の授受，利息・手数料の授受，配当金の授受等は，**内部取引**であり，**相殺消去**されなければならない（「連結財務諸表に関する会計基準」35）。したがって，**経過勘定項目も相殺消去**しなければならない。

No.2 の解説　非支配株主持分

→ 問題はP.248　**正答3**

ア✕ 妥当でない。連結範囲の決定基準として，親会社が直接・間接に議決権の過半数を所有しているかどうかという経済的な支配の事実のみを重視して判定を行う基準を，支配力基準ではなく持株基準という。持株基準の場合，議決権の所有割合が100分の50以下であっても，その会社を事実上支配しているケースもあり，そのような被支配会社を連結の範囲に含まない連結財務諸表は，企業集団に係る情報としての有用性に欠けることになるため，**A説（親会社説）の下においても，現在は議決権の所有割合以外の要素を加味した支配力基準を導入し，他の企業の意思決定機関を支配しているかどうかという判定基準を採用している。**なお，「他の企業の意思決定機関を支配している企業」とは，次の企業をいう（「連結財務諸表に関する会計基準」7）。

(1)他の企業の議決権の過半数を自己の計算において所有している企業

(2)他の企業の議決権の100分の40以上，100分の50以下を自己の計算において所有している企業であって，かつ，次のいずれかの要件に該当する企業

　①自己の計算において所有している議決権と，自己と出資・人事・資金・技術・取引等において緊密な関係があることにより自己の意思と同一の内容の議決権を行使すると認められる者およびそれに同意している者が所有している議決権とを合わせて，他の企業の議決権の過半数を占めていること

　②役員もしくは使用人である者またはあった者で，自己が他の企業の財務および営業・事業の方針の決定に関して影響を与えることができる者が，当該他の企業の取締役会その他これに準ずる機関の構成員の過半数を占めていること

　③他の企業の重要な財務および営業・事業の方針の決定を支配する契約等が存在すること

　④他の企業の資金調達額（貸借対照表の負債の部に計上されているもの）の総額の過半について融資（債務の保証および担保の提供を含む）を行っていること

　⑤他の企業の意思決定機関を支配していることが推測される事実が存在すること

(3)自己の計算において所有している議決権と，自己と出資・人事・資金・技術・取引等において緊密な関係があることにより自己の意思と同一の内容の議決権を行使すると認められる者およびそれに同意している者が所有している議決権とを合わせて，他の企業の議決権の過半数を占めている企業であって，かつ，上記(2)の②から⑤までのいずれかの要件に該当する企業

イ○ 妥当である。A説（親会社説）もB説（経済的単一体説）も，企業集団全体の情報を連結財務諸表に反映させるという点では両者に相違はないが，**非支配株主持分の表示方法や資本連結手続きに関連する損益認識等に関して両者**

第7章　本支店・合併・連結会計

251

は相違することになる。たとえば，非支配株主持分の表示方法に関しては，前者は親会社以外の他人持分として**「負債の部」**への表示が主張されるのに対して，後者は株主資本には変わりがないことから**「純資産の部」**への表示が妥当とされる。

(注)連結財務諸表原則および「連結財務諸表に関する会計基準」では，親会社説をとってはいるが，「親会社説」においても非支配株主持分については，これを負債の部に表示する方法と，負債の部と純資産の部の中間に表示する方法が考えられ，結局非支配株主持分は，返済義務のある負債ではなく，連結固有の項目であることから，その表示は純資産の部に株主資本とは区分して表示することとなった（「連結財務諸表に関する会計基準」55）。

ウ〇 妥当である。資本連結に際しては，部分時価評価法と**全面時価評価法**の2つの方法があるが，**B説**は後者によることになり，連結子会社の資産および負債の評価については，非支配株主持分に相当する部分を含めて連結子会社の資産および負債のすべてを**支配獲得日の時価**で評価することになる（「連結財務諸表に関する会計基準」20）。

エ✕ 妥当でない。連結会社相互間の取引によって取得した棚卸資産，固定資産その他の資産に含まれる未実現損益は，それが僅少な場合を除き，その金額を消去しなければならないが，**未実現利益の消去方法**については，①全額消去・親会社負担方式，②**全額消去・持分比率負担方式**，③親会社持分相当額消去方式がある。**B説**の下では，②の方式によって消去額は**親会社と少数株主の両者がその持分比率に応じて負担する**ことになる。

以上から，妥当なものは**イ**と**ウ**であり，正答は**3**である。

No.3 の解説 連結決算日とのれんの償却　　　→ 問題はP.248　**正答3**

A ✕ 妥当でない。P社は子会社S1を通じてS2の議決権を70%所有することになるため，子会社となり，連結の範囲に含めなければならない（「連結財務諸表に関する会計基準」6）。

B ○ 妥当である（「連結財務諸表に関する会計基準」注解4）。

C ✕ 妥当でない。**子会社の欠損のうち，当該子会社に係る非支配株主持分に割り当てられる額が当該非支配株主の負担すべき額を超える場合には，当該超過額は，親会社の持分に負担させることになる**ため（「連結財務諸表に関する会計基準」27），親会社の負担は1,300万円，子会社の負担は200万円となる。

D ○ 妥当である（「企業結合に関する会計基準」32）。

E ✕ 妥当でない。経済的単一体説は，企業集団に参加するすべての会社を1つの経済単位として連結財務諸表を作成する考え方であり，**非支配株主も企業集団への出資者の一部**であるから，その部分は**株主資本として取り扱われるが，純資産の部には株主資本とは区分して記載**するとされている（「連結財務諸表に関する会計基準」55）。

以上から，妥当なものはBとDであり，正答は**3**である。

No.4 の解説 持分法の適用　　　→ 問題はP.249　**正答5**

1 ✕ **重要性の原則**は連結財務諸表の一般原則ではなく，**注解**である（連結財務諸表原則注解1）。

2 ✕ 子会社のうち，(1)支配が一時的であると認められる会社，(2)連結することにより利害関係者の判断を著しく誤らせるおそれのある会社，は**連結の範囲**に含めてはならないとされている（連結財務諸表原則第3の1の4）。

3 ✕ 親会社から子会社へ商品を販売する場合（**ダウンストリーム**の場合）は，親会社には少数株主が存在しないので，**未実現損益**は，**全額消去・親会社負担方式**によって処理する。

4 ✕ **自己株式**および子会社が所有する**親会社の株式**は，株主に対する資本の払戻しとしての性格を有していると考えられるため，**資本（株主資本）に対する控除項目**として表示する（「連結財務諸表制度の見直しに関する意見書」第2部2の7(3)，連結財務諸表規則43条3項）。

5 ◎ 正しい（連結財務諸表原則第4の8）。

実戦問題 ❷ 応用レベル

✦ No.5 税効果会計に関する次の記述のうち，妥当なのはどれか。

【国税専門官・平成13年度】

1 税効果会計は，商法および金融商品取引法において強制されていないことから，現在，個別財務諸表および連結財務諸表に適用されていない。したがって，日本国内において，税効果会計を財務諸表に適用している企業はない。

2 税効果会計とは，企業会計上の資産または負債の計上額と課税所得計算上の資産または負債の計上額に差異がある場合に，法人税等を適切に期間配分して，税引前当期純利益と法人税等を合理的に対応させることを目的とする手続きである。

3 企業会計上と課税所得計算上の差異には永久差異と一時差異とがあるが，税効果会計の対象となるのは永久差異である。税務上の交際費の損金算入限度超過額，受取配当金の益金不算入額などは永久差異であり，将来，課税所得の計算に当たり加算または減算させる効果を持たないので税効果会計の対象となる。

4 税効果会計の方法の一つとして，いわゆる資産負債アプローチに基づいて企業会計と税務上の資産および負債に着目して計算する繰延法がある。繰延法とは，一時差異に係る税金を，将来に回収される税金または将来に支払わなければならない税金であるととらえる考え方であり，将来の一時差異に係る税金が解消する時点に重点が置かれる。

5 資産負債法の下での一時差異には，当該一時差異が解消するときにその期の課税所得を減算させる効果を持つ将来減算一時差異と，当該一時差異が解消するときにその期の課税所得を増額させる効果を持つ将来加算一時差異とがある。将来加算一時差異は，たとえば，不良債権の有税償却，貸倒引当金等の引当金の有税繰入額，減価償却費の有税償却額がある場合に生じる。

✦ No.6 連結財務諸表原則に関する次の記述のうち，妥当なのはどれか。

【国税専門官・平成17年度】

1 親会社は議決権の過半数を所有するすべての会社を連結の範囲に含めなければならない。そのため，更生会社，整理会社，破産会社等であって，かつ，有効な支配従属関係が存在せず組織の一体性を欠くと認められる会社も含まれる。

2 連結財務諸表の作成に関する期間は1年とし，親会社の会計期間に基づき，年1回一定の日をもって連結決算日とする。子会社の決算日がこの連結決算日と異なる場合には，子会社の正規の決算を基礎として連結決算を行うことは一切認められない。

3 親会社の子会社に対する投資とこれに対応する子会社の資本は相殺消去しなければならない。相殺消去に当たり差額が生ずる場合には当該差額をのれんとし，

原則としてその計上後20年以内に償却しなければならない。

4 連結会社相互間の取引によって取得した棚卸資産，固定資産その他の資産に含まれる未実現損益は，その金額に重要性が乏しい場合であってもその全額を消去しなければならない。

5 連結子会社に対する投資については，連結財務諸表の作成に代えて，連結子会社の純資産および損益のうち親会社に帰属する部分の変動に応じてその投資の額を連結決算日ごとに修正する方法を選択することが認められる。これを持分法という。

＊＊＊
No.7 連結財務諸表に関するA～Dの記述のうち，妥当なもののみをすべて挙げているのはどれか。 【国税専門官／財務専門官・令和２年度】

A：連結財務諸表を親会社の株主のみのために作成されるものととらえる経済的単一体概念に立つと，子会社の株主持分のうち親会社持分以外の持分は，連結貸借対照表には表示されないことになる。

B：連結財務諸表の対象となる企業集団の範囲の決定基準として，持分基準と支配力基準がある。持分基準とは，親会社が直接または間接に議決権の過半数を所有する会社を子会社と定義し連結対象にする考え方であり，支配力基準とは，人事あるいは財務，営業上の重要な契約等を通じてその会社の経営を支配している会社を子会社と定義し連結対象にする考え方である。

C：のれんとは，取得企業が支払った対価と被取得企業の純資産の公正価値との差額で決まる残余価値をいう。現行制度会計上，のれんは企業結合の場合のように対価を支払って取得された買入のれんに限らず，企業が経営内部で形成する競争優位の諸要因である自己創設のれんも，資産計上される。

D：親会社は，取得した子会社の資産および負債の評価について，支配獲得時の時価ではなく，子会社の個別財務諸表の簿価によって評価しなければならない。全面時価評価法とは，子会社の資産および負債のすべてを子会社の個別財務諸表の簿価により評価する方法である。

1 A

2 B

3 A，D

4 B，C

5 C，D

実戦問題 ❷ の解説

No.5 の解説 税効果会計の目的 → 問題はP.254 **正答2**

　税効果会計は，会計上と税務上の収益または費用（益金または損金）の認識時点の相違や，会計上と税務上の資産または負債の額に相違がある場合において，法人税等を適切に期間配分するための会計処理であり，国際的にも広く採用されている会計方法である。

　わが国における税効果会計は，平成9年6月の連結財務諸表原則の全面的な見直しに伴い，連結情報を中心とするディスクロージャー制度への一環としてその導入が検討され，平成11年度の会計期間から（個別）財務諸表および連結財務諸表に適用され，中間財務諸表および中間連結財務諸表には，**平成12年度の会計期間から適用される**ことになった。税効果会計については，「税効果会計に係る会計基準」が制定されており，本問はその規定の理解度を問う内容となっている。

1✕ **税効果会計**は，平成10年10月に「**税効果会計に係る会計基準**」が公表され，平成11年4月以後開始する事業年度の財務諸表および連結財務諸表に適用されるようになり，**金融商品取引法はもとより会社法においても強制される**ことになった（「税効果会計に係る会計基準の設定に関する意見書」4の1）。

2◎ 正しい（「税効果会計に係る会計基準」第1）。

3✕ 税効果会計の対象となるのは，**一時差異**であり（「税効果会計に係る会計基準」第2の1の1），交際費の損金算入限度超過額や受取配当金の益金不算入額などの**永久差異は税効果会計の対象外**となる。

4✕ **税効果会計の方法**には，**2つの方法**があり，**繰延法**とは収益費用アプローチに基づいて企業会計上の税引前当期純利益と税務上の課税所得との差異に着目する考え方をいい，もう一つの**資産負債法**は，企業会計と税務上の資産および負債の差異に着目する考え方であり，「**税効果会計に係る会計基準**」は，**後者の方法が採用されている**（「税効果会計に係る会計基準の設定に関する意見書」2の3）。

5✕ **将来加算一時差異**の例としては，利益処分により租税特別措置法上の諸準備金等を計上する場合や連結会社相互間の債権と債務の消去により貸倒引当金を減額した場合などに生じる。選択肢の例示は，**将来減算一時差異**の例である（「税効果会計に係る会計基準」注解2・3）。

No.6 の解説 のれん　　　　　　　　　　　→ 問題はP.254　**正答3**

1 ✕ 親会社は，原則としてすべての子会社を**連結の範囲**に含めなければならない
が，**更生会社**，**整理会社**，**破産会社**等であって，かつ，有効な支配従属関係
が存在せず組織の一体性を欠くと認められる会社は，子会社に該当しないも
のとする（連結財務諸表原則注解3）。

2 ✕ 子会社の決算日が**連結決算日**と異なる場合には，その**決算日の差異が3か月
を超えない**場合には，子会社の**正規の決算**を基礎として連結決算を行うこと
ができる（連結財務諸表原則注解7）。

3 ◎ 正しい。**親会社の子会社に対する投資とこれに対応する子会社の資本**との相
殺消去に当たり，差額が生ずる場合には，当該差額を**のれん**とし，原則とし
てその計上後**20年以内**に，**定額法**その他合理的な方法により償却しなければ
ならない（連結財務諸表原則第4の3）。

4 ✕ 連結会社相互間の取引によって取得した棚卸資産，固定資産その他の資産に
含まれる**未実現損益**は，その**全額を消去**しなければならないが，その金額に
重要性が乏しい場合には，これを**消去しないことができる**（連結財務諸表原
則第5の3）。

5 ✕ **非連結子会社および関連会社に対する投資**については，原則として**持分法**を
適用しなければならない（連結財務諸表原則第4の8の1）。

A ✕　妥当でない。親会社の株主の立場から連結財務諸表を作成する考え方を**親会社説**といい，これに対して，企業集団を構成する親会社株主と少数株主の立場から連結財務諸表を作成する考え方を**経済的単一体説**という。企業集団全体の情報を連結財務諸表に反映させるという点では両者に相違はないが，子会社の株主持分のうち親会社持分以外の部分である**非支配株主持分（平成25年の改正会計基準により従来の少数株主持分を改称）**の表示方法や資本連結手続に関連する損益認識等に関して，両者は相違することになる。たとえば，非支配株主持分の表示方法に関しては，親会社説は親会社以外の他人持分として負債の部への表示が主張されるのに対して，経済的単一体説は株主資本には変わりがないことから純資産の部への表示が妥当とされる。「連結財務諸表原則」および「連結財務諸表に関する会計基準」では，親会社説をとってはいる。しかし，親会社説においても非支配株主持分については，これを負債の部に表示する方法と，負債の部と純資産の部の中間に表示する方法が考えられるが，結局**非支配株主持分は，返済義務のある負債ではなく，連結固有の項目であることから，その表示は純資産の部において，株主資本とは区分して記載することとなった**（「連結財務諸表に関する会計基準」55）。

B ◯　妥当である（「連結財務諸表に関する会計基準」54）。

C ✕　妥当でない。**のれんは有償で譲り受けまたは合併によって取得したもの**に限り，資産に計上することができ，いわゆる**自己創設のれんの計上は認められない**（「企業会計原則」注解25）。償却額は販売費および一般管理費の区分に表示する。ただし，のれんの金額に重要性が乏しい場合には，当該のれんが生じた事業年度の費用として処理することができる（「企業結合に関する会計基準」32・47）。

D ✕　妥当でない。親会社と子会社の資本連結に際しては，**部分時価評価法と全面時価評価法**がある。部分時価評価法は子会社の資産および負債のうち，親会社の持分に相当する部分については株式の取得日ごとに当該日における公正な評価額（時価）により評価し，非支配株主持分に相当する部分については子会社の個別貸借対照表上の金額による方法をいう。この**部分時価評価法は，平成22年4月1日以降の事業年度より廃止**されることになった。これに対して**全面時価評価法とは，子会社の資産および負債のすべてを，支配獲得日の時価により評価する方法**をいう（「企業結合に関する会計基準」23）。

以上から，妥当なものはBのみであり，正答は**2**である。

第8章
財務諸表分析

テーマ⑭ 財務諸表分析

試験別出題傾向と対策

試 験 名	国家専門職（国税専門官）														
年　度	21	22	23	24	25	26	27	28	29	30	元	2	3	4	5
テーマ・選択肢の内容　出題数	0	0	0	0	0	0	0	1	1	0	1	0	2	0	0
14 財務諸表分析															
流動比率									◉				◉		
当座比率													◉		
自己資本比率									◉						
自己資本利益率									◉						
総資本利益率															
売上総利益率															
変動費・固定費													◉		
損益分岐点分析								◉			◉		◉		
棚卸資産回転率									◉				◉		
売上債権回転率													◉		
資本回転率													◉		

頻出度 C

　前章までは，損益計算書や貸借対照表等の財務諸表の作成原理や手続きを「企業会計原則」を中心にして学習してきたが，本章ではそれらの財務諸表を利用して，企業の経営成績や財政状態の良否を判断し，経営活動の改善や将来の経営計画の設定，さらには投資家が企業に投資する際の収益性や安全性等の判断に役立てるための分析方法を学習する。

　財務諸表の分析は，その分析目的，分析方法等により，それぞれ体系化されているが，過去の試験問題では，損益計算書項目や貸借対照表項目のそれぞれの関係比率を問う問題が出題されている。一般に，これらの関係比率は静態比率と動態比率に分けて説明される。静態比率は，もともと金融機関が融資先企業の信用分析や安全性分析のために用いたもので，貸借対照表項目相互間の比率で示される。これに対して動態比率は，企業の収益性や経済性，活動性を検討するために利用され，損益計算書項目相互間の比率，および損益計算書・貸借対照表項目相互間の比率として表される。

　本章では，企業の主たる目的が，健全な財政状態を維持すること（安全性）と，

満足しうる適正な利益を上げること（収益性）にあることから，安全性分析と収益性分析に分けて学習する。

　安全性分析は，企業が倒産することなく継続して活動するための要件（短期的存続の要件）を明らかにするものであり，流動性分析，資本構造の健全性分析，資金源泉と資金使途の適合性分析に分けられる。

　それに対して収益性分析は，企業の長期的な存続のための要件を明らかにするものであり，資本効率と収益性を総合的に表す総資本利益率の分析がその典型的な指標として重視されることになる。

　国税専門官試験においては，本章の範囲からは平成10年度の出題以来，長い間出題されていなかったが，28年度，29年度，令和元年度，令和3年度に出題された。財務諸表分析の学習は，会計学を理解しその知識を企業業績の評価や投資意思決定等の判断に役立てるためには重要な学習テーマである。これまで出題されている比率としては，流動比率，当座比率，総資本利益率など，財務比率としてはいずれも基本的なものである。出題形式は，各比率の算定式を問う問題，具体的な比率や損益分岐点売上高などの金額を求める問題，さらにはそれらの比率が意味する財務的意義を問うものになっている。したがって，各財務比率の正確な理解とともに，その比率によって表される数値の持つ意味を，具体的な財務諸表の数値を利用して理解を深めておく必要がある。

　財務諸表分析の学習に際しては，単なる財務比率に関する算定式や意義だけではなく，具体的なデータを使用した分析にも慣れておく必要がある。そのためには，日刊新聞に決算公告として記載されている実際の貸借対照表や損益計算書の数字を使って，各種の財務比率が算定できるかどうかを自分でチェックしてみることや，それらの財務比率がどのような経営状態を示しているのか実際に企業診断をしてみること，さらには同業他社との企業間比較などを通じて当該企業の財務的特徴などを分析してみるのも，より実戦的で効果的な学習方法といえる。

必 修 問 題

経営数値に関する次の記述のうち，妥当なのはどれか。

【国税専門官・平成4年度】

1 **総資本利益率**とは，資本主の立場から投下資本の収益力を測定するもので，自己資本の営業利益に対する割合をいい，この数値が高い企業は，投下資本に対する利益の度合いが大きいので，資本の調達は行いやすいことになる。

2 **売上総利益率**とは，売上総利益の売上高に対する割合をいい，一般に在庫品の回転が速く，その販売に費用があまりかからない産業では，売上総利益率は低い。

3 固定比率とは，固定資産の自己資本に対する割合をいい，極めて多額の固定資産を必要とする電力などの公共企業の場合などに使用される。

4 **流動比率**とは，**酸性試験比率**ともいい，流動負債の現金・受取手形・売掛金など在庫品を除いた容易に現金化しうる流動資産に対する割合を示すものであり，通常200％が好ましい標準とされている。

5 **棚卸資産回転率**とは，通常，売上原価を棚卸資産の金額で割った年間回転数をいい，この回転数が小さければ小さいほど，一定の取引量を維持することに必要な資本額は少なくてすむこととなる。

難易度 ＊＊＊

必 修 問 題 の 解 説

本問は，安全性分析に関する流動比率・固定比率と収益性分析に関する総資本利益率・売上総利益率・棚卸資産回転率について問うており，各比率の算定式の正確な理解とともにそれらの比率によって表される数値の持つ意味について整理しておく必要がある。

1 ✕ 資本主（株主）の視点からの収益性は，自己（株主）資本利益率である。
　　　総資本利益率は，企業の総合的な収益性を測定する代表的な指標である。分子の「利益」と分母の「総資本」にどのような金額をとるかによって，さまざまな種類のものが考えられるが，資本主（株主）の視点から見た収益性を示す**自己資本利益率**または**株主資本利益率（ROE）**とは，区別される。

2 ✕ **売上総利益率の計算に販売費の多寡は影響を及ぼさない。**
売上総利益は，売上高から売上原価を控除して算定される金額であり，したがって，販売費の大きさは売上総利益（率）の計算には影響を及ぼすことはないが，売上原価が低くなればなるほど，売上総利益（率）は大きくなる。

3 ◎ **固定比率は，固定資産が多額な企業の財務健全性分析に便利である。**
正しい。**固定比率とは，固定資産がどれだけ自己資本によって充当されているか，すなわち資本がどれだけ固定化しているかを判定する尺度となるものである。**固定比率は，資本が長期的に拘束される固定資産に対しては，返済期限のない自己資本によって調達するのが財務的に健全であり，**通常100%以下であることが望ましいとされる。**

4 ✕ **流動比率は銀行家比率とも呼ばれ，酸性試験比率は当座比率のことである。**
流動比率は，**銀行家比率**とも呼ばれ，銀行等の金融機関が企業に融資する場合に，その信用の能力，債務弁済能力という観点からの財務流動性を判断するために重視される比率であり，通常少なくとも200%を下らないことが必要とされており，**2対1の原則**とも呼ばれている。なお，**酸性試験比率**といわれるのは，**当座比率**である。

$$流動比率＝\frac{流動資産}{流動負債} \qquad 当座比率＝\frac{当座資産}{流動負債}$$

5 ✕ **棚卸資産回転率が減少するのは，棚卸資産在庫額が多額になる場合である。**
棚卸資産回転率や**売上債権回転率**などの**資本回転率**は，資本の利用度ないし効率を判定する指標であり，それぞれの資本回転率が高いことは，資本の固定化が低く，資本1円当たりの売上高が高いことを意味し，資本が効率的に使用されていることを示している。

$$棚卸資産回転率＝\frac{売上高（または売上原価）}{期首・期末平均棚卸資産}$$

正答 **3**

FOCUS

わが国の企業経営は「借金経営」といわれるように，自己資本比率が極めて低い（したがって，負債比率が極めて高い）といわれている。その理由としては次のような点が挙げられる。

①高度成長に支えられた収益性重視の経営が行われたこと。

②無配当は次の資本調達に影響すること，利子は税務上損金に算入できることなど，資本コスト面からは借入金等の他人資本のほうが有利なこと。

③インフレ率が高いときは，土地その他の資産は借入によって購入するほうが，自己資本の蓄積を待つよりも多大な資本利得（キャピタル・ゲイン）の機会が得られること。

POINT

重要ポイント 1 ▶ 安全性分析（短期的存続の要件）

安全性分析は，企業が倒産することなく継続して活動するための要件（**短期的存続の要件**）を明らかにするものであり，(1)流動資産と流動負債の関係を分析する流動性分析，(2)自己資本と他人資本等の関係を分析する資本構造の健全性分析，(3)固定資産と長期資本などの関係を分析する資金源泉と資金使途の適合性分析に分けられる。

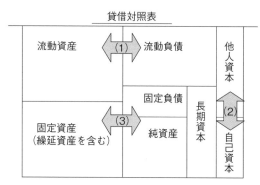

(1) 流動性分析
(ⅰ) 流動比率

流動比率または**銀行家比率**は，銀行等の金融機関が企業に融資する場合に，その信用の能力，債務弁済能力という観点からの財務流動性を判断するために重視される比率であり，通常少なくとも200％を下らないことが必要とされており，2対1の原則とも呼ばれている。

$$流動比率 = \frac{流動資産}{流動負債}$$

(ⅱ) 当座比率

流動資産のうち，現金預金，売上債権，有価証券等の当座資産に対する流動負債の割合を，**当座比率**または**酸性試験比率**という。この比率が100％以上である場合には，短期借入資本の支払能力が確保されることになる。

$$当座比率 = \frac{当座資産}{流動負債}$$

(2) 資本構造の健全性分析
(ⅰ) 自己資本比率

総資本（自己資本＋他人資本）のうち自己資本の占める割合をいい，この比率が高いほど企業財政が健全であるといわれる。

$$自己資本比率 = \frac{自己資本}{総資本}$$

> **(注)**「自己資本」は，「株主資本」と「評価・換算差額」の合計額をいう。

(ⅱ) 負債比率

自己資本に対する負債（他人資本）の割合をいい，自己資本に対して負債が過大であるかどうか，資本構成の健全性を判定する尺度であり，通常100％以下であることが望ましいとされている。

$$負債比率 = \frac{負債（他人資本）}{自己資本}$$

(3) 資金源泉と資金使途の適合性分析

(ⅰ) 固定比率

自己資本に対する固定資産の割合であって，固定資産がどれだけ自己資本によって充当されているか，すなわち資本がどれだけ固定化しているかを判定する尺度となるものである。固定比率は，資本が長期的に拘束される固定資産に対しては，返済期限のない自己資本によって調達するのが財務的に健全であり，通常100％以下であることが望ましいとされる。

$$固定比率 = \frac{固定資産}{自己資本}$$

(ⅱ) 長期資本適合率（固定長期適合率）

固定資産への設備投資には，長期借入金や社債による調達資金も充当可能であることから，固定資産が長期資本（固定負債＋自己資本）によってどの程度充当されているかを示すもので，100％以下が望ましいとされている。

$$長期資本適合率 = \frac{固定資産}{長期資本（固定負債＋自己資本）}$$

重要ポイント 2 　収益性分析（長期的存続の要件）

(1) 資本利益率

資本収益率ないしは**投資利益率**とも呼ばれ，自己資本や総資本に対する利益の割合をいう。**資本利益率**は，一定期間に使用された資本の収益性を判定する尺度として，その値が高いほど好ましく，企業業績の総合的な測定尺度として利用される。なお資本利益率は，分母の資本と分子の利益にどのようなものを採用するかによって，次のような各種の資本利益率が算定される。

$$総資本事業利益率（ROI） = \frac{事業利益^*}{総資本}$$

$$*事業利益 = 営業利益＋受取利息＋配当金＋持分法による投資損益$$

$$経営資本利益率 = \frac{営業利益}{経営資本^*}$$

$$*経営資本 = 総資産 - （遊休資産＋準備資産＋外部投資）$$
$$= 総資産 - （建設仮勘定＋繰延資産＋投資その他の資本）$$

$$自己資本利益率（株主資本利益率：ROE） = \frac{当期純利益}{自己資本}$$

（ⅰ）資本利益率の分解

資本利益率は，次式で示されるように資本回転率と売上高利益率に分解できる。

$$\frac{利益}{資本} = \frac{売上高}{資本} \times \frac{利\quad益}{売上高}$$

$$\text{（資本回転率）（売上高利益率）}$$

（ⅱ）資本回転率

資本回転率は，資本の利用度ないし効率を判定する指標であり，資本回転率が高いことは，資本の固定化が低く，資本1円当たりの売上高が高いことを意味し，資本が効率的に使用されていることを示している。なお，資本回転率は，分母の資本をどのようなものにするかによって，さまざまな資本回転率が算定される。主なものを挙げれば，次のとおりである。

$$\text{自己資本回転率} = \frac{売上高}{自己資本}$$

$$\text{総資本回転率} = \frac{売上高}{総資本}$$

> （注）資本回転率を回転日数で表すには，次式によって算定する。
>
> $$\text{回転日数} = \frac{365日}{回転率}$$

$$\text{売上債権回転率} = \frac{売上高}{期首・期末平均売上債権}$$

$$\text{棚卸資産回転率} = \frac{売上高（または売上原価）}{期首・期末平均棚卸資産}$$

（2）売上高利益率

売上高利益率は，収益性を測定する指標であり，分子の利益を売上総利益，営業利益，経常利益等さまざまな利益に置き換えることによって，売上総利益率（粗利益率，マージン率），営業利益率，経常利益率が算定でき，それぞれの経営活動に応じた収益性の測定が行われる。

$$\text{売上高利益率} = \frac{利益（売上総利益，営業利益，経常利益等）}{売上高}$$

実戦問題 ❶　基本レベル

No.1 ** 企業財務分析に関する次の記述のうち，妥当なのはどれか。

【国税専門官／財務専門官・令和３年度】

1　企業の短期的な債務支払能力を表す指標として，流動比率と当座比率があり，流動比率は，流動資産を流動負債で除した比率である。また，当座比率は，当座資産を流動負債で除した比率であり，一般に100％以上が望ましいとされている。

2　資本回転率は，資本を売上高で除した比率であり，その比率が低いほど，資本の利用状況が効率的となり望ましいとされている。また，売上高利益率に資本利益率を乗じると，資本回転率に一致する。

3　売上債権や棚卸資産などの資産の種類別に，各資産の回転状況を分析することができる。売上債権回転率が高い場合，売上債権の回収期間が短く，期日までに回収できない不良債権が発生しているおそれがあると判断される。また，棚卸資産回転率が高い場合，不良在庫が滞留しているおそれがあると判断される。

4　損益分岐点の分析において，実際の売上高が損益分岐点の売上高を大きく上回っていると，実際の売上高が損益分岐点の売上高に近いときと比べて，売上高のわずかな減少が増幅されて利益が激減する。こうした作用のことを財務レバレッジという。

5　ROE（自己資本利益率）は，自己資本を当期純利益で除した比率である。ROEはROA（総資産利益率）と異なり，資本構成の影響を受けず，株主資本の経営効率を判断することができるとされている。

No.2 ** ある製品について，損益分岐分析を行う。この製品の固定費が600万円，貢献利益率が0.6，変動費率が0.4であるとすると，損益分岐点における売上高はいくらか。

【国税専門官／財務専門官・令和元年度】

1　　600万円

2　1,000万円

3　1,200万円

4　1,500万円

5　1,800万円

No.3 表は，ある企業の前期と当期における損益計算書の抜粋である。次のうち，変動費率および固定費の組合せとして妥当なのはどれか。なお，変動費と固定費の分解については総費用法を用いることとし，費用の合計は「売上原価」と「販売費及び一般管理費」の合計として計算するものとする。

【国税専門官／財務専門官・令和３年度】

（単位：千円）

	前期	当期
売上高	25,000	30,500
売上原価	13,700	16,000
販売費及び一般管理費	10,900	11,900
営業利益	400	2,600

	変動費率	固定費（千円）
1	0.5	12,100
2	0.5	12,300
3	0.6	9,200
4	0.6	9,400
5	0.6	9,600

No.4 財務分析に関する次の記述のうち，妥当なのはどれか。

【国税専門官・平成８年度】

1 財務諸表の計数分析では，支払能力，効率性，収益性などが把握できるので，企業の将来性についてタイムラグなく把握することができる。

2 企業会計原則は，諸外国との国際的調和が十分に図られており，異なる国に所在する会社の比較分析を行うことができる。

3 財務諸表に付属している脚注には，会計方針や後発事象などが示されているが，投資家にとって重要な内容が含まれている可能性は低い。

4 経営分析の手法としては，数値では表せない情報を分析した定性分析が主であり，分析時点では具体的に数値化できない事項の分析に有効である。

5 連結財務諸表は企業の恣意的な経理操作が行われることが多いので，わが国では単独財務諸表による経営分析が中心に行われている。

実戦問題 **1** の **解説**

→ 問題はP.267 **正答 1**

1 ◎ 正しい。

2 ✕ 資本回転率は，**売上高を資本で除した比率**であり，その**比率が高いほど資本**の利用状況が効率的とされ望ましいとされる。また，**売上高利益率に資本回転率を乗じたものは資本利益率**である。

3 ✕ **売上債権回転率が高い場合は不良債権の発生率が低く**，また棚卸資産回転率が**高い場合は不良在庫の滞留率が低い**ことを意味する。

4 ✕ 損益分岐点分析において，**実際の売上高が損益分岐点売上高より多いほど**，利益が多額になるため，不況に対する抵抗力が強く，会社の収益力は高いと判断できる反面，実際の売上高が損益分岐点の売上高に近いときと比べて，**売上高のわずかな減少は利益の激減**をもたらすことになる。なお財務レバレッジとは，負債をどのくらい有効活用しているかを示すもので，総資産を自己資本で除して算定され，**この係数が大きいほど負債過多となりリスクが増大する**ことになる。

5 ✕ ROE（自己資本利益率）は，**当期純利益を自己資本で除した比率**であり，ROA（総資産利益率）と異なり，資本構成の影響を受けず，**株主資本の経営効率**を判断するのに役立つ比率である。

No.2 の解説 損益分岐点売上高の算定

→ 問題はP.267 **正答 2**

損益分岐点とは収益と費用の等しい点（利益ゼロ）をいい，損益分岐点売上高は次のようにして算定する。

STEP❶ 損益分岐点売上高の算定式

$$S - Sv = F$$
$$S(1-v) = F$$
$$S = \frac{F}{1-v}$$

$$\left[\begin{array}{l} S：売上高 \\ v：変動費率 \\ F：固定費 \end{array}\right]$$

STEP❷ 損益分岐点売上高の算定

$$損益分岐点売上高 = \frac{600万円}{1-0.4} = 1,000万円$$

なお，上式の分母（$1-v$）は貢献利益率（0.6）を示す。

したがって，正答は **2** である。

STEP❶　変動費率の算定

1）売上高の増加高　30,500千円－25,000千円＝5,500千円
2）売上原価の増加高　16,000千円－13,700千円＝2,300千円
3）販売費及び一般管理費の増加高　11,900千円－10,900千円＝1,000千円
4）変動比率＝（2,300千円＋1,000千円）÷5,500千円＝0.6

STEP❷　固定費の算定

1）前期の変動費　25,000千円×0.6＝15,000千円
2）前期の固定費　13,700千円＋10,900千円－15,000千円＝9,600千円
　　　したがって，正答は**5**である。

1 ◎　正しい。

2 ×　会計原則については，企業資本のグローバル化に伴い，国際的レベルで会計原則を統一していこうとする活動が国際会計基準委員会によって行われ，**国際会計基準**として設定されてきているが，しかしながら現在までのところ諸外国との**国際的調和はまだ不十分**であり，各国の会計処理の違いにより，**財務比率の比較分析には限界**がある。

3 ×　重要な**会計方針**や**後発事象**は，開示しなければならず，それは当該企業の将来の財政状態および経営成績を理解するのに**補足的情報として有用**であるからにほかならない（企業会計原則注解1-2，1-3）。

4 ×　**定性分析**はもちろん重要であり，経営分析でもしばしば実施されるが，しかし，他企業との比較可能性やデータの客観性・入手可能性などについて一定の限界もあることから，通常は財務諸表等の数字を使用した**財務比率分析などの定量分析**が中心となる。

5 ×　現在の企業会計制度では，多角化・国際化した企業に対する投資判断を的確に行うために，**個別情報を中心としたディスクロージャーから連結情報を中心としたディスクロージャーへの転換**が図られており，したがって，**経営分析も連結財務諸表を重視**した方向へ移行しつつある。なお，恣意的な経理操作は個別財務諸表でも行われる可能性はあり，連結財務諸表はむしろその防止に役立つという副次的効果もある。

実戦問題 ❷ 応用レベル

***
No.5 次の記述のうち，財務諸表分析に照らして妥当なのはどれか。

【国税専門官・平成10年度】

1 当期の総資本利益率が前期と比較して低下したが，自己資本利益率の低下はさらに大きく，配当が困難になった。原因は，借入金の増加に伴う支払利息の増加である。

2 この数年度を比較すると，売上高は順調に伸びてきているが，売上総利益率は逆に低下してきている。原因は，売上高の伸び以上に，販売費および一般管理費が増加しているためである。

3 売上総利益率が上昇しているにもかかわらず，売上営業利益率は低下している。原因は，支払利息などの営業外費用の増加である。

4 売上利益率は伸びているにもかかわらず，総資本利益率は相変わらず低い状態にある。原因は，売上高の伸び以上に，負債を含めた総資本が増加しているためである。

5 流動比率と酸性試験比率の差が開いてきて，資金繰りが苦しくなってきた。原因は，借入金の減少により流動負債が減少しているためである。

**
No.6 企業財務分析で用いる指標に関するA〜Dの記述のうち，妥当なもののみをすべて挙げているのはどれか。

【国税専門官／財務専門官・平成29年度】

A：短期的な支払能力を表す指標として，流動比率がある。この指標は，流動資産に対する流動負債の比率であり，その値がゼロに近ければ近いほど好ましいとされている。

B：長期的な支払能力を表す指標として，自己資本比率がある。この指標は，総資本に対する自己資本の比率であり，その値が高ければ高いほど，利子を払う負債への依存度が低いことを意味する。

C：資産活用の効率性を分析する指標として，棚卸資産回転率がある。この指標は，売上高に対する棚卸資産の比率であり，その値が低下していれば，棚卸資産の在庫水準が過剰となっていることとなる。

D：収益性を分析する指標として，自己資本利益率がある。この指標は，自己資本に対する当期純利益の比率であり，株主が出資した資本をもとにどの程度の利益をあげたのかを測定するものである。

1 A，B **2** A，C **3** A，D
4 B，D **5** C，D

実戦問題 ❷ の 解説

1 ✕ 他の条件を一定とすれば，借入金の増加に伴う支払利息の増加によって，その比率が低下する度合いが大きいのは，**総資本利益率**のほうである。

2 ✕ **売上総利益**は，売上高から売上原価を控除して算定される金額であり，したがって，販売費および一般管理費の増加は売上総利益率の減少には影響を及ぼすことはない。

3 ✕ **営業利益**は売上総利益から販売費および一般管理費を控除して算定される金額であり，したがって，売上営業利益率の低下には支払利息などの営業外費用は影響を及ぼすことはない。

4 ◎ 正しい。**総資本利益率**は，次のように**総資本回転率**と**売上利益率**に分解でき，後者の増加にもかかわらず，総資本利益率が低いのは，総資本回転率が低いためであり，それは分母となる総資本が増加しているからである。

$$総資本利益率 = \frac{利益}{総資本} = \frac{売上高}{総資本} \times \frac{利益}{売上高}$$

5 ✕ **流動比率**の計算は商品等非貨幣性の流動資産を含んでいる。この部分が大きくなれば**酸性試験比率（当座比率）**と流動比率の差は大きくなる。

A ✕ 妥当でない。**流動比率**は，流動負債に対する流動資産の比率であり，**その値は200%以上が好ましい**とされている。

B ◎ 妥当である。

C ✕ 妥当でない。**棚卸資産回転率は，棚卸資産に対する売上高の比率**であり，その値が低下していれば，棚卸資産の在庫水準が過剰となっていることとなり，資本が効率的に使用されていないことを示している。

D ◎ 妥当である。

以上より，妥当なものは**B**と**D**であり，正答は**4**である。

第9章
簿記会計

テーマ⑮ 簿記会計

試験別出題傾向と対策

試験名	国家専門職（国税専門官）														
年度	21	22	23	24	25	26	27	28	29	30	元	2	3	4	5
テーマ・選択肢の内容　出題数	1	0	1	1	1	1	1	1	1	1	1	1	1	1	1
15 簿記会計															
債権・債務	○														○
手形取引	○		○	○	○	○	○	○	○	○	○	○			○
一般・特殊商品売買								○							○
仕入割引・売上割引					○										
資本（増資・減資）															
売上債権・貸倒引当金	○		○				○	○							
固定資産・減価償却				○		○		○	○		○	○		○	
現金・現金過不足・当座預金				○	○			○		○					
有価証券								○		○	○		○	○	
社債				○	○			○		○		○			
税金															
決算整理										○					
自己株式										○					

　企業活動は，企業資本として調達された資本が，各種の生産手段や労働用役の購入に充てられ，これらによって生産された製品や商品が外部に販売されることによって，再び資本として回収される過程である。簿記（複式簿記）は，これらの一連の個別資本の循環過程を貨幣計数によって秩序的に把握するための記録計算技術である。

　その手順は，取引を借方と貸方に分解記録する仕訳（貸借仕訳の原理）に始まり，転記と呼ばれる手続きに従って仕訳帳から資産・負債および資本，ならびに資本の増減を示す収益・費用の５つの元帳勘定群へ移記され，次いで試算表の作成，決算整理および財務諸表の作成といった一巡のプロセスをとる。したがって，企業が決算時に作成する損益計算書や貸借対照表は，まさにこのような連続した記録・計算プロセスから誘導的に作成される総括結果を示すにすぎず，その適正性は，インプットたる会計取引をいかに分類・記録するか，すなわち簿記会計をいか

に正確に行うかにかかっている。

　本章では，財務諸表の作成基礎となる簿記会計について学習する。過去の試験では，財務会計の基礎理論とともに簿記会計の仕訳や計算問題が必ず出題されており，確実に得点しておかなければならないところである。

　出題傾向としては，個別取引の処理問題として，手形取引，特殊商品売買取引，固定資産・減価償却費，有価証券取引などの出題頻度が高くなっている。また，精算表についても，その出題パターンは毎回ほぼ同じ形式となっているので，標準的な精算表の作成問題は必ず一度は解いておかなければならない。

　なお，簿記会計の出題レベルは，簿記検定試験でいえば，3級から2級の商業簿記をひととおり学習しておけば十分解答できるレベルである。

　出題傾向は，大別すると，①個別取引の処理に関する問題と，②精算表の問題に分けられる。

①個別取引

　簿記論の理解は，「商品売買取引」をいかに理解するかにかかっているといっても過言ではない。それほど複雑で，また簿記の基本構造を要約する取引でもあるので，しっかり学習する必要がある。特に，三分割法による記帳処理，特殊商品売買の収益の認識問題と仕訳等については重点的に学習しておく必要がある。

　その他の個別取引として，「手形取引」については評価勘定法と対照勘定法による仕訳，「有価証券取引」では有価証券の期末評価とその整理仕訳，「固定資産取引」については減価償却費の計算とその記帳法等についての学習が特に重要である。

②精算表

　精算表の出題は，簿記会計の理解度を検証するためには最も総合的で合理的な方法である。それは，試算表の作成から始まる決算の手続きを一表で表すことができ，かつ最終的な損益計算書と貸借対照表が一覧表示されるからである。したがって，過去に出題された問題は，必ず反復しておかなければならない重要項目である。

必修問題

残高試算表および期末修正事項が次のように示されているとき，当期純利益はいくらか。 【国税専門官・平成6年度】

残高試算表 （単位：円）

勘定科目	借　方	貸　方
現　金　預　金	50,000	
受　取　手　形	60,000	
売　　掛　　金	40,000	
繰　越　商　品	50,000	
建　　　　　物	600,000	
土　　　　　地	165,500	
支　払　手　形		50,000
買　　掛　　金		90,000
貸　倒　引　当　金		2,000
建物減価償却累計額		27,000
資　　本　　金		736,000
仕　　　　　入	320,000	
売　　　　　上		415,000
給　　　　　料	30,000	
保　　険　　料	2,000	
広　　告　　料	2,500	
合　　　　計	1,320,000	1,320,000

[期末修正事項]

(1) 受取手形と売掛金の残高に対して5％の貸倒引当金を設定する（差額補充法による）。

(2) 建物について減価償却を行う。残存価額は取得価額の10％，耐用年数は60年とし，定額法で行う（会計期間は1年とする）。

(3) 期末商品棚卸高は次のとおりであり，低価法による。
帳簿棚卸数量1,360個　実地棚卸数量1,300個　@原価￥60　@時価￥50

(4) 保険料の前払分が200円ある。

(5) 広告料の未払分が700円ある。

1 60,000円

2 61,000円

3 62,000円

4 63,000円

5 64,000円

難易度 ＊＊＊

必修問題の解説

当期純利益の算定手続きは下記のとおりである。

STEP❶ 当期純利益の算定手順

当期純利益を算出すればよいので，残高試算表にある収益（売上）から費用（仕入，給料，支払家賃）を差し引けばよい。ただし，決算整理事項が示されているので，残高試算表の金額に対して，修正が必要なものは修正し，新たに認識される費用は加えなければならない。

STEP❷ 決算整理事項による損益の修正

①決算整理仕訳

	借　　方	貸　　方
(1)	（貸倒引当金繰入）3,000(注1)	（貸倒引当金）3,000
(2)	（減価償却費）9,000(注2)	（建物減価償却累計額）9,000
(3)	（仕　　入）50,000 （繰越商品）81,600(注3) （棚卸減耗損）3,600(注3) （商品評価損）13,000(注3)	（繰越商品）50,000 （仕　　入）81,600 （繰越商品）16,600
(4)	（前払保険料）200	（保険料）200
(5)	（広告料）700	（未払広告料）700

（注1）（受取手形60,000円＋売掛金40,000円）×0.05

　　　　＝貸倒引当金設定額5,000円

　　　　　貸倒引当金設定額5,000円－貸倒引当金残高2,000円

　　　　＝貸倒引当金繰入3,000円

（注2）（取得原価600,000円－残存価額600,000円×0.1）÷60年

　　　　＝減価償却費9,000円

（注3）売上原価の算定と棚卸減減耗損と商品評価損の計上

原価@¥60

商品評価損	
13,000円	棚卸減耗損
	3,600円

時価@¥50

帳簿棚卸高	81,600円
棚卸減耗損	(－) 3,600
商品評価損	(－) 13,000
貸借対照表価額	65,000円

実地棚卸数量　　帳簿棚卸数量
1,300個　　　　 1,360個

STEP❸　当期純利益の計算

売上高415,000円 −（売上原価288,400円＋給料30,000円＋保険料1,800円＋広告料3,200円＋貸倒引当金繰入3,000円＋減価償却費9,000円＋棚卸減耗損3,600円＋商品評価損13,000円）＝当期純利益63,000円

精算表　　　　　　　　　　　（単位：円）

勘定科目	残高試算表 借方	残高試算表 貸方	整理記入 借方	整理記入 貸方	損益計算書 借方	損益計算書 貸方	貸借対照表 借方	貸借対照表 貸方
現 金 預 金	50,000						50,000	
受 取 手 形	60,000						60,000	
売 掛 金	40,000						40,000	
繰 越 商 品	50,000		81,600	50,000			65,000	
				16,600				
建 物	600,000						600,000	
土 地	165,500						165,500	
支 払 手 形		50,000						50,000
買 掛 金		90,000						90,000
貸 倒 引 当 金		2,000		3,000				5,000
建物減価償却累計額		27,000		9,000				36,000
資 本 金		736,000						736,000
仕 入	320,000		50,000	81,600	288,400			
売 上		415,000				415,000		
給 料	30,000				30,000			
保 険 料	2,000			200	1,800			
広 告 料	2,500		700		3,200			
合 計	1,320,000	1,320,000						
貸倒引当金繰入			3,000		3,000			
減 価 償 却 費			9,000		9,000			
棚 卸 減 耗 損			3,600		3,600			
商 品 評 価 損			13,000		13,000			
前 払 保 険 料			200				200	
未 払 広 告 料				700				700
当 期 純 利 益					63,000			63,000
合 計			161,100	161,100	415,000	415,000	980,700	980,700

正答　**4**

FOCUS

　簿記の学習は，仕訳に始まり仕訳に終わるといわれるように，仕訳を正確にできるか否かがその理解度を決定するといっても過言ではない。そして，その仕訳の正確性は，どれほど多くの取引例を使って反復練習したかに正比例する。

重要ポイント **1** 複式簿記

複式簿記は，すべての「**取引**」を**借方**と**貸方**に分解記録する「**仕訳**」に始まり，「**転記**」と呼ばれる手続きに従って「**仕訳帳**」から資産，負債，資本，ならびに資本の増減を示す収益，費用の5つの「**元帳**」勘定群へ移記し，「**決算**」を通じて「損益計算書」や「貸借対照表」などの「財務諸表」を作成する会計的技術である。その技術的特徴は，すべての取引を借方と貸方に複式記入するため，総勘定元帳における全勘定口座の借方側記入金額と貸方側記入金額とが常に等しく，二面的対応関係を示すという「**貸借平均の原理**」に要約される。

簿記一巡の手続き

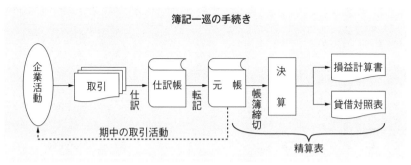

重要ポイント **2** 決算整理

決算に際してはまず，期中の記帳が正確に行われているかを確かめるために試算表を作成する必要がある。試算表によって元帳記入の正確性が確かめられたら，各勘定の帳簿残高を実際の有高や価値に一致させる必要がある。この手続きを**決算整理**といい，整理・修正される事項を**決算整理事項**，その仕訳を**決算整理仕訳**という。またこのような決算整理事項を調査して，一表にしたものを**棚卸表**という。決算整理事項の主なものとしては次のようなものがある。

(1) 現金過不足の処理
(2) 商品の棚卸
(3) 貸倒引当金の設定
(4) 有価証券の評価替え
(5) 固定資産に関する減価償却費の計上
(6) 収益および費用の見越し・繰延べ

重要ポイント 3 精算表

　精算表は決算手続き全体を一覧表示した計算表であり，帳簿締切りのミスを少なくし，決算の状況をあらかじめ知るうえで便利なものである。作成手続きは次のとおりである。

(1) 総勘定元帳の残高を残高試算表に記入し，貸借合計額の一致を確かめて残高試算表欄を締め切る。

(2) 整理記入欄に決算整理仕訳を記入する。**勘定科目**を新たに設定する場合は，すでに設定されている勘定科目の末尾に追加記入する。整理記入欄の貸借一致を確かめ締め切る。

(3) 各勘定科目ごとに残高試算表欄と整理記入欄の金額を加算・減算し，損益計算書と貸借対照表へ分類・移記する。

(4) 損益計算書および貸借対照表の借方と貸方をそれぞれ合計し，その差額を当期純利益または当期純損失として示し，貸借を平均して締め切る。

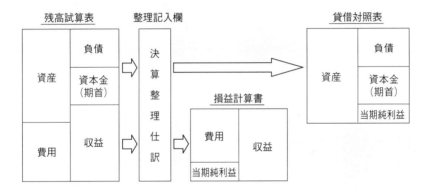

❖ **No.1** 次の取引に関するＡ社の仕訳として妥当なのはどれか。

【国税専門官・平成24年度】

1　Ａ社が保有する社債の利札1,000の支払期日が到来した。

（借）未収有価証券利息　　1,000　　（貸）受取利息　　　　　　1,000

2　Ａ社は商品1,500の仕入れの際に小切手を振り出して代金を支払った。Ａ社は
当座預金の残高が1,000であり，借越限度額1,000の当座借越契約を結んでいる。
なお，Ａ社は当座借越勘定を用いている。

（借）仕入　　　　　　　　1,500　　（貸）当座預金　　　　　　1,000
　　　　　　　　　　　　　　　　　　　　当座借越　　　　　　　　500

3　Ａ社はＢ社振出しの約束手形2,000を満期日に取引銀行を通じて取り立てたが，
支払いを拒絶されたため，Ｂ社に対して手形代金の支払いを請求した。その際作
成した拒絶証書の作成費用100について，Ａ社は現金で支払い，併せてＢ社に請
求した。

（借）受取手形　　　　　　2,100　　（貸）不渡手形　　　　　　2,000
　　　　　　　　　　　　　　　　　　　　現金　　　　　　　　　　100

4　Ａ社は保有するＢ社株式10株（１株当たり簿価300，１株当たり時価350）をＣ
社に貸し付けた。

（借）貸付有価証券　　　　3,500　　（貸）有価証券　　　　　　3,500

5　Ａ社は，期末においてＢ社株式１株（１株当たり簿価4,000，１株当たり時価
5,000）を保有している。Ｂ社株式は，売買目的有価証券，満期保有目的の債券，
子会社株式および関連会社株式のいずれにも該当しない有価証券であった。な
お，Ａ社は税効果会計を適用していない。

（借）有価証券評価益　　　1,000　　（貸）有価証券　　　　　　1,000

No.2 次の取引に関するＡ社の仕訳として妥当なのはどれか。

【国税専門官・平成18年度】

1　Ａ社はＢ社に商品100,000円を販売し，Ｂ社は自己を名宛人とする為替手形を
振り出しＡ社の引受を得た。

（借）受取手形　　　　　100,000　　（貸）支払手形　　　　　100,000

2　Ａ社は，1,000,000円の営業権を償却年数５年として均等償却を行った。

（借）営業権償却　　　　200,000　　（貸）現金　　　　　　　200,000

3　Ａ社は，備品（取得原価1,000,000円，減価償却累計額700,000円，間接法）を
除却することとした。なお，この備品の価値を100,000円と見積もり，貯蔵品勘
定へ振り替えた。

（借）減価償却累計額　　700,000　　（貸）備品　　　　　　1,000,000

　貯蔵品　　　　　　　100,000
　固定資産除却損　　　200,000

4　A社は，建物について定期的な修繕のための工事を行い，代金1,000,000円は月末に支払うこととした。なお，定期的な修繕のための修繕引当金がすでに400,000円設定されている。

　　（借）建物　　　　　　　600,000　　　　（貸）未払金　　　　　1,000,000
　　　　　修繕引当金　　　　400,000

5　A社は，商品100,000円を販売し，消費税5,000円とともに現金で受け取った。

　　（借）現金　　　　　　　100,000　　　　（貸）売上　　　　　　　105,000
　　　　　仮払消費税　　　　　5,000

No.3 *　次の取引に関するA社の仕訳として妥当なのはどれか。

【国税専門官・平成19年度】

1　A社は，現金の実際有高が帳簿残高より30,000円不足していたことが判明したので，かねて現金過不足勘定で処理しておいた。その後，通信費20,000円の記帳漏れが判明したが，残りの不足額については決算日になっても不明である。

　　（借）現金　　　　　　　 30,000　　　　（貸）現金過不足　　　　 30,000

2　A社は，商品取引により得意先から受け取った額面300,000円の約束手形を銀行で割り引き，割引手数料5,000円を差し引いた手取金を当座預金に預け入れた。

　　（借）当座預金　　　　　295,000　　　　（貸）受取手形　　　　　300,000
　　　　　手形売却損　　　　　5,000

3　A社は，総額1,000万円の社債を額面100円当たり98円で発行し，全額の払込みを受け，これを当座預金に預け入れた。

　　（借）当座預金　　　　9,800,000　　　　（貸）社債　　　　　 10,000,000
　　　　　社債発行費　　　　200,000

4　A社は得意先に，10日以内に代金を支払うときはその2％を割り引くとの条件で商品500,000円を掛売りしていたところ，得意先がその条件に従って現金を支払った。

　　（借）現金　　　　　　　490,000　　　　（貸）売掛金　　　　　　500,000
　　　　　売上割戻　　　　　 10,000

5　A社の建物（取得価格5,000万円，減価償却累計額2,000万円）が火災で減失し，保険会社により保険金8,000万円が支払われたため，当座預金に預け入れた。

　　（借）減価償却累計額　20,000,000　　　（貸）建物　　　　　 70,000,000
　　　　　当座預金　　　 80,000,000　　　　　保険差益　　　　 30,000,000

No.4 次の取引に関するA社の仕訳として妥当なのはどれか。

【国税専門官・平成28年度】

1 A社は，商品100,000を仕入れ，代金は掛けとした。なお，引取運賃1,000（A社負担）は現金で支払った。

（借）仕入	100,000	（貸）買掛金	100,000
引取運賃	1,000	現金	1,000

2 A社は，B社に商品50,000を販売し，代金のうち20,000はB社振出，A社宛の約束手形を受け取り，10,000についてはC社振出，B社宛の約束手形の裏書譲渡を受け，残金は月末に受け取ることとした。

（借）受取手形	20,000	（貸）売上	50,000
売掛金	40,000	受取手形	10,000

3 A社は，売買目的で額面100当たり95にて買い入れたD社社債のうち，額面総額50,000を額面100当たり98にて売却し，代金は当座預金口座に振り込まれた。

（借）当座預金	49,000	（貸）売買目的有価証券	49,000

4 A社は，取引先であるE社が倒産したため，前期に発生したE社に対する売掛金200,000が回収不能となり，貸倒れとして処理した。なお，貸倒引当金の残高が250,000あった。

（借）貸倒引当金	200,000	（貸）売掛金	200,000

5 A社は，平成28年3月31日（決算日は毎年3月31日，年1回）に不要となった冷暖房器具（取得日：平成26年4月1日，取得原価：500,000，残存価額：取得原価の10%，耐用年数：5年）を当期分の減価償却を行うとともに，200,000で売却し，代金は翌月末に受け取ることとした。

なお，減価償却の計算は定額法により，間接法で記帳している。

（借）減価償却累計額	90,000	（貸）備品	500,000
未収金	200,000	減価償却費	90,000
固定資産売却損	300,000		

◆ No.5 **次の取引に関するＡ社の仕訳として妥当なのはどれか。**

【国税専門官／財務専門官・平成25年度】

1 　Ａ社は，決算整理手続きにおいて，当座預金に係る残高証明書と当座預金出納帳の残高に不一致があったため調査したところ，買掛金の支払いのためにＡ社が振り出した小切手5,000が，仕入先に渡されずＡ社の金庫に保管したままであることが判明した。

　　（借）現金　　　　　　　　　5,000　　（貸）買掛金　　　　　　　　5,000

2 　Ａ社保有のＢ社社債は，Ａ社の決算日と利払日が異なるため，決算日において当期に帰属すべきＢ社社債の利息1,000を見越計上した。

　　（借）社債利息　　　　　　　1,000　　（貸）未収社債利息　　　　　1,000

3 　Ａ社は，自己振出の約束手形2,000をＢ社から売掛金の回収として受領した。

　　（借）受取手形　　　　　　　2,000　　（貸）売掛金　　　　　　　　2,000

4 　Ａ社は，Ｂ社に手持ちの株式10株（簿価１株当たり200，時価１株当たり300）を貸し付けた。

　　（借）貸付有価証券　　　　　3,000　　（貸）有価証券　　　　　　　3,000

5 　Ａ社は，当期の期首に，取得原価3,000，減価償却累計額2,500の備品を除却し，倉庫に保管中である。なお，備品の処分価値は150と見積もっている。

　　（借）備品減価償却累計額　2,500　　（貸）備品　　　　　　　　　3,000
　　　　　貯蔵品　　　　　　　　 150
　　　　　固定資産除却損　　　　 350

No.6 次の取引に関するA社の仕訳として妥当なのはどれか。

【国税専門官・平成26年度】

1　A社は，額面総額10,000の社債（償還期間5年，年利5％）を額面100につき95で発行し，払込金は当座預金とした。また，社債発行のための費用1,000は現金で支払った。

社債発行時の仕訳			
（借）当座預金	9,500	（貸）社債	10,000
社債発行費	1,500	現金	1,000

2　A社は，B社から商品1,500を仕入れ，消費税120とともに現金で支払った。消費税は税抜き方式で処理する。

商品仕入時の仕訳			
（借）仕入	1,620	（貸）現金	1,500
		仮払消費税	120

3　A社は，仕入先のC社から100の割戻しを受け，買掛金と相殺した。

（借）仕入割引	100	（貸）買掛金	100

4　A社は，当期に発生し，かつ，不渡りとなっていたD社振出の約束手形1,000が貸し倒れて回収不能となった。

（借）不渡手形	1,000	（貸）受取手形	1,000

5　A社は，決算において，当期の10月1日に購入した車両（取得原価500,000）について，生産高比例法（残存価額は取得原価の10％，総走行可能距離25,000km）により減価償却を行う。この車両の当期の走行距離は5,000kmであった。なお，決算日は3月31日，記帳方法は間接法である。

（借）減価償却費	90,000	（貸）車両運搬具減価償却累計額	90,000

実戦問題 **1** の解説

→ 問題はP.282

No.1 の解説 　当座借越 　　　　　　　　　　　　→ 問題はP.282 **正答2**

1 ✕ 支払期日の到来した**社債利札は「現金」**として処理する。

　　（借）**現金**　　　　　　　1,000　　（貸）**有価証券利息**　　　1,000

2 ◎ 正しい。

3 ✕ 不渡りになった受取手形に拒絶証書作成費用を加えた金額は「**不渡手形**」として処理する。

　　（借）**不渡手形**　　　　　2,100　　（貸）**受取手形**　　　　　2,000
　　　　　　　　　　　　　　　　　　　　　　現金　　　　　　　　 100

4 ✕ 有価証券を貸し付けた場合は，**貸手側は簿価で「貸付有価証券」で処理**する。

　　（借）貸付有価証券　　　**3,000**　　（貸）有価証券　　　　　　**3,000**

5 ✕ 売買目的有価証券，満期保有目的の債券，子会社株式および関連会社株式のいずれにも分類できない有価証券は「**その他有価証券**」とされ，**時価で評価**し，その差額は「**その他有価証券評価差額金**」で処理する。

　　（借）**有価証券**　　　　　1,000　　（貸）**その他有価証券評価差額金**　1,000

No.2 の解説 　貯蔵品・固定資産除却損 　　　　　　→ 問題はP.282 **正答3**

　　正しい仕訳を示せば次のとおりである。

1 ✕ （借）受取手形　　　　100,000　　（貸）**売上**　　　　　　 100,000

2 ✕ （借）営業権償却　　　200,000　　（貸）**営業権**　　　　　 200,000

3 ◎ 正しい。

4 ✕ 定期的な修繕のための支出は**収益的支出**として**修繕費**で処理する。

　　（借）**修繕費**　　　　　600,000　　（貸）未払金　　　　 1,000,000
　　　　　修繕引当金　　　400,000

5 ✕ （借）現金　　　　　　105,000　　（貸）売上　　　　　　 **100,000**
　　　　　　　　　　　　　　　　　　　　　　仮受消費税　　　 **5,000**

No.3 の解説 　手形の割引 　　　　　　　　　　　　→ 問題はP.283 **正答2**

1 ✕ 決算日に至っても現金過不足の原因が不明の場合は雑損（または雑益）に振り替える。

　　（借）**通信費**　　　　　 20,000　　（貸）現金過不足　　　 30,000
　　　　　雑損　　　　　　 10,000

2 ◎ 正しい。

3 ✕ 割引発行した社債は，発行価額で計上する。

　　（借）当座預金　　　9,800,000　　（貸）社債　　　　 **9,800,000**

4 ✕ 売上代金の早期回収に伴う割引額は売上割引（営業外費用）で処理する。

| （借）現金 | 490,000 | （貸）売掛金 | 500,000 |
| **売上割引** | 10,000 | | |

5×　（借）減価償却累計額　20,000,000　（貸）建物　**50,000,000**
　　　　当座預金　80,000,000　　　　保険差益　**50,000,000**

No.4 の解説　　貸倒引当金　　　　　　　　　→ 問題はP.284　**正答4**

1×　**引取運賃は仕入代価に加算**し，取得原価とする。

| （借）仕入 | 101,000 | （貸）買掛金 | 100,000 |
| | | 現金 | 1,000 |

2×　約束手形を受け取った場合，および**約束手形の裏書譲渡を受けた場合**は，いずれも**受取手形**で処理をする。

| （借）受取手形 | 30,000 | （貸）売上 | 50,000 |
| 売掛金 | 20,000 | | |

3×　取得原価と売却価額の差額〈（98円－95円）×50000円/100円＝1500円〉は，**有価証券売却益**で処理する。

| （借）当座預金 | 49,000 | （貸）売買目的有価証券 | 47,500 |
| | | 有価証券売却益 | 1,500 |

4◎　正しい。

5×　当期分の減価償却費〈（500000円－50000円）/5年＝90000円〉を計上し，取得原価500,000円と，2年分の減価償却累計額180,000円と売却額200,000円との合計380,000円との差額120,000円を**固定資産売却損**として処理する。

| （借）減価償却費 | 90,000 | （貸）減価償却累計額 | 90,000 |

（借）減価償却累計額	180,000	（貸）備品	500,000
未収金	200,000		
固定資産売却損	120,000		

No.5 の解説　　貯蔵品と除却損　　　　　　　　→ 問題はP.285　**正答5**

1×　当座預金減少の記帳は，小切手を振り出した時点で行うのであるから，たとえ銀行からの引出しがいまだなされていないものであっても，修正記帳の必要はない。これを**未取付小切手**という。ただし本問の場合のように，振り出した小切手が未渡しになっているときには，支払いがいまだ未済なのであるから，当座預金の減少はなかったものとして，修正記帳が必要となる。これを**未渡小切手**といい，次のような修正仕訳が必要となる。

| （借）**当座預金** | 5,000 | （貸）買掛金 | 5,000 |

2×　社債利息は，通常年2回支払われるが，その場合，本問のように社債利息の受取日と決算日が一致しないときには，決算日に**社債利息受取日から決算日**

までの利息を「未収社債利息」勘定を設けて見越計上しなければならない。

（借）**未収社債利息**　　1,000　　（貸）**社債利息**　　　　1,000

3✕　**約束手形**は，振出人が名宛人（受取人）に，将来一定の期日に一定の金額を銀行などを通じて支払うことを約束した手形である。約束手形取引の関係者は，手形債務者としての振出人と手形債権者としての名宛人（受取人）であり，**振り出した側は「支払手形」**勘定，**受け取った側は「受取手形」**勘定でそれぞれ処理する。したがって，振り出した支払手形の反対記入を行う。

（借）**支払手形**　　　　2,000　　（貸）売掛金　　　　　2,000

4✕　有価証券を貸し付けた場合には，**貸手側は，簿価でもって貸付有価証券勘定に借記する**と同時に，有価証券勘定に貸記し，**借手側は時価でもって保管有価証券勘定に借記する**と同時に，**借入有価証券勘定に貸記し，決算日には，保管有価証券と借入有価証券を時価評価し，その評価差額を損益計算書に計上する。**

（借）貸付有価証券　　**2,000**　　（貸）有価証券　　　**2,000**

5◎　正しい。

No.6 の解説　生産高比例法　　　　　　　→ 問題はP.286　**正答5**

1✕　社債発行時の正しい仕訳は次のとおりである。

（借）当座預金　　　9,500　　（貸）社債　　　　**9,500**
　　　社債発行費　　**1,000**　　　　　現金　　　　1,000

2✕　税抜き方式による商品仕入時の正しい仕訳は次のとおりである。

（借）仕入　　　　　1,500　　（貸）現金　　　　1,620
　　　仮払消費税　　120

3✕　**割戻しとは大量取引による代金の減額・返金であり，仕入割戻しは仕入額より直接控除する**のに対して，**仕入割引とは仕入代金の早期返済による代金の減額・返金であり，仕入割引（営業外収益）として処理する。

（借）買掛金　　　　100　　（貸）**仕入**　　　　100

4✕　当期に発生し当期に貸し倒れになった売上債権（D社振出の約束手形）には，貸倒引当金が設定されていないため，正しい仕訳は次のようになる。

（借）**貸倒損失**　　　1,000　　（貸）**不渡手形**　　　1,000

5◎　正しい。減価償却費の算定方法は次のとおりである。

$$減価償却費90,000円＝（500,000円－500,000円×0.1）×\frac{5,000km}{25,000km}$$

【国税専門官・平成27年度】

1　A社は，商品取引により得意先から受け取った額面250,000の約束手形を銀行で割り引き，割引手数料5,000を差し引いた手取金を当座預金に預け入れた。

（借）当座預金　　　　245,000　　　　（貸）受取手形　　　　　250,000
　　　未収金　　　　　　5,000

2　A社は保有していた自己株式100株（前期に1株当たり30,000で取得）を，当期に1株当たり50,000で売却処分し，代金を現金で受け取った。

（借）現金　　　　　5,000,000　　　　（貸）自己株式　　　　3,000,000
　　　　　　　　　　　　　　　　　　　　　有価証券売却益　2,000,000

3　A社は，得意先の会社が倒産したため，前期に発生した同社に対する売掛金750,000が回収できなくなった。なお，貸倒引当金勘定の残高は2,000,000である。

（借）貸倒損失　　　　750,000　　　　（貸）売掛金　　　　　　750,000

4　A社は，売買目的でB社の株式10,000株を1株につき100で購入し，代金は手数料10,000とともに小切手を振り出して支払った。

（借）売買目的有価証券　1,000,000　　（貸）当座預金　　　　1,010,000
　　　売買手数料　　　　　10,000

5　A社は，仕入先に対する買掛金を，現金で支払う代わりに，得意先に対する売掛金をもって弁済するため，得意先を名宛人とし仕入先を受取人とする為替手形（券面額500,000）を振り出した。

（借）買掛金　　　　500,000　　　　（貸）売掛金　　　　　　500,000

【国税専門官・平成7年度】

1　A社はB社と受託販売契約を結び，商品¥300,000を受け取り，運送費¥4,000を現金で支払った。

（借）仕入　　　　　300,000　　　　（貸）買掛金　　　　　　300,000
　　　運送費　　　　　4,000　　　　　　　現金　　　　　　　　4,000

2　A社はC社の株式20株（1株の額面¥50,000）を＠¥49,000で購入し，買入手数料¥30,000とともに小切手で支払った。

（借）有価証券　　　980,000　　　　（貸）当座預金　　　　1,010,000
　　　支払手数料　　　30,000

3　A社はD社からの仕入代金¥300,000の支払いとして，E社振出しA社宛の約束手形¥200,000を裏書譲渡し，残高についてはD社宛の約束手形を振り出した。

（借）仕入　　　　　300,000　　　　（貸）受取手形　　　　　200,000

支払手形　　　　100,000

4　A社はF社への支払いとして裏書譲渡した約束手形￥200,000が不渡りになっ
たため，F社に期限後の利息￥5,000とともに小切手で支払った。

（借）貸倒損失　　　　 205,000　　　（貸）当座預金　　　　 205,000

5　A社は火災によって倉庫￥7,000,000と商品￥1,000,000の被害を受けたが，倉庫
には￥10,000,000，商品には￥1,500,000の火災保険を掛けていたので，保険会社
に同金額の支払いを請求した。

（借）火災未決算　　 8,000,000　　　（貸）建物　　　　　 7,000,000
　　　　　　　　　　　　　　　　　　　　　仕入　　　　　 1,000,000

***

No.9 　次の取引に関するA社の仕訳として，妥当なのはどれか。

【国税専門官・平成9年度】

1　A社は，取得原価￥500,000の備品が使用できなくなったので除却した。なお，
この備品に対する減価償却累計額が￥405,000ある。

（借）備品減価償却累計額　　 405,000　　（貸）備品　　　　　 405,000

2　A社（年1回，3月末日決算）は，平成6年4月5日に取得した乗用車（取得
原価￥1,000,000）を平成8年4月10日に売却し，手取金￥200,000を現金で受け
取った。この乗用車については，耐用年数3年，定率法（償却率0.55）によって
償却し，間接法で記帳してきている。

なお，平成8年4月分の減価償却費は計上しないこととする。

（借）現金　　　　　　　　 200,000　　（貸）車両運搬具　　 1,000,000
　　　車両運搬具減価償却累計額　797,500
　　　固定資産売却損　　　　 2,500

3　A社は，機械の修繕を行い，修繕費￥300,000を小切手を振り出して支払った。
なお，修繕引当金が￥250,000設けてある。

（借）修繕引当金　　　 250,000　　（貸）受取手形　　　　 300,000
　　　修繕費　　　　　　 50,000

4　A社は，B社に販売委託のため，商品1,000個（1個の仕入原価￥3,000，販売
価格￥4,000）を発送するとともに，この商品に対して￥2,000,000の荷為替を取
り組み，割引料￥50,000を差し引いた後の手取金を当座預金とした。

なお，商品の発送運賃￥10,000は小切手を振り出して支払った。

（借）積送品　　　　 3,010,000　　（貸）仕入　　　　　 3,000,000
　　　当座預金　　　 2,000,000　　　　　受取手形　　　　 10,000
　　　　　　　　　　　　　　　　　　　　　前受金　　　 2,000,000

5　A社は，額面￥100につき￥99で買い入れた利率年5％の社債額面￥100,000を

第9章　簿記会計

額面￥100につき￥98で売却し，端数利息￥1,800とともに小切手で受け取った。

（借）現金	98,000	（貸）有価証券	99,000
有価証券売却損	2,800	受取手形	1,800

No.10 次の取引に関するＡ社の仕訳として，妥当なのはどれか。

【国税専門官・平成10年度】

1 Ａ社はＢ社に対して，かねて注文のあった商品￥400,000を船便で発送するとともに，Ａ社は額面金額￥300,000の為替手形を取引銀行で取り込み，割引料￥4,000を差し引かれた残額を同行の当座預金に預けた。

（借）当座預金	296,000	（貸）売上	400,000
手形売却損	4,000		
売掛金	100,000		

2 Ａ社はＢ社から商品￥600,000を仕入れ，代金は先にＣ社から受け取った為替手形￥500,000を裏書譲渡し，残りは掛とした（この手形に伴う偶発債務は評価勘定により処理する）。

（借）仕入	600,000	（貸）受取手形	500,000
		買掛金	100,000

3 Ａ社は機械（取得原価￥500,000，残存価額￥50,000）を￥250,000で売却し，手取金は月末に受け取ることとした。なお，この機械は定率法（年20％）によってすでに2年間償却してきた。

（借）減価償却累計額	162,000	（貸）機械	500,000
未収金	250,000		
固定資産売却損	88,000		

4 Ａ社は，社債￥30,000,000を額面￥100につき￥99で発行し，手取金は当座預金とした。なお，社債発行費用￥700,000を小切手を振り出して支払った。

（借）当座預金	30,000,000	（貸）社債	30,000,000
社債発行費	700,000	当座預金	700,000

5 Ａ社は，かねてＢ社に建設を依頼していた建物が完成したので，残金￥500,000を小切手で支払って，その引渡しを受けた。なお，これまでにＢ社に支払った額は￥2,500,000である。

（借）建物仮勘定	3,000,000	（貸）仮払金	2,500,000
		当座預金	500,000

No.11 次の取引に関するＡ社の仕訳として，妥当なのはどれか。

【国税専門官・平成11年度】

1 Ａ社は，額面金額￥500,000のＢ社の社債を￥480,000で購入し，購入代金のほかに前の利払日から購入日までの利息￥15,000を合計し，小切手￥495,000を振り出して支払った。

| (借) 有価証券 | 480,000 | (貸) 当座預金 | 495,000 |
| 支払利息 | 15,000 | | |

2 Ａ社は，仕入先Ｂ社に対して，買掛金支払いのため，先に得意先Ｃ社から受け取った約束手形￥300,000を裏書譲渡した。

| (借) 買掛金 | 300,000 | (貸) 支払手形 | 300,000 |

3 Ａ社は，Ｂ社に商品￥400,000を委託販売のため発送し，運賃￥20,000を小切手を振り出して支払った。

| (借) 積送品 | 420,000 | (貸) 売上 | 400,000 |
| | | 当座預金 | 20,000 |

4 Ａ社は，２回にわたって購入したＢ社の株式8,000株（１回目は5,000株，取得価額は＠￥100，２回目は3,000株，取得価額は＠￥60）のうち，6,000株を＠￥110で売却し，代金は現金で受け取った。なお，この株式の記帳は先入先出法によっている。

| (借) 現金 | 660,000 | (貸) 有価証券 | 510,000 |
| | | 有価証券売却益 | 150,000 |

5 Ａ社は，取引銀行で割り引いたＢ社振出しの約束手形￥300,000が不渡りとなったため，この代金が満期日以後の利息￥900とともに，当座預金から引き落とされた。なお，この手形割引について偶発債務は評価勘定を用いて処理されていた。

| (借) 不渡手形 | 300,900 | (貸) 当座預金 | 300,900 |
| 割引手形 | 300,000 | 受取手形 | 300,000 |

No.12 次の仕訳のうち，妥当なのはどれか。 【国税専門官・平成14年度】

1 Ａ商店は移動式書棚を50万円で購入し，代金は据付費１万円とともに小切手を振り出して支払った。

| (借) 備品 | 51万円 | (貸) 当座預金 | 51万円 |

2 Ｂ商店は従業員に対する給料100万円の支給に当たり，所得税および社会保険料の従業員負担分15万円を差し引いて，残額を従業員に支払った。

| (借) 現金 | 85万円 | (貸) 給料 | 100万円 |
| 立替金 | 15万円 | | |

3 C商店は商品20万円を販売し，消費税1万円とともに現金で受け取った。

（借）現金　　　　　　　21万円　　　　（貸）売上　　　　　　　　20万円

　　　　　　　　　　　　　　　　　　　　　　　未払消費税　　　　　1万円

4 D商店はE株式会社の株式100株（1株の額面5万円）を1株10万円で購入し，代金は買入手数料30万円とともに小切手を振り出して支払った。

（借）有価証券　　　1,030万円　　　　（貸）当座預金　　　　1,000万円

　　　　　　　　　　　　　　　　　　　　　　　買入手数料　　　　30万円

5 F商店に商品10万円を掛で販売し，相手方負担の約束の発送費1万円を現金で立替払いした。

（借）売掛金　　　　　　11万円　　　　（貸）売上　　　　　　　　10万円

　　　　　　　　　　　　　　　　　　　　　　　立替金　　　　　　　1万円

＊＊
No.13　**次のA社の仕訳として妥当なのはどれか。**　【国税専門官・令和4年度】

1　A社は，備品を100,000円分購入し，20,000円は現金で支払い，残りの80,000円は来月に支払うこととした。

（借）備品　　　　　　100,000　　　　（貸）現金　　　　　　　20,000

　　　　　　　　　　　　　　　　　　　　　　　買掛金　　　　　　80,000

2　A社は，現金の実際有高が帳簿残高より23,000円不足していたため，現金過不足勘定で処理をしていた。その後，原因を調べたところ，交際費15,000円の記帳漏れが判明した。しかし，残りの不足額については，決算日になっても不明である。

（借）現金過不足　　　23,000　　　　（貸）交際費　　　　　　15,000

　　　　　　　　　　　　　　　　　　　　　　　雑損　　　　　　　　8,000

3　A社は，決算整理を行うに当たって，一般債権に分類される売掛金および受取手形の期末残高に対して3％の割合で貸倒引当金を設定する。なお，貸倒引当金勘定の残高は50,000円，一般債権に分類される売掛金および受取手形の期末残高の合計額は3,000,000円とし，差額補充法で仕訳を行うこととする。

（借）貸倒引当金　　　　50,000　　　　（貸）貸倒引当金戻入益　50,000

　　　貸倒引当金繰入額　90,000　　　　　　　貸倒引当金　　　　90,000

4　A社は，売買目的有価証券1,000,000円（帳簿価額）を1,500,000円で売却し，その代金は来月に受け取ることとした。

（借）未収収益　　　1,500,000　　　　（貸）売買目的有価証券　1,000,000

　　　　　　　　　　　　　　　　　　　　　　　有価証券売却益　　500,000

5　A社は，転換社債6,000,000円について，保有者から普通株式への転換請求を受けた。この転換社債は，転換価格500円の条件で，額面価額によって発行したも

のであり，一括法で会計処理している。なお，資本金として，3,000,000円を組み入れることとした。

（借）転換社債　　　　6,000,000　　（貸）資本金　　　　　　3,000,000
　　　　　　　　　　　　　　　　　　　　資本準備金　　　　　3,000,000

***
No.14 次の取引に関するＡ社の仕訳として妥当なのはどれか。

【国税専門官・令和元年度】

1　Ａ社の倉庫（取得原価¥4,000,000，減価償却累計額¥3,000,000，間接法で記帳）が当期首に火災によって減失した。その後，受け取った保険金¥2,000,000を当座預金とした。

（借）建物減価償却累計額　3,000,000　　（貸）建物　　　　　　　4,000,000
　　　当座預金　　　　　　2,000,000　　　　減価償却費　　　　　1,000,000

2　Ａ社は，かねてＢ社より裏書譲渡されていた約束手形¥50,000が不渡りとなったので，Ｂ社に対して手形代金の償還請求を行った。なお，償還請求に伴う費用¥3,000は現金で支払った。

（借）受取手形　　　　　　53,000　　（貸）不渡手形　　　　　　50,000
　　　　　　　　　　　　　　　　　　　　現　金　　　　　　　　3,000

3　Ａ社保有のＢ社社債は，Ａ社の決算日と利払日が異なるため，決算日において当期に帰属すべきＢ社社債の利息¥50,000を見越計上した。

（借）社債利息　　　　　　50,000　　（貸）未収社債利息　　　　50,000

4　Ａ社は，取得原価¥100,000のその他有価証券を保有しており，決算日においてその他有価証券の時価が¥50,000になった。なお，仕訳は全部純資産直入法によることとし，実効税率は40％とする。

（借）その他有価証券　　　50,000　　（貸）繰延税金資産　　　　20,000
　　　　　　　　　　　　　　　　　　　　その他有価証券評価差額金　30,000

5　Ａ社は，帳簿価額¥300,000の自己株式を，当期に¥1,000,000で売却処分し，代金を現金で受け取った。

（借）現金　　　　　　　1,000,000　　（貸）自己株式　　　　　　300,000
　　　　　　　　　　　　　　　　　　　　自己株式処分差益　　　700,000

実戦問題 ❷ の 解説

→ 問題はP.290

No.7 の解説　為替手形の振出し
→ 問題はP.290 **正答5**

1 × 手形を割り引いた日から手形の満期日までの利息（割引料）は，手形金額から差し引かれるが，その利息相当額だけ低い価額で手形を売却したことになり，「**手形売却損**」が生ずることになる。したがって，正しい仕訳は次のとおりとなる。

（借）当座預金　　　　　　　245,000　　（貸）受取手形　　　　　250,000
　　　手形売却損　　　　　　　　5,000

2 × 自己株式の売却益は「**自己株式処分差益**」として処理し，「**その他資本剰余金**」区分に計上する（「自己株式及び準備金の額の減少等に関する会計基準」9）。他方，売却損は「自己株式処分差損」として処理し，「その他資本剰余金」から減額するが，減額しきれない場合は「その他利益剰余金」（繰越利益剰余金）から減額する（同基準10，12）。したがって，正しい仕訳は次のとおりとなる。

（借）現金　　　　　　　　5,000,000　　（貸）自己株式　　　　3,000,000
　　　　　　　　　　　　　　　　　　　　　　自己株式処分差益　2,000,000

3 × 前期に発生した債権に貸倒引当金が設定されているので，「貸倒引当金」を減額する。したがって，正しい仕訳は次のとおりとなる。

（借）貸倒引当金　　　　　　750,000　　（貸）売掛金　　　　　　750,000

4 × 有価証券の取得に伴う付随費用は，**買入価額に加算**しなければならない。したがって，正しい仕訳は次のとおりとなる。

（借）売買目的有価証券　　1,010,000　　（貸）当座預金　　　　1,010,000

5 ◎ 正しい。

No.8 の解説　火災未決算による処理
→ 問題はP.290 **正答5**

1 × 正しい仕訳：（**受託販売**）4,000　　（現金）　　4,000

2 × 買入手数料は「支払手数料」としてではなく，「有価証券」の取得原価に算入し，1,010,000円として記帳する。

3 × 貸方の「受取手形」は「**裏書手形**」として処理する。

4 × 正しい仕訳：　　（**不渡手形**）205,000　　（当座預金）205,000
　　　　　　　　　　　　（**裏書手形**）200,000　　（**受取手形**）200,000

5 ◎ 正しい。

No.9 の解説　固定資産の売却に関する処理　　　→ 問題はP.291　**正答2**

1✕　正しい仕訳：　（備品減価償却累計額）405,000　（備品）**500,000**
　　　　　　　　　　（**備品除却損**）　　　95,000
2◎　正しい。
3✕　貸方は「受取手形」ではなく，「**当座預金**」として処理する。
4✕　正しい仕訳：　（積送品）　　　3,010,000　（仕入）　　　3,000,000
　　　　　　　　　　　　　　　　　　　　　（**当座預金**）　　　10,000
　　　　　　　　　　（当座預金）**1,950,000**　（前受金）　　2,000,000
　　　　　　　　　　（**手形売却損**）　50,000
5✕　正しい仕訳：　（現金）　　　　99,800　（有価証券）　　99,000
　　　　　　　　　　（有価証券売却損）**1,000**　（**有価証券利息**）1,800

No.10 の解説　為替手形の割引　　　　　　　→ 問題はP.292　**正答1**

1◎　正しい。
2✕　貸方は「受取手形」ではなく，「**裏書手形**」として処理する。
3✕　減価償却累計額は180,000円となる。
　　　　　　1年目減価償却費　500,000円×0.2＝　　　　　　100,000円
　　　　　　2年目減価償却費　（500,000円－100,000円）×0.2＝　80,000円
　　　　　　　　　　　　　　　　　　　　　　　　　合計　180,000円
4✕　正しい仕訳：　（当座預金）29,700,000　（社債）　　**29,700,000**
　　　　　　　　　　（社債発行費）700,000　（当座預金）　　700,000
5✕　正しい仕訳：　（**建物**）　　3,000,000　（**建設仮勘定**）2,500,000
　　　　　　　　　　　　　　　　　　　　（当座預金）　　500,000

No.11 の解説　不渡手形の処理　　　　　　　→ 問題はP.293　**正答5**

1✕　公社債のように定期的に利息の支払われる債券が利払日と異なる日に売買された場合，その直前の利払日の翌日から売買日までの期間に発生した**端数利息**は売手に帰属するので，通常は債券の価額（**裸相場**という）とともに買手から売手に支払われる。買手は端数利息を「**有価証券利息**」（収益）勘定の借方に記入し，次の利払日が到来したら，定期に受け取る利息をその貸方に記入する。したがって，借方の「支払利息」は「有価証券利息」として処理する。
2✕　貸方は「**受取手形**」または「**裏書手形**」（評価勘定で処理する場合）として処理する。
3✕　委託販売は，積送しただけでは売上とはならないため，貸方の「売上」は「**仕入**」として処理する。

4 × 貸方の「有価証券」の金額は560,000円（5,000株×@100円＋1,000株×@60円）である。

5 ◎ 正しい。

No.12 の解説 固定資産の取得原価 　　　　　　　　　　　　　→ 問題はP.293 **正答 1**

正しい仕訳を示せば次のとおりである。

1 ◎ 正しい。

2 × （借）給料　　　　　100万円　　（貸）現金　　　　　85万円
　　　　　　　　　　　　　　　　　　　　　　預り金　　　　15万円

3 × （借）現金　　　　　21万円　　（貸）売上　　　　　20万円
　　　　　　　　　　　　　　　　　　　　　　仮受消費税　　1万円

　　消費税の処理方法を，**税込み方式**と**税抜き方式**に分けて説明すれば次のとおりである（取引例では消費税を5％とし，数字は任意なものとする）。

＜税込み方式＞	＜税抜き方式＞
①売上等の計上時	
売掛金1,050/売上1,050	売掛金 1,050/　売上　　　1,000
	仮受消費税　50
②仕入等の費用発生時	
仕入 630/買掛金 630	仕入　　600/　買掛金　　630
	仮払消費税 30
③期末処理（仮払消費税10,000，仮受消費税15,000とする）	
租税公課5,000/未払消費税5,000	仮受消費税15,000/仮払消費税10,000
	未払消費税　5,000

4 × （借）有価証券　　1,030万円　　（貸）当座預金　　**1,030万円**

5 × （借）売掛金　　　11万円　　　（貸）売上　　　　10万円
　　　　　　　　　　　　　　　　　　　　　　現金　　　　1万円

298

No.13 の解説　転換社債の処理（一括法）　→ 問題はP.294　正答5

正しい仕訳を示せば次のとおりである。

1 ✕　（借）備品　　　　　100,000　　（貸）現金　　　　　20,000
　　　　　　　　　　　　　　　　　　　　　　　未払金　　　　80,000

2 ✕　（借）現金過不足　　23,000　　（貸）交際費　　　　15,000
　　　　　　雑損　　　　　　8,000

3 ✕　（借）**貸倒引当金繰入額** 40,000　（貸）貸倒引当金　　40,000
　　　注）貸倒引当金設定額　3,000,000円×3％＝90,000円
　　　　　差額補充額　90,000円－50,000円＝40,000円

4 ✕　（借）**未収金**　　　1,500,000　（貸）売買目的有価証券 1,000,000
　　　　　　　　　　　　　　　　　　　　　　　有価証券売却益　500,000

5 ◎　正しい。なお，**一括法**とは，転換社債の発行に伴う払込金額を，社債の対価部分と新株予約権の対価部分に区分せず，普通社債の発行に準じて処理する方法であり，当該**転換社債の帳簿価額を，資本金または資本金および資本準備金に振り替える。**

No.14 の解説　有価証券の取得　→ 問題はP.295　正答5

1 ✕　保険に付されていた固定資産の火災による受取保険金が被害直前の簿価を超える場合は保険差益として処理する。
　　　（借）建物減価償却累計額　3,000,000　（貸）建物　　　　4,000,000
　　　　　　当座預金　　　　　2,000,000　　　**保険差益**　　1,000,000

2 ✕　手形が不渡りになった場合は，償還請求費用を加えて不渡手形として処理する。
　　　（借）**不渡手形**　　　53,000　　（貸）受取手形　　　50,000
　　　　　　　　　　　　　　　　　　　　　　　現金　　　　　　3,000

3 ✕　（借）未収社債利息　50,000　　（貸）社債利息　　　50,000

4 ✕　その他有価証券の評価替えによる評価差額が直接純資産の部に計上される場合には，繰延税金資産を当該評価差額から控除して計上しなければならない（「税効果会計に係る会計基準」第2の2の3）。すなわち，その他有価証券評価差額金のうち，実効税率部分は課税所得が減少され税負担を軽減する税額を示すので，これを純資産として計上するのは正しくないため，繰延税金資産として資産に計上する。
　　　（借）**繰延税金資産**　　20,000　　（貸）その他有価証券　50,000
　　　　　　その他有価証券評価差額金 30,000

5 ◎　正しい。

***

No.15 残高試算表および期末修正事項が次のように示されているとき，当期純利益はいくらか。なお，会計期間は平成×年1月1日から12月31日までの1年である。　【国税専門官・平成12年度】

残高試算表　　　（単位：千円）

勘定科目	借　方	貸　方
現　金　預　金	140,000	
売　　掛　　金	400,000	
受　取　手　形	20,000	
有　価　証　券	250,000	
繰　越　商　品	300,000	
土　　　　　地	250,000	
建　　　　　物	200,000	
買　　掛　　金		348,000
支　払　手　形		18,000
貸　倒　引　当　金		3,600
建物減価償却累計額		144,000
資　　本　　金		850,000
売　　　　　上		2,400,000
仕　　　　　入	1,950,000	
給　　　　　料	250,000	
保　　険　　料	3,600	
合　　　　計	3,763,600	3,763,600

［期末修正事項］

(1) 売掛金と受取手形の期末残高の合計額に対して5％の貸倒引当金を設定する。

(2) 有価証券を225,000千円に評価替えする。

(3) 期末商品棚卸高は298,000千円である。

(4) 建物について償却率を5％として定率法により減価償却を行う。なお，建物の残存価額は10％である。

(5) 保険料は7月1日に契約した期間1か年の火災保険契約に対するものである。

1　138,500千円

2　147,400千円

3　148,200千円

4　149,200千円

5　151,000千円

残高試算表および期末修正事項が次のように示されているとき，当期純利益はいくらか。　　　　　　　　　　　　　【国税専門官・平成11年度】

残高試算表　　　（単位：千円）

勘定科目	借　方	貸　方
現　金　預　金	350,000	
売　　　掛　　　金	300,000	
受　取　手　形	200,000	
繰　越　商　品	260,000	
土　　　　　地	800,000	
建　　　　　物	500,000	
有　価　証　券	150,000	
買　　　掛　　　金		450,000
支　払　手　形		500,000
借　　　入　　　金		800,000
貸　倒　引　当　金		5,000
建物減価償却累計額		100,000
資　　　本　　　金		500,000
仕　　　　　入	1,200,000	
売　　　　　上		1,610,000
給　　　　　料	200,000	
保　　　険　　　料	30,000	
受　取　利　息		25,000
合　　　計	3,990,000	3,990,000

［期末修正事項］

(1) 売掛金および受取手形の期末残高の合計額に対して2％の貸倒引当金を設定する。

(2) 建物について償却率を5％として定率法により減価償却を行う。なお，建物の残存価額は10％である。

(3) 期末商品棚卸高は次のとおりであり，低価法による。
　　帳簿棚卸数量 420個　実地棚卸数量 400個　＠原価 600千円　＠時価 550千円

(4) 有価証券の利息について5,000千円が未収である。

(5) 保険料の前払分が3,000千円ある。

1　142,000千円

2　143,000千円

3　145,500千円

4　147,000千円

5　148,000千円

No.17 次の期末修正事項につき，決算整理の仕訳を精算表の整理記入欄に記入するとした場合，以下の表の勘定科目欄の（1）および整理記入欄の（2）から（5）までに入る数値の組合せとして妥当なのはどれか。【国税専門官・平成8年度】

[期末修正事項]

①建物について定率法で減価償却を行う（会計期間は1年とする）。なお，建物の残存価額は取得価額の10%，耐用年数は45年，償却率は5%である。

②受取手形と売掛金の期末残高に対して3%の貸倒引当金を設定する（洗替法を適用）。

③売上原価の計算を行う。商品有高帳によれば期末の数量残高は1,300個，原価は単価￥60である。なお，期末商品棚卸高を低価法により評価するが，商品評価損は売上原価に算入しない。

勘定科目	残高試算表 借方	残高試算表 貸方	整理記入 借方	整理記入 貸方
現　金　預　金	120,000			
受　取　手　形	260,000			
売　　掛　　金	140,000			
繰　越　商　品	73,000		78,000	(4)
建　　　　　物	500,000			
土　　　　　地	165,000			
支　払　手　形		118,000		
買　　掛　　金		270,000		
貸　倒　引　当　金		9,000	9,000	(3)
建物減価償却累計額		150,000		(2)
資　　本　　金		570,000		
仕　　　　　入	750,000		73,000	(5)
売　　　　　上		980,000		
給　　　　　料	89,000			
	2,097,000	2,097,000		
建 物 減 価 償 却 費			(2)	
貸　倒　償　却			(3)	
（1）				9,000
商　品　評　価　損			13,000	
当　期　純　利　益			?	?

		(1)	(2)	(3)	(4)	(5)
1	貸倒引当金繰入	17,500	3,000	73,000	75,000
2	貸倒引当金戻入	17,500	12,000	86,000	78,000
3	貸倒引当金繰入	22,500	12,000	86,000	78,000
4	貸倒引当金戻入	22,500	12,000	73,000	65,000
5	貸倒引当金繰入	10,000	9,000	78,000	65,000

次の取引に関するA社の仕訳として妥当なのはどれか。

【国税専門官・平成21年度】

1 A社はB社に対して当期首に債権金額100万円（貸付期間2年）で貸付を行い，2年分の利息6万円を天引きして残額を現金で支払った。なお，償却原価法としては定額法を採用する。

    貸付時の仕訳

（借）貸付金   1,000,000   （貸）現金   940,000

                  受取利息   60,000

2 A社は，得意先の会社から売上代金として受け取った約束手形80万円について，銀行を通じて取立てを依頼したところ，支払いを拒絶され，いわゆる不渡りとなった。

（借）売上   800,000   （貸）受取手形   800,000

3 A社は，得意先の会社が倒産したため，前期に発生した同社に対する売掛金1,500万円が回収できなくなった。なお，貸倒引当金勘定の残高は2,500万円である。

（借）貸倒引当金   15,000,000   （貸）売掛金   15,000,000

4 A社は新たに自社ビルを建設することとし，B社に建設工事を依頼し，手付金として500万円を小切手で支払った。

（借）建物   5,000,000   （貸）当座預金   5,000,000

5 A社は，国庫補助金50万円と自己資金150万円で200万円の機械を購入し，圧縮記帳を行った。

（借）機械   2,000,000   （貸）現金   1,500,000

                  国庫補助金   500,000

実戦問題 ❸ の 解説

期末修正事項の仕訳ならびに損益計算書を示せば次のとおりである。

(1)（借）貸倒引当金繰入　　　17,400　（貸）貸倒引当金　　17,400

　　（400,000千円＋20,000千円）×0.05＝21,000千円

　　21,000千円－3,600千円＝17,400千円

(2)（借）有価証券評価損　　　25,000　（貸）有価証券　　　25,000

　　250,000千円－225,000千円＝25,000千円

(3)（借）仕入　　　　　　　300,000　（貸）繰越商品　　300,000

　　　　繰越商品　　　　298,000　　　　仕入　　　　298,000

(4)（借）減価償却費　　　　　2,800　（貸）建物減価償却累計額　2,800

　　（200,000千円－144,000千円）×0.05＝2,800千円

(5)（借）前払保険料　　　　　1,800　（貸）保険料　　　　1,800

損益計算書 （単位：千円）

売 上 原 価	1,952,000	売 上 高	2,400,000
給 料	250,000		
保 険 料	1,800		
貸倒引当金繰入	17,400		
減 価 償 却 費	2,800		
有価証券評価損	25,000		
当 期 純 利 益	**151,000**		
	2,400,000		2,400,000

したがって，正答は**5**である。

No.16 の解説　当期純利益の計算　　　→ 問題はP.301　正答 5

①決算整理仕訳

	借　　方		貸　　方	
(1)	（貸倒引当金）	5,000	（貸倒引当金戻入）	5,000
	（貸倒引当金繰入）	10,000	（貸倒引当金）	10,000
(2)	（減価償却費）	20,000	（建物減価償却累計額）	20,000
(3)	（仕入）	260,000	（繰越商品）	260,000
	（繰越商品）	252,000	（仕入）	252,000
	（棚卸減耗損）	12,000	（繰越商品）	32,000
	（商品評価損）	20,000		
(4)	（未収有価証券利息）	5,000	（受取利息）	5,000
(5)	（前払保険料）	3,000	（保険料）	3,000

②精算表の作成

精算表

（単位：千円）

勘定科目	残高試算表		整理記入		損益計算書		貸借対照表	
	借方	貸方	借方	貸方	借方	貸方	借方	貸方
現 金 預 金	350,000						350,000	
売 掛 金	300,000						300,000	
受 取 手 形	200,000						200,000	
繰 越 商 品	260,000		252,000	260,000			220,000	
				32,000				
土 地	800,000						800,000	
建 物	500,000						500,000	
有 価 証 券	150,000						150,000	
買 掛 金		450,000						450,000
支 払 手 形		500,000						500,000
借 入 金		800,000						800,000
貸 倒 引 当 金		5,000	5,000	10,000				10,000
建物減価償却累計額		100,000		20,000				120,000
資 本 金		500,000						500,000
仕 入	1,200,000		260,000	252,000	1,208,000			
売 上		1,610,000				1,610,000		
給 料	200,000				200,000			
保 険 料	30,000			3,000	27,000			
受 取 利 息		25,000		5,000		30,000		
合 計	3,990,000	3,990,000						
貸倒引当金戻入				5,000		5,000		
貸倒引当金繰入			10,000		10,000			
減 価 償 却 費			20,000		20,000			
棚 卸 減 耗 損			12,000		12,000			
商 品 評 価 損			20,000		20,000			
未収有価証券利息			5,000				5,000	
前 払 保 険 料			3,000				3,000	
当 期 純 利 益					148,000			148,000
合 計			587,000	587,000	1,645,000	1,645,000	2,528,000	2,528,000

したがって，正答は **5** である。

決算整理仕訳は次のとおりである。
① （建物減価償却費）　　17,500　　　（建物減価償却累計額）17,500*
　　　* （500,000円－150,000円）×0.05＝17,500円
② （貸倒引当金）　　　　9,000　　　（貸倒引当金戻入）　　　9,000
　　（貸倒償却）　　　　12,000　　　（貸倒引当金）　　　　12,000**
　　　** （260,000円＋140,000円）×0.03＝12,000円
③ （仕入）　　　　　　73,000　　　（繰越商品）　　　　　73,000
　　（繰越商品）　　　　78,000　　　（仕入）　　　　　　　78,000
　　（商品評価損）　　　13,000　　　（繰越商品）　　　　　13,000
　　したがって，正答は**2**である。

正しい仕訳は次のとおりである。

1× （借）貸付金　　　　**970,000**　　　（貸）現金　　　　　940,000
　　　　　　　　　　　　　　　　　　　　　　　受取利息　　　　**30,000**
2× （借）**不渡手形**　　　800,000　　　（貸）受取手形　　　800,000
3◎ 正しい。
4× （借）**建設仮勘定**　5,000,000　　　（貸）当座預金　　5,000,000
5× 国庫補助金は受領時に収益として計上され，**圧縮記帳**によって国庫補助金額を機械の取得原価から控除するとともに機械圧縮損として計上する（直接減額方式）。
　　（借）機械　　　　　**1,500,000**　　　（貸）現金　　　　**2,000,000**
　　　　機械圧縮損　　　500,000

第10章

記述式問題と解答例

テーマ⑯ 企業会計と会計原則
テーマ⑰ 資産会計
テーマ⑱ 負債および資本会計
テーマ⑲ 損益会計
テーマ⑳ 財務諸表の種類と表示
テーマ㉑ 本支店・合併・連結会計

企業会計と会計原則

問 題 ❶

会計公準について説明せよ。

【国税専門官・平成22年度】

難易度 ＊

解 答 例

　企業会計は，当然決まっていることとして一般に認められた前提条件を下部構造として，会計原則や会計法規がその上部構造を構成する体系になっている。この前提条件を会計公準といい，通常，次の3つが基本的会計公準として挙げられる。

(1) 企業実体の公準

　企業会計は，企業の資本主やその他の利害関係者から独立した企業そのものの立場で行われる。換言すれば，会計は，企業そのものが独立に存在するという仮定の上に立って行われ，これを会計単位とする。これが企業実体の公準である。もともとこの概念は，複式簿記の技術的な構造を成立させるための不可欠な前提となっているものであり，企業をその資本主から分離独立させることによって，初めて企業の資産と企業の負債および資本という概念が成立し，「資産＝負債＋資本」という会計等式が成り立つのである。

　企業実体という概念は，通常，法人格を付与されたいわゆる法的実体をさす場合が多い。しかし，それのみではなく，たとえば，本支店会計のように，法律上1会計単位である企業を分けて，それぞれ会計手続き上独立させることもあれば，またその逆に，法律上はそれぞれ独立した企業が複数集まって，全体として1つの企業集団を構成しているような場合には，会計上この企業集団を1つの企業実体とみなすこともある。

(2) 会計期間の公準

　今日の会計制度においては，中世のメッセや地中海貿易におけるコメンダのように「一航海が一企業」といった，解散を前提とした極めて短期的な企業ではなく，半永久的に存続していく継続企業（ゴーイング・コンサーン）を前提としている。したがって，損益の計算も創立時と解散時の財産有高の比較計算によって算定するのではなく，企業の全存続期間を人為的に一定の会計期間に区切って，定期的に会計記録を締め切り，その間の収益と費用の総額を比較することによって，期間的に

算定するのである。これが会計期間の公準である。会計期間は，実務上，事業年度や営業年度などとも呼ばれ，商法は，商人および会社は，適時に正確な商業帳簿を作成しなければならないことを規定しており（商法19条2項），通常は1年をとる会社が多い。

(3) 貨幣的評価の公準

　この公準は，貨幣という共通の測定尺度によって，多数の異質的な資産，負債，資本，収益および費用を統一的に測定・表示しようとするものである。通常，この公準は貨幣価値一定の公準ともいわれ，測定尺度としての貨幣価値が安定していることが含意されている。この点については，単に貨幣という共通の測定尺度で計算するだけであって，貨幣価値の安定性までも含むものではないという見解もある。しかしながら，現在の会計制度が，名目的な貨幣資本維持計算を建て前とした取得原価主義会計に立脚している以上，貨幣価値の安定性がその前提とされていると見なければならない。

……テーマ1　重要ポイント3

問 題 ❷

企業会計原則の一般原則について説明せよ。

【地方上級（東京都）・令和元年度】

難易度　＊

解 答 例

　企業会計原則の一般原則は，損益計算書原則，貸借対照表原則に共通する原則で，会計処理ならびに報告に関する諸基準の基本的な原則を示し，真実性の原則以下の7原則からなっている。

(1)　真実性の原則

　企業会計原則は，一般原則の1に「企業会計は，企業の財政状態及び経営成績に関して，真実な報告を提供するものでなければならない」と述べている。これを真実性の原則という。かつて，真実性の原則は旧ドイツ商法に規定する「貸借対照表真実性の原則」として理解されていた。それは債権者保護の立場から，貸借対照表には企業に存在する一切の資産および負債を漏れなく完全に記載する（完全性の原則）とともに，資産の貸借対照表価額は，客観的であり，真正な価値でなければならない（真正価値の原則）とする。客観的真正価値は，一般市場価格であり，売却可能な価格であって，換金価値評価による債務弁済能力の表示が求められたのである。財産法を前提としたこのような「絶対的真実性」は，企業が複雑大規模化し，その存在も半永久的なゴーイング・コンサーン（継続企業）としての性格を持つようになると，もはや実行不可能な観念的なものとなる。

　今日の企業会計における損益計算は，人為的な会計期間を前提とした期間的な収益と費用の対応計算として行われる。そこでは，資産の評価や減価償却，あるいは債権の貸倒れなど，会計処理方法の選択適用に際して主観的な判断や見積りが必然的に介在し，客観的な絶対性は本来保証しえないものとなる。したがって，そこでの真実性の概念は，かつての「絶対的真実性」とは異なり，一般に認められた会計諸原則への継続的準拠性を前提とした「相対的真実性」を意味するものとなる。

　企業会計原則で要求する真実性の原則は，以上のようにかつての「貸借対照表真実性の原則」を意味するのではなく，正規の簿記の原則以下，他の6つの一般原則と，損益計算書原則ならびに貸借対照表原則の頂点に位置する総括的概念にほかならず，それらの会計諸原則に従って作成された財務諸表を真実なものと認めるのである。

(2) 正規の簿記の原則

一般原則の2に「企業会計は，すべての取引につき，正規の簿記の原則に従って，正確な会計帳簿を作成しなければならない」と述べられている。これを正規の簿記の原則という。正規の簿記の原則は，すべての取引を検証可能な客観的証拠に基づいて，秩序正しく明瞭に，かつ網羅的に記録するとともに，財務諸表はそのような要件を具備した「正確な会計帳簿」から誘導的に作成されなけぱならない（誘導法）ことを要請するものである。したがって，ここにいう「正規の簿記」は複式簿記にほかならない。なお，商法，会社法も同様に，会計帳簿を作成して整然かつ明瞭に記載するとともに，それに基づいて財務諸表を作成すべきことを命じている（商法19条2項，会社法432条1項，会社計算規則91条3項）。

企業会計原則は，正規の簿記の原則の注解として重要性の原則を掲げている。これは特に重要性の乏しい項目については，本来の厳密な会計処理によらない簡便な方法を容認するものであり，これによって簿外資産・簿外負債が生ずることになるが，それは正規の簿記の原則に従った処理として認められる（注解1）。

(3) 資本と利益区別の原則

一般原則の3では，「資本取引と損益取引とを明瞭に区別し，特に資本剰余金と利益剰余金とを混同してはならない」と述べられている。これを資本と利益区別の原則，または剰余金区分の原則という。

資本取引とは，株主その他による資本の拠出および払戻取引ならびに資本修正取引をいい，具体的には，①株主による払込資本（資本金と資本準備金）の増減取引，②株主以外の第三者による受贈資本（国庫補助金，工事負担金など）の増減取引，③貨幣価値の変動の著しいときにおける資産の評価替えや保険差益の発生などによる自己資本の増減取引（資本修正取引）などが含まれる。損益取引は，上記以外の原因に基づく自己資本の増減をもたらす取引であって，資本の運用に関する取引である。

資本剰余金と利益剰余金を区別しなければならないのは，両者を混同し，その区分を明確にしないと，資本が利益に転化して資本配当や資本課税が行われ，また，逆の場合には利益の隠蔽や過大表示を招くことになり，企業の経営成績や財政状態の適正な表示がそれによって著しく歪められることになるからである（注解2のd））。

(4) 明瞭性の原則

この原則は公開性の原則とも呼ばれ，一般原則の4では，「企業会計は，財務諸表によって，利害関係者に対し必要な会計事実を明瞭に表示し，企業の状況に関す

る判断を誤らせないようにしなければならない」と述べられている。

　明瞭性を高めるための諸基準は，損益計算書原則，貸借対照表原則のうちに具体化されているが，その主なものとしては，①総額主義による記載，②損益計算書および貸借対照表の区分表示および科目の明瞭な分類と配列，③重要事項の注記，④財務諸表の主要項目についての附属明細表の作成，⑤重要性の原則の適用などが挙げられる。このうち特に注記に関しては，商法ならびに企業会計原則による一連のディスクロージャー（企業内容の開示）制度の整備・改善という観点から，重要な会計方針の開示，重要な後発事象の開示の2つが明瞭性の原則に関する注解として新たに加えられた。

　重要な会計方針の開示会計方針とは，企業が損益計算書および貸借対照表の作成に当たって，その財政状態および経営成績を正しく示すために採用した会計処理の原則および手続きならびに表示の方法をいい，その例示としては次の事項が挙げられる（注解1-2，1-4）。

①有価証券の評価基準および評価方法
②棚卸資産の評価基準および評価方法
③固定資産の減価償却方法
④繰延資産の処理方法
⑤外貨建資産・負債の本邦通貨への換算基準
⑥引当金の計上基準
⑦費用・収益の計上基準

　これらの重要な会計方針にかかわる事項は，損益計算書および貸借対照表の次にまとめて注記し，代替的な会計基準が認められていない場合には，会計方針の注記は省略することができる。重要な後発事象の開示企業の将来の財政状態および経営成績を理解するための補足情報として，財務諸表には，損益計算書および貸借対照表を作成する日までに発生した重要な後発事象を注記しなければならない。ここに後発事象とは，貸借対照表日後に発生した事象で，次期以降の財政状態および経営成績に影響を及ぼすものをいい，重要な後発事象の例としては次のものが挙げられる（注解1-3）。

①火災，出水等による重大な損害の発生
②多額の増資または減資および多額の社債の発行または繰上償還
③会社の合併，重要な営業の譲渡または譲受
④重要な係争事件の発生または解決
⑤主要な取引先の倒産

(5) 継続性の原則

一般原則の5に「企業会計は，その処理の原則及び手続を毎期継続して適用し，みだりにこれを変更してはならない」と述べられている。これを継続性の原則という。この原則は，財務諸表の期間的な比較可能性を確保し，経営者の恣意的な利益操作を排除するために，1つの会計事実について2つ以上の会計処理の原則または手続きが認められる場合に，企業の選択した方法を毎期継続して適用することを要求するものである。したがって，いったん採用した会計処理の原則および手続きは「正当な理由」により変更を行う場合を除き，財務諸表を作成する各時期を通じて継続して適用しなければならない。正当な理由は，会計基準等の改正による会計方針の変更以外のものは，次の判断によるものとされる。

①会計方針の変更は企業の事業内容および企業内外の経営環境の変化に対応して行われるものであること

②変更後の会計方針が一般に公正妥当と認められる企業会計の基準に照らして妥当であること

③会計方針の変更は会計事象等を財務諸表により適切に反映するために行われるものであること

④会計方針の変更が利益操作等を目的としていないこと

なお，「正当な理由」によって会計処理の原則または手続きに重要な変更を加えたときには，期間比較の有意性を保つため，これを当該財務諸表に注記しなければならない（注解3）。このような「正当な理由」に伴う会計処理の原則または手続きの変更は，一般に公正妥当と認められた方法から一般に公正妥当と認められる方法への変更をいうのであって，それ以外の変更は継続性の原則以前の問題である。

(6) 保守主義の原則

一般原則の6は，「企業の財政に不利な影響を及ぼす可能性がある場合には，これに備えて適当に健全な会計処理をしなければならない」と述べている。これを保守主義の原則または安全性の原則という。保守主義という考え方は，イギリス企業会計の伝統的な考え方で，「予想の利益は計上すべからず，予想の損失は計上すべし」という格言に端的に表現されているように，将来の不確実性に対する企業の健全な財務的配慮を意味する。つまり保守主義の原則は，企業会計原則で認められている会計処理方法の選択に際しては，予測される将来の危険に備えてできる限り安全で保守的な処理方法を選択せよという要請であり，それが真実性の原則にかなった健全な会計であるとされるのである。したがって，過度の保守主義の適用が認められないのは当然であり，企業会計原則は，注解4で「企業会計は，予測される将来の危険に備えて慎重な判断に基づく会計処理を行わなければならないが，過度に

保守的な会計処理を行うことにより，企業の財政状態及び経営成績の真実な報告を
ゆがめてはならない」として保守主義の原則に対する注意規定を置いている。

(7) 単一性の原則

　一般原則の7の「株主総会提出のため，信用目的のため，租税目的のため等種々
の目的のために異なる形式の財務諸表を作成する必要がある場合，それらの内容
は，信頼しうる会計記録に基づいて作成されたものであって，政策の考慮のために
事実の真実な表示をゆがめてはならないという要請を単一性の原則という。この原
則は，目的によって財務諸表の記載方法や形式が多少異なるのはやむをえないが，
いずれの場合でも，その内容は正規の簿記の原則に従って記録された正確な会計帳
簿に基づいており，真実を表示する点で同一のものでなければならないとするもの
で，いわゆる二重帳簿を否定した実質一元，形式多元を要請するものである。

(8) 重要性の原則

　一般原則ではないが，正規の簿記の原則ならびに明瞭性の原則の注解として，重
要性の原則がある。注解は，一般原則，損益計算書原則，貸借対照表原則の重要項
目について，その定義や解釈を示したものである。

　企業会計は，定められた会計処理の方法に従って正確な計算を行うべきものであ
るが，企業会計が目的とするところは，企業の財務内容を明らかにし，企業の状況
に関する利害関係者の判断を誤らせないようにすることにあるから，重要性の乏し
いものについては，本来の厳密な会計処理方法ならびに表示方法によらないで簡便
な方法を容認するものである（注解1）。

……テーマ2　重要ポイント1～8

第10章

記述式問題と解答例

資産会計

資産の意義，分類および評価について，それぞれ説明せよ。

【地方上級（東京都）・平成17年度】

難易度　＊＊

解 答 例

（1）資産の意義

　資産とは，企業の経営活動に役立つ潜在的用役（service potentials）の総体と定義される。潜在的用役とは，当該企業の収益獲得活動に直接・間接に役立つ能力を有し，それが将来にかけて発現することが期待されるものをいう。資産はさまざまな観点から分類することができる。

　資産の本質に関する定義としては，このほかに，①企業の所有する財貨および権利の総体，②将来の収益に対応される未消費の原価，③支払手段，支出・未費用，支出・未収入，収益・未収入の各項目の総体，④資本の具体的な運用形態，といった定義がなされている。しかしながら，これらはいずれも貸借対照表能力が認められているすべての資産の本質を一元的・統一的に説明しうるものとはいえない。たとえば，①の定義では繰延資産の資産性について，②では現金預金や金銭債権などの貨幣性資産について，それぞれ説明できないし，③は資産の本質についての一元的な定義とはいえず，④はその表現の抽象性に問題を残している。

（2）資産の分類

　資産は，さまざまな視点から分類される。まず，財務流動性に基づいて流動資産と固定資産に分類される。その分類基準には1年基準（one year rule）と営業循環基準（normal operating cycle basis）がある。1年基準によれば，貸借対照表日（決算日）の翌日から起算して1年以内に現金化または費用化するものを流動資産とし，1年を超えるものを固定資産とする。これに対して営業循環基準は，企業が原材料もしくは用役を購入し，それを生産・販売して再び現金を回収するに至る正常な営業循環過程内にあるか，あるいはその循環過程の基盤を形成するものであるかによって，流動資産と固定資産に分類する。一般に，預金や貸付金などは1年基準によって流動資産と固定資産に区別し，売掛金や受取手形，商品・製品などの棚卸資産は営業循環基準によって流動資産とし，企業が使用する目的で所有する建物・機械装置などは固定資産とする（企業会計原則注解16）。なおこの固定資産は，物理的形状の有無による分類によって有形固定資産と無形固定資産に分けられる。

　またさらに資産は，その保有目的ないし機能との関連による分類によって貨幣性資産と非貨幣性資産に分けられる。貨幣性資産とは，現金預金，受取手形，売掛金，短期貸付金，一時所有の有価証券など，法令または契約によってその金額（券

面額または金銭回収額）が確定している資産であり，財貨や用役の購買に当たって即時あるいは短期的に利用可能な支払充足手段たりうる資産である。非貨幣性資産とは，それ以外の資産を総称するものであるが，それはさらに棚卸資産や固定資産（土地・建設仮勘定を除く），繰延資産などのように将来の費用たる性格を有する費用性資産と，外部への長期的投資を目的とした投資資産とに大別される。

　今日の企業会計上，一般に採用されている資産の分類は，以上の分類を組み合わせた形で行われている。

（3）資産の評価

　資産評価に関する基準には，原価主義，時価主義，低価主義の3つがある。

①原価主義

　これは取得原価を資産の評価基準とするものである。したがって，購入資産については，購入代価にその取得に要した引取費用などの付随費用を加算した額，自らの製造によって取得した資産については製造原価（適正な原価計算基準に従って算定された原価）がそれぞれの評価基準となる。原価主義は，評価の客観性，その基礎となった数値の検証可能性において優れており，未実現利益を排除し，処分可能な資金的裏づけのある利益の測定が要請される今日の企業会計制度では，原則的な評価基準となっている。企業会計原則も「貸借対照表に記載する資産の価額は，原則として，当該資産の取得原価を基礎として計上しなければならない」（貸借対照表原則5）として，原価主義を資産評価の基本原則としている。

②時価主義

　これは，貸借対照表日の時価（市場価格）によって資産を評価する方法である。時価主義は，従来，企業の実体資本維持または債権者保護のための債務弁済能力評価などの見地から主張されているが，今日では物価変動時における原価主義の欠点を補い，利害関係者の意思決定に役立つ最新の情報提供という見地から主張されている。しかしながら，時価主義はその評価と記録という面で，客観性と検証可能性に問題があり，現在では一部の有価証券の評価や企業を解散する場合，会社の合併または営業譲渡の場合など，特別の場合に限り採用されているにすぎない。

③低価主義

　これは，原価と時価を比較していずれか低いほうをもって資産の評価額とする方法である。したがって，原価が時価より低い場合には原価で評価され，時価が原価より低い場合には時価で評価される。後者の場合には評価損が計上されることになるが，これは販売損失の予見計上を意味しており，保守主義の原則によって期末において予見される資金回収不足分を計上しようとする会計政策によるものである。

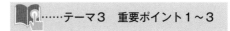

……テーマ3　重要ポイント1～3

問　題　4

　取得原価基準（取得原価主義会計）について説明せよ。なお，解答に当たっては，その長所および短所について言及すること。　　【国税専門官・平成22年度】

難易度　＊＊

　資産の評価基準のうち取得原価基準の意義および問題点を説明せよ。

【地方上級（東京都）・平成21年度】

難易度　＊＊

解　答　例

　資産評価に関する基準である原価主義は，取得原価を資産の評価基準とするものである。資産の評価とは，資産の貸借対照表価額を決定することをいい，その評価が適正に行われるか否かは単なる財政状態の表示の問題にとどまらず，損益計算の正否に著しい影響を及ぼすことになる。たとえば資産を過小評価して資産として計上すべきものを費用とすれば，貸借対照表上の資産が過小表示されるとともに損益計算書上の費用が過大表示されることになる。その結果，利益が過小表示されて利益の隠ぺいが行われ，秘密積立金が生ずることになる。また逆に，費用として計上すべきものを資産とすれば，貸借対照表上の資産が過大表示されるとともに損益計算書上の費用は過小表示されることとなる。その結果，利益が過大表示されて架空の利益が算出され，資本の水割りも生ずることになる。したがって，この利益を配当すれば，事実上の資本を配当することになり，蛸（たこ）配当となる。

　取得原価基準によれば，購入資産については，その購入価額（購入代価にその取得に要した引取費用などの付随費用を加算した額），自らの製造によって取得した資産については製造原価（適正な原価計算基準に従って算定された原価）がそれぞれの評価基準となる。取得原価基準の長所は，評価の客観性，その基礎となった数値の検証可能性において優れており，未実現利益を排除し，処分可能な資金的裏づけのある利益の測定が要請される今日の企業会計制度では，原則的な評価基準となっている。企業会計原則も「貸借対照表に記載する資産の価額は，原則として，当該資産の取得原価を基礎として計上しなければならない」（貸借対照表原則5）として，取得原価基準を評価の基本原則としている。

　しかしながら，取得原価基準にはさまざまな短所も存在するが，その主なものとして次の諸点が挙げられる。

①土地などに急激な地価上昇が生じた場合，原価と時価が著しく乖離しているにもかかわらず，財務諸表にはそのような企業の経済的実態が反映されないため，透明性に問題を残すことになり，投資意思決定情報として有用性に欠ける。

②収益は最近の時価を反映したものであるのに対して，費用は減価償却費などのように過去の原価に基づいて計上されるため，収益と費用の対応計算の合理性が失われる。

③その結果，算定された分配可能利益には物価変動による名目利益が混入し，それが課税・分配の対象とされるため，

④実質資本または実体資本の維持（貨幣資本維持に対比される概念で，回収・維持すべき資本は名目的または実質的な投下貨幣額としてではなく，企業に投下された財物そのものに置くものである）が図られないことになる。

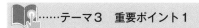

……テーマ3　重要ポイント1

棚卸資産について，次の問いに答えなさい。

(1) 棚卸資産はどのような資産であるか，棚卸資産に該当するものの具体例を挙げながら説明しなさい。

(2) 棚卸資産を以下の①～③の方法で取得した場合，どのように取得原価を決定するか説明しなさい。

　①購入した場合

　②自社で生産した場合

　③無償で譲渡を受けた場合

(3) 棚卸資産の評価について，低価基準の意義に触れつつ，通常の販売目的で保有する棚卸資産の期末評価を説明しなさい。

【国税専門官／財務専門官・平成27年度】

難易度　＊＊＊

解 答 例

(1) 棚卸資産とは，流動資産に属し，通常の営業循環過程において販売または消費される費用性資産で，次のようなものが含まれる（「連続意見書第4」第1の7）。

①通常の営業過程において販売するために保有する財貨または用役(商品,製品など)

②販売を目的として現に製造中の財貨または用役（仕掛品，半製品など）

③販売目的の財貨または用役を生産するために短期的に消費されるべき財貨（原材料，工場消耗品など）

④販売活動および一般管理活動において短期間に消費されるべき財貨（事務用消耗品など）

なお「連続意見書第4」では，さらに次のように棚卸資産か否か紛らわしいケースを挙げ，棚卸資産の具体的な判断基準を定めている。

　ア．生産販売のために購入された材料その他の財貨が，一部，長期性資産の製作に使用されることがあっても，本来，生産目的で保有されるものであれば当該財貨のすべては棚卸資産となる。

　イ．減価償却計算の対象となる使用中の長期性資産，償却計算の対象とならない使用中の長期性資産（たとえば土地），使用されたときに減価償却資産として区分されることが明確な使用前の資産（たとえば据付予定の保有機械）は，棚卸資産とならない。

　ウ．長期性資産の一品目が1年以内に全額償却され，費用化する状態になってもそれは棚卸資産とならない。

　エ．長期資産が本来の用途から外され，売却する目的で保有されることになった場合，当該資産は流動資産ではあるが，通常の営業過程で販売される対象ではなく，したがって費用財を構成しないため棚卸資産とはならない。ただ

し，かかる廃棄資産を原材料とし生産に使用する目的で保有する場合には，当該資産は棚卸資産となる。

オ．工場の事務用消耗品は供用されるとともに間接費として製品に化体するから棚卸資産となる。製品の実体の一部を構成する包装用品も棚卸資産となる。その他の事務用消耗品・荷造用品は，販売の対象たる製品に化体しないが，短期的費用財の性格を持つため棚卸資産となる。

カ．棚卸資産は有形の財貨に限らない。無形の用役も棚卸資産を構成することがある。たとえば加工のみを委託された場合に現れる加工費のみからなる仕掛品，材料を支給された場合に現れる労務費，間接費のみからなる半成工事は棚卸資産となる。

キ．不動産売買業者が販売目的で保有する土地・建物等は法律上不動産であるが，通常の販売の対象となる財貨であるから棚卸資産となる。立木竹のうち短期間に伐採される部分も，短期間に費用化される費用材であるから棚卸資産となる。

ク．使用資産に類する物品であっても，その実体が徐々に製品に化体していくもの（アルミナ製造における苛性ソーダ溶液，苛性ソーダ製造における水銀等），耐用期間が極めて短いもの（消耗工具，器具，備品等），取得原価が微細なもの（単位当たり取得原価が一定金額未満の工具，器具，備品等）は，棚卸資産となる。

ケ．有価証券業者等が通常の営業過程において販売するために保有する有価証券は，販売目的の財貨であるため棚卸資産となる。

(2)

①購入した場合

　購入棚卸資産の取得原価は，購入代価に副費（附随費用）の一部または全部を加算することにより算定される。購入代価は，送状価額から値引額，割戻額等を控除した金額とし，割戻額が確実に予定されえない場合には，これを控除しない送状価額を購入代価とすることができる。なお，現金割引額は，送状価額から控除しないで営業収益として処理する。

　副費として加算する項目には，外部副費（引取運賃，購入手数料，運送保険料，関税等）と内部副費（購入事務費，移管費，保管費等）があり，取得原価に加算する副費の範囲を一律に定めることは困難であることから，各企業の実情に応じ，費用収益対応の原則，重要性の原則，継続性の原則等を考慮して，これを適正に決定することが必要である。

　なお，購入に要した負債利子あるいは棚卸資産を取得してから処分するまでの間に生ずる資金利子を取得原価に含めるかどうかは問題であるが，利子は財務活動より発生し，経営目的に関連しない価値であることから，期間費用（営業外費用）として処理し，取得原価に含めないのが一般的である（「原価計算基準」5 の(1)の3）。

②自社で生産した場合

ⅰ）完成品の取得原価

　生産品については適正な原価計算の手続きにより算定された正常実際製造原価をもって取得原価とする。販売費及び一般管理費は取得原価に含めないのが原則であるが，長期請負工事を営む業種にあっては，半成工事への賦課または配賦を通じて，販売費及び一般管理費を完成工事の取得原価に算入することも認められる。

　直接原価計算制度を採用する企業にあっては製品の取得原価に固定製造費を含めないが，貸借対照表に記載する原価は固定費込みの原価としなければならない。なお，標準原価または予定原価をもって製品の取得原価とする場合において原価差額が生じたときには，差額が合理的に僅少な場合を除き，貸借対照表に記載する原価は，差額調整を行ったのちの原価とする。

ⅱ）副産物等の取得原価

　副産物については，適正な評価額をもってその取得原価とする。場合によっては，主副製品分離後における副産物加工費のみをもって取得原価とし，また一定の名目的評価額をもって取得原価とすることも認められる。

ⅲ）仕掛品の取得原価

　期末仕掛とは，未完成の製造指図書，原価計算上の工程途中品および工程完了品（ただし，完成品であるものおよび半製品として受払するものを除く）をいう。未完成指図書によって代表される仕掛品については，個別原価計算の手続きにより当該指図書に集計された製造原価をもって取得原価とする。他方，総合原価計算の手続きを適用する仕掛品については，完成品換算量に基づき，先入先出法，平均法等を適用することにより算定された製造原価をもって取得原価とする。

③無償で譲渡を受けた場合

　一般に資産の取得原価は，当該資産の取得に要した対価（犠牲になった資産の価額）によって算定される。しかしながら，この対価については２つの考え方が存在する。一つは，支払対価こそ当該取得資産の取得事実または企業の経験的・確証的な事実を客観的に示すものであると主張され，この考え方の下においては，資産の取得原価は，常に，犠牲資産の価額によって従属的に決定されることになる。したがって，無償で取得された資産は，支払対価がゼロであるため取得原価はゼロということになる。

　他方，もう一つの考え方は，会計が本質的に追求すべきものは価値であって，対価は，通常の市場交換においては，それが取得時の公正な価値にほぼ等しく，よってその対価に基づく原価は，価値を表現する一般的な指標として信頼できるから採用されるのであると主張される。したがって，この考え方によれば，取得原価は必ずしも犠牲資産の価額によって従属的に決定されることなく，取得資産のそのものの独立的な評価額によってその価値が評価されることになる。

　貸借対照表完全性の原則によれば，企業の所有する資産・負債・資本（純資産）はすべて会計帳簿に記帳し，貸借対照表に表示しなければならない（『企業会計原

則」第3の1）。したがって，贈与その他無償で取得した棚卸資産は，取得原価をゼロとするのではなく，時価等を基準とした公正な評価額をもって取得原価としなければならない（「企業会計原則」第3の5F）。

　今日の会計理論は，合理的商人が行う通常の取引活動を前提として打ち立てられている。したがって，贈与などの異例な取引の場合には，受け入れた時の適正な時価など，公正な評価額をもって受入資産の取得価額として記帳し，当該取得資産についてその保有・管理・運用に関する受託責任を明示すべきということになる。仮に，そのような取得資産をゼロとしてまったく記帳しないとすれば，それによって作成される財務諸表は，財政状態および経営成績についての判断を誤らしめるものとなる。

(3) 低価基準とは，原価と時価とを比較して，いずれか低いほうをもって資産の評価額とする方法である。従来，棚卸資産や有価証券の評価について低価基準の任意適用が認められていたが（「企業会計原則」第3の5のA・11，会社計算規則5条6項1号），「棚卸資産の評価に関する会計基準（企業会計基準第9号）」（平成18年7月5日）の制定に伴って，強制適用されることになった。

　低価主義は，従来より各国の実務において広く行われてきた慣行的評価思考であり，保守主義の原則の見地より是認されうるものとして説明されているが（「連続意見書第四」第1の3），現在では「有用な原価」の概念によって，より積極的な理論的根拠が与えられている。他方，原価主義も，将来の収益を生み出すという意味においての有用な原価，すなわち回収可能な原価だけを繰り越そうとする考え方であると見ることもできる。したがって，収益性が低下した場合における簿価切下げは，低価主義ではなく原価主義の下で回収可能性を反映させるように，過大な帳簿価額を減額し，将来に損失を繰り延べないために行われる会計処理と考えられることになった。

　販売目的の棚卸資産の評価については，取得原価をもって貸借対照表価額とし，期末における正味売却価額（売値から見積追加製造原価および見積販売直接経費を控除したもの）が取得原価よりも下落している場合には，当該正味売却価額をもって貸借対照表価額とすることになり（「棚卸資産の評価に関する会計基準」7），低価基準が強制適用されることになった。この場合において，取得原価と当該正味売却価額との差額（簿価切下額）は売上原価として処理するが，棚卸資産の製造に関連し不可避的に発生する（原価性を有する）と認められるときには製造原価として処理する。

　また，収益性の低下に基づくが，臨時の事象（たとえば，重要な事業部門の廃止，災害損失）の発生に起因し，かつ，多額であるときには，特別損失に計上する。この場合には，洗替法を適用していても，当該簿価切下額の戻入れを行ってはならないとされている（「同基準」17）。

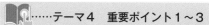
……テーマ4　重要ポイント1〜3

第10章　記述式問題と解答例

　有形固定資産の減価償却に関する次の問いに答えなさい。

(1) 減価償却の目的および効果について説明しなさい。

(2) 減価償却費の計算は，耐用年数または利用度を配分基準として実施されるが，
　　そのうち，耐用年数を配分基準とする方法について説明しなさい。

(3) 減価償却は，その償却単位の設定について個別償却と総合償却の2つに分類さ
　　れる。これに関して，次の①および②に答えなさい。

　　①個別償却と総合償却のそれぞれについて説明しなさい。

　　②固定資産の耐用年数到来前に除却した場合と耐用年数を超過して固定資産を
　　　使用した場合の個別償却と総合償却の相違点について説明しなさい。

【国税専門官／財務専門官・平成26年度】

難易度　＊＊

　有形固定資産の減価償却の意義，目的および効果を述べたうえで，減価償却の方
法を説明せよ。　　　　　　　　　　　　　　【地方上級（東京都）・平成24年度】

難易度　＊

解 答 例

(1) 土地と建設仮勘定を除く有形固定資産（たとえば建物）は，一般に使用または
時の経過（物理的減価）や陳腐化・不適応化（機能的減価）などの原因によって漸
次その価値を減ずる。しかしながら，その減価額を正確に測定することは不可能に
近い。そこで，便宜上，一定の計算方法を定めて，固定資産の減価を規則的・継続
的に行い，これを毎期の費用（減価償却費）として計上するとともに，減価償却累
計額を設定してその金額だけ固定資産の帳簿価額を減少させる必要がある。有形固
定資産に適用されるこのような費用配分の手続きを減価償却という。減価償却の目
的は，適正な費用配分を行うことによって毎期の期間損益計算を正確ならしめるこ
とにある。しかしながら，毎期計上される減価償却費の妥当性は，その計算の前提
となる取得原価，耐用年数（または総利用高・総生産量）および残存価額の正確性
と，それらを基礎にした計算方法の合理性に依存することに留意する必要がある。
減価償却は，これを資金的な側面から見れば，過去に支出された投下資本の回収過
程であり，収益から差し引かれる減価償却費はなんら支出を伴わない費用であるか
ら，それだけ収益活動による流入資金が企業内に留保されることになる。減価償却
のこのような財務的効果は，固定資産の流動化ないしは自己金融効果と呼ばれる。

(2) 減価償却の計算方法は，一般に期間を配分基準とする方法（定額法，定率法，
級数法）と生産高（利用高）を配分基準とする方法（生産高比例法）の2つに大別
される。前者の方法は次のとおりである。

①定額法

固定資産の耐用期間中，毎期均等額の減価償却費を計上する方法をいう。

$$毎期の減価償却費 = \frac{取得原価 - 残存価額}{耐用年数}$$

②定率法

未償却残高（＝取得原価－減価償却累計額）に一定率を乗じて減価償却費を計算する方法で，耐用年数の比較的初期に多額の減価償却費が計上されるため投下資本の早期回収や保守主義の原則に合致した方法といわれる。

$$毎期の減価償却費 = 未償却残高 \times 定率$$

$$定率 = 1 - \sqrt[耐用年数]{\frac{残存価額}{取得原価}}$$

③級数法

毎期の償却額を算術級数的に逓減した減価償却費を計上する方法であり，定率法の簡便法として考案された方法である。

$$毎期の減価償却費 = （取得原価 - 残存価額） \times \frac{残り耐用年数}{耐用年数の級数総和}$$

$$耐用年数の級数総和 = \frac{耐用年数 \times （1 + 耐用年数）}{2}$$

(3) ①減価償却は，償却を個々の固定資産ごとに行う個別償却と，個々の固定資産をグループ化して一括的に償却を行う総合償却に分けられる。総合償却には，耐用年数を異にする多数の異種資産につき平均耐用年数を用いて一括的に減価償却計算および記帳する方法と，耐用年数の等しい同種資産または耐用年数は異なるが物質的性質ないし用途等において共通性を有する幾種かの資産を1グループとし，各グループにつき平均耐用年数を用いて一括的に減価償却計算および記帳を行う方法がある。

②固定資産の耐用年数到来前に除却した場合と，耐用年数を超過して固定資産を使用した場合には，個別償却と総合償却とに相違が生じる。前者の場合，個別償却では固定資産の未償却残高を用いて除却損益を計上するのに対して，総合償却では個々の固定資産の未償却残高が明らかではないことから，残存価額を除いた除却資産原価がそのまま減価償却累計額勘定から控除される。また，後者の場合，個別償却ではすでに耐用年数終了時に未償却残高がなくなっており，それ以降の固定資産の使用に対しては減価償却費を計上する余地はない。しかし，総合償却の場合，平均耐用年数到来後も資産が残存する限り未償却残高も残存することから，すべての固定資産が除却されるまで継続して減価償却を行うことになる（「連続意見書第3」第1の10）。

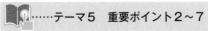
……テーマ5　重要ポイント2〜7

固定資産の費用化に関して，次の各問に答えよ。

(1) 取替法について，通常の減価償却計算と対比しながら，その内容を述べよ。

(2) 取替法による計算を行った場合と，通常の減価償却計算を行った場合とでは，異なった期間損益が算定されることとなるが，このことは，会計学における真実性の原則から見て，企業会計上どのように評価されるか論ぜよ。

【国税専門官・平成8年度】

難易度　＊＊

解 答 例

(1) 取替法について

　取替法は，鉄道会社における枕木や電力会社における電信柱のように，同種の物品が多数集まって1つの全体を構成し，老朽品の部分的な取替えを繰り返すことによって全体が維持されるような固定資産に対して適用される固定資産の費用化の方法である。

　一方，減価償却とは，有形固定資産の取得原価を費用配分の原則に基づき，規則的・計画的に各期の費用として計上していく手続きをいう。

　減価償却の最も重要な目的は，適正な費用配分を行うことによって，毎期の損益計算を正確ならしめることである。このためには，減価償却は所定の減価償却方法に従い，毎期規則的・計画的に実施されなければならないのである。

　取替法は，そのような減価償却の代替法として適用されるが，減価償却とはまったく異なる固定資産の費用化方法である。

　すなわち，取替法は，減価償却の代わりに部分的取替えに要する取替費用を収益的支出として処理する方法であり，減価償却が旧来の固定資産の取得原価を費用配分する方法なのに対して，取替法は，新たに取得した資産の取得原価を全額費用化していく点で，いわゆる費用配分の原則に従った固定資産の費用化方法とはいえないからである。

　取替法の適用が認められる資産は取替資産と呼ばれ，軌条，信号機，送電線，需要者用ガス計量器，工具器具等がその具体例である。

　なお，その処理手続きは，次のようである。

①最初に取得した固定資産の取得原価を取替資産の価額として計上する。

②上記①以後は，当該固定資産の減価を考慮しないで償却は行わず，取替資産の取得原価をそのまま維持する。

③そして，実際の破損その他の理由で取替えを行ったときに初めて，新たに購入した資産の取得に要した支出額をその期の費用（取替費）として計上する。

(2) 取替法および減価償却による異なる期間損益の算定に関する企業会計上の評価について

「取替法による計算を行った場合と，通常の減価償却計算を行った場合とでは異なった期間損益が算定されることになる」とは，先に述べたように，基本的に通常の減価償却計算は，取得原価をたとえば定額法や定率法など一定の費用配分方法により費用計上していく方法なのに対して，取替法は新たに購入した資産に対する支出額を費用化するからである。前者が旧価額を費用化するため，投下資本の回収が名目額によることとなり，資本の維持という観点からしても，廃棄後の取替資金（減価償却累計額）の確保が十分でないのに対して，後者の方法では，最近に取得した資産の支出額が費用化されるため，比較的実質価額に近い資本の回収が行われることになる。

しかし，そのような結果が企業会計原則の真実性の原則に反することになるとはいえない。

なぜならば，真実性の原則にいう真実性とは，絶対的な真実性ではなくて相対的真実性だからである。つまり，絶対的な真実性では，1つの会計手続きにおいて1つの方法しか認められないが，相対的な真実性では，会計原則上認められている方法であればいずれの方法による計算であっても，それらはいずれも真実な計算ならびに会計報告であると認められることになるからである。

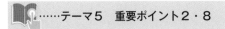
……テーマ5　重要ポイント2・8

第10章
記述式問題と解答例

問　題　8

固定資産の取得原価に関する次の問いに答えよ。

(1) 無償で取得した資産についての取得原価に関する考え方を2つ示せ。

(2) (1) の2つの考え方のうち，わが国の企業会計原則において示されている方法を示し，その理由を述べよ。

(3) 国庫補助金等により取得した資産についての取扱いと (1) の2つの考え方の関係について述べよ。　【国税専門官・平成12年度】

難易度　＊＊＊

解　答　例

(1) 一般に資産の取得原価は，当該資産の取得に要した対価（犠牲になった資産の価額）によって算定される。しかしながら，この対価については2つの考え方が存在する。一つは，支払対価こそ当該取得資産の取得事実または企業の経験的・確証的な事実を客観的に示すものであると主張され，この考え方の下においては，資産の取得原価は，常に，犠牲資産の価額によって従属的に決定されることになる。したがって，無償で取得された資産は，支払対価がゼロであるため取得原価はゼロということになる。

　他方，もう一つの考え方は，会計が本質的に追求すべきものは価値であって，対価は，通常の市場交換においては，それが取得時の公正な価値にほぼ等しく，よってその対価に基づく原価は，価値を表現する一般的な指標として信頼できるから採用されるのであると主張される。したがって，この考え方によれば，取得原価は必ずしも犠牲資産の価額によって従属的に決定されることなく，取得資産そのものの独立的な評価額によってその価値が評価されることになる。

(2) 貸借対照表完全性の原則によれば，企業の所有する資産・負債・資本（純資産）はすべて会計帳簿に記帳し，貸借対照表に表示しなければならない（貸借対照表原則1）。したがって，贈与その他無償で取得した固定資産は，取得原価をゼロとするのではなく，時価等を基準とした公正な評価額をもって取得原価としなければならない（貸借対照表原則5のF）。今日の会計理論は，合理的商人が行う通常の取引活動を前提として打ち立てられている。したがって，贈与などの異例な取引の場合には，受け入れた時の適正な時価など，公正な評価額をもって受入資産の取得価額として記帳し，当該取得資産についてその保有・管理・運用に関する受託責任を明示すべきということになる。仮に，そのような取得資産をゼロとしてまったく記帳しないとすれば，それによって作成される財務諸表は，財政状態および経営成績についての判断を誤らしめるものとなる。

（3）企業会計原則では，国庫補助金や工事負担金などを受け入れて取得した資産については，国庫補助金などに相当する額を取得原価から控除すること，すなわち，圧縮記帳を行うことを認めている（企業会計原則注解24）。この考え方は，無償取得資産をゼロとして評価する考え方に通じている。なお，この場合の貸借対照表の表示方法については，次の2つの方法が認められている。

①取得原価から国庫補助金等に相当する金額を控除する形式で記載する方法。

②取得原価から国庫補助金等に相当する金額を控除した残額のみを記載し，当該国庫補助金等の金額を注記する方法。

……テーマ5 重要ポイント1

繰延資産等に関する次の問いに答えよ。

(1) 次の問いについてそれぞれ答えよ。

　　繰延資産の意義について説明せよ。

　　繰延資産と前払費用との共通点および相違点について説明せよ。

　　企業会計原則注解15で記述されている，いわゆる「臨時巨額の損失」の意義
　　について，繰延資産との相違点にも触れながら説明せよ。

(2) 次の記述についてその可否を理由とともに説明せよ。

　　「新株を発行する際，資本金に組み入れなかった剰余金から，繰延資産である
　　株式交付費を差し引くことができるか」　　　　　　【国税専門官・平成18年度】

　　　　　　　　　　　　　　　　　　　　　　　　　難易度　＊＊＊

解答例

(1) ①繰延資産とは，「既に代価の支払が完了し又は支払義務が確定し，これに対
応する役務の提供を受けたにもかかわらず，その効果が将来にわたって発現するも
のと期待される費用」（企業会計原則注解15）をいい，創立費，開業費，株式発行
費，社債発行費，開発費がある（「繰延資産の会計処理に関する当面の取扱い」2
の（2），財務諸表等規則36条・37条）。（なお，試験研究費，社債発行差金，建設利
息が繰延資産から除外された理由については，問題10の解答例を参照）

　ある支出額が繰延経理される根拠は，おおむね，次の2つに分類することができ
る（「連続意見書第5」第1の2）。

ⅰ）　ある支出が行われ，また，それによって役務の提供を受けたにもかかわらず，
支出もしくは役務の有する効果が，当期のみならず，次期以降にわたるものと予想
される場合，効果の発現という事実を重視して，効果の及ぶ期間にわたる費用とし
て，これを配分する。

ⅱ）　ある支出が行われ，また，それによって役務の提供を受けたにもかかわらず，
その金額が当期の収益にまったく貢献せず，むしろ，次期以降の損益に関係するも
のと予想される場合，収益との対応関係を重視して，数期間の費用として，これを
配分する。

　以上のように，繰延資産に貸借対照表能力が認められるのは，それが換金能力と
いう観点から考えられる財産性を有するからではなく，その効果が将来の数期間に
わたり，その金額が当期の収益にまったく貢献せず，むしろ次期以降の収益に対応
すると考えられるためであり（支出効果説），費用配分の原則ならびに費用収益対
応の原則によるものである。

②前払費用は，一定の契約に従い，継続的に役務の提供を受ける場合において，あ
る期間中に，いまだに役務の提供を受けていないにもかかわらず，これに対して
支払われた対価を意味している（企業会計原則注解15）。したがって，かかる役務
の対価は，普通，時間の経過によって，役務の提供を受けるに従い，次期もしくは
次期以降の損益計算に，費用として計上されるべき性格を有しているから，これを

貸借対照表の資産の部に掲記しなければならない。ただし，貸借対照表における資産の表示に当たり，流動資産と固定資産は一定の基準によって区分されなければならないので，前払費用についても，1年以内に費用として計上されることとなるものは流動資産とし，また，1年を超えて損益計算に関係する前払費用は固定資産（投資その他の資産）とする。

　これに対して，繰延資産は，ある支出額の全部が，支出を行った期間のみが負担する費用となることなく，数期間にわたる費用として取り扱われる場合に生ずる。この点は前払費用の生ずる場合と同様であるが，前払費用は，すでに支出は完了したが，いまだ当期中に提供を受けていない役務の対価たる特徴を有している。これに対し，繰延資産は，支出が完了していることは同様であるが，役務そのものはすでに提供されている場合に生ずる点で両者は相違する。

③企業会計原則は「天災等により固定資産又は企業の営業活動に必須の手段たる資産の上に生じた損失が，その期の純利益又は当期未処分利益から当期の処分予定額を控除した金額をもって負担しえない程度に巨額であって特に法令をもって認められた場合には，これを経過的に貸借対照表の資産の部に記載して繰延経理することができる」（企業会計原則注解15）として，臨時巨額の損失についての繰延経理を認めている。

　そもそも資産とは，企業の経営活動に役立つ潜在的用役（サービス・ポテンシャルズ）の総体と定義され，この潜在的用役とは，当該企業の収益獲得活動に直接・間接に役立つ能力を有し，それが将来にかけて発現することが期待されるものをいう。しかしながら，臨時巨額の損失は，この資産概念に当てはまるものではなく，文字どおりの損失であるから，適正な期間損益計算の観点からすれば，これを繰延経理する根拠を見いだしがたい。臨時巨額の損失を資産として繰延経理することが認められるとすれば，それは会計理論に基づくものではなく，経営政策，財務政策などの政策的な理由によるものである。すなわち，臨時巨額の損失を全額損益計算書に計上するのではなく，いったん貸借対照表の資産の部に計上し，逐次，将来の収益にチャージする方法をとることにより，企業が利益配当を行えるようにすること，またこのことによって，株式市場での株価の暴落，ひいては証券市場の混乱を防止し，新株や社債の発行による資金調達を可能ならしめるなどの配慮に基づくものである。このように，臨時巨額の損失を繰延経理することは，会計理論上認められるものではなく，あくまでも政策的な配慮によるものである。

(2) 資本剰余金は，資本取引から生じた剰余金であり，利益剰余金は損益取引から生じた剰余金，すなわち利益の留保額であるから，両者が混同されると，企業の財政状態および経営成績が適正に示されないことになる。「企業会計原則」は，このように資本取引と損益取引を明瞭に区別すべきことを規定しており，したがって，たとえば，新株発行による株式払込剰余金から株式交付費を控除することは許されない（一般原則3，注解2(1)）。なお，株式交付費に関するわが国の以上のような取扱いに対して，国際的な会計基準では，資本取引に付随する費用とみなされ，資本から直接控除されている。

……テーマ3　重要ポイント6

負債の意義，分類および評価について，それぞれ説明せよ。

【地方上級（東京都）・平成20年度】

難易度　＊＊

解　答　例

　企業に対する資金の提供者が，企業の総財産に対して有する法的な請求権の総体を持分（equity）という。この持分は，債権者持分（利子請求権，元本返還請求権など）と出資者持分（利益の分配請求権，残余財産請求権など）からなり，負債は債権者持分であり，他人資本ともいわれる。

　このように負債の本質を，負債は他人資本（借入資本）であり，出資者持分たる自己資本とともに資本であるとする考え方を負債資本説という。これは，資産＝負債－資本，という貸借対照表等式を基本とする考え方であって，資産とその調達源泉との関係を重視した「企業を主体とする会計」（企業主体論）に立つものである。

　これに対して，負債はマイナスの消極財産であって，積極財産である資産とともに財産を構成するものであるとする考え方を負債財産説という。これは，資産－負債＝資本，という資本等式を基本とする考え方であって，自己資本を中心とした「企業主の会計」（所有主理論）に立つものである。

　このように債権者持分である負債は，債権者が企業に対して資金・財貨，あるいは用役を提供することによって生じ，将来において金銭その他の資産をもって返済しなければならない企業の債務を意味する。これらの債務の中には，返済が法律または契約によって法的に強制されている法的債務と期間損益計算の合理化・適正化という純会計的な見地から負債として認められるものがある。前者の法的債務には，金銭債務，引渡債務，作為（用役提供）債務などの確定債務と，一定の条件を満たすと確定債務になる条件付債務がある。また後者には，修繕引当金のように法的債務性を有しない負債性引当金や，リース負債のように実質優先主義の見地から計上される負債がある。

　負債は貸借対照表上，流動負債，固定負債の2つに分類される（貸借対照表原則4の(2)，会社計算規則107条）。流動負債と固定負債の区分は，資産の場合と同様に，支払手形，買掛金など企業の主たる営業取引に基づく債務は営業循環基準によって流動負債に，また，借入金や預り金などは1年基準によってそれぞれ流動負債と固定負債に区分する。

　主な負債の評価は，次のとおりである。

①金銭債務

　金銭債務は，企業の主目的たる営業取引過程で発生する仕入債務（買掛金，支払手形など）とその他の債務（社債，借入金，未払金，預り金など）からなるが，貸借対照表上は契約上の弁済額である債務金額で評価・計上される。ただし，社債を社債金額よりも低い価額または高い価額で発行した場合など，収入に基づく金額と債務額とが異なる場合には，償却原価法に基づいて算定された価額をもって，貸借対照表価額としなければならない（「企業会計基準第10号」26）。

②負債性引当金

　負債性引当金は，債務性のある引当金と債務性のない引当金に大別される。前者は，退職給付引当金や製品保証引当金などのように企業が負っている条件付債務を示す目的で設定されるものであり，後者は，修繕引当金や特別修繕引当金のように企業が所有している資産に係る将来の支出負担を示す目的で主として会計的見地から設定されるものである。これらの引当金は，次のような計上要件を満たす場合に，合理的な見積額で評価される（企業会計原則注解18）。

　ア．将来の特定の費用または損失に対するものであること
　イ．その発生が当期以前の事象に起因していること
　ウ．費用や損失の発生の可能性が高いこと
　エ．その金額を合理的に見積もることができること

③リース負債

　ファイナンス・リース取引については，原則として通常の売買取引に係る方法に準じて会計処理を行うことになったため（「リース取引に係る会計基準」３の１の(1)），取引の法的形式が賃貸借取引であるにしても，経済的実質を優先させる実質優先主義により，リース契約時の借手の会計処理としては，リース物件の使用収益によって経済的利益を享受する権利を得るので，これを資産に計上するとともに，リース期間中，リース料を支払わなければならない義務を負っているので，「リース債務」として負債に計上する。なお，この場合の取得価額の算定方法については，リース取引開始時に合意されたリース料総額からこれに含まれている利息相当額の合理的な見積額を控除するものとする（「リース取引に係る会計基準」注解２）。

第10章　記述式問題と解答例

……テーマ６　重要ポイント１〜３

　引当金に関する次の問いに答えよ。

(1) 引当金について，その意義と設定要件を説明せよ。

(2) 評価性引当金と減価償却累計額の異同について説明せよ。

(3) 債権の貸倒見積高の算定方法について説明せよ。

【国税専門官／財務専門官・平成24年度】

難易度　＊＊＊

解 答 例

(1)　①引当金の意義

　引当金とは，将来の資産の減少または債務の発生に備えて，その合理的見積額のうち，当期の負担に属する金額を費用または損失（または収益の控除）として計上するために設定される貸方項目をいう。

　引当金を設定する目的は，当期の収益に対応する費用を計上することによって，適正な期間損益計算を行うため，また当該企業の資産価値の減少を見積計上することによって，当該資産の決算日現在の貸借対照表価額を明らかにするためである。

②引当金の設定要件

　企業会計原則では，引当金を設定する場合，それが妥当なものかどうかを判断する基準として，次の４つの計上要件を挙げている（企業会計原則注解18）。

　ア．将来の特定の費用または損失に対するものであること

　　　第一の計上要件は，特定の費用支出となる現金その他の資産の減少の対象を特定できなければならないことである。したがって，たとえば「創立○周年記念事業引当金」などのように，どこまでが記念事業に係る費用支出なのかを具体的に特定できないものは，引当金としての設定が認められないことになる。

　イ．その発生が当期以前の事象に起因していること

　　　第二の計上要件は，将来の特定の費用または損失の発生原因が当期以前の事象に起因していなければならないことである。たとえば，修繕費は，その支出の原因は建物の利用によって毎期徐々に発生すると考えられるため，修繕の行われた期間に全額計上するのは期間損益計算をゆがめることになる。したがって，その原因が発生した期間に正しく費用配分するのが適正な期間損益計算につながることになる。

　ウ．費用や損失の発生の可能性の高いこと

　　　第三の計上要件は，発生の確実性の基準である。特定の費用または損失として発生の可能性の低いものには引当金を設定できない。したがって，火災損失や災害損失などのようにある種の損失が突発的・偶然的に生じる損失である偶発損失や，一定の条件が満たされるような事態が発生したとき法律上の債務として確定する可能性のある偶発債務等については引当金を設定することはできない。

　エ．その金額を合理的に見積もることができること

　　最後の計上要件は，見積計算の合理性に関するものであり，引当金の設定見
　積額は，過去の経験，統計的確率などに基づいて合理的かつ客観的に算定でき
　るものでなければならない。

(2) 評価性引当金とは，資産の期末の現在価額（貸借対照表価額）を示す目的で設
定される貸方項目であり，貸倒引当金がその例として挙げられる。従来，負債の部
に計上すべき引当金を負債性引当金と称し，資産の部の控除項目として記載すべき
引当金を評価性引当金と呼んで，両者を区別する慣行が存在したが，負債性引当金
も評価性引当金もいずれも将来の特定の費用または損失の計上に係る引当金項目で
あり，会計的性格は同一と考えられ，「企業会計原則注解18」では引当金として一
本化を図った。なお，評価性引当金に類似しているものに減価償却累計額がある。
従来，減価償却費の累計額を「減価償却引当金」としていたが，当該累計額は現に
保有する償却資産について，すでに発生した減価償却額の累計額であって，将来の
費用または損失に関するものではないため，「企業会計原則注解18」の引当金に該
当しないと考えられ，「減価償却累計額」として固定資産からの控除項目として計
上されることになった。

(3) 債権の貸倒見積高は，債権の区分に応じて次のように算定する（「金融商品に
関する会計基準」27・28）。
①一般債権：経営状態に重大な問題が生じていない債務者に対する債権を一般債権
といい，債権全体または同種・同類の債権ごとに，債権の状況に応じて求めた過去
の貸倒実績率等合理的な基準により貸倒見積高を算定する。
②貸倒懸念債権：経営破綻の状態には至っていないが，債務の弁済に重大な問題が
生じているかまたは生じる可能性の高い債務者に対する債権をいい，債権の状況に
応じて，次のいずれかの方法により貸倒見積高を算定する。ただし，同一の債権に
ついては，債務者の財政状態および経営成績の状況等が変化しない限り，同一の方
法を継続して適用する。
　ア．債権額から担保の処分見込額および保証による回収見込額を減額し，その残
　　　額について債務者の財政状態および経営成績を考慮して貸倒見積高を算定する
　　　方法
　イ．債権の元本の回収および利息の受取りに係るキャッシュ・フローを合理的に
　　　見積もることができる債権については，債権の元本および利息について元本の
　　　回収および利息の受取りが見込まれるときから当期末までの期間にわたり当初
　　　の約定利子率で割り引いた金額の総額と債権の帳簿価額との差額を貸倒見積高
　　　とする方法
③破産更生債権等：経営破綻または実質的に経営破綻に陥っている債務者に対する
債権をいい，債権額から担保の処分見込額および保証による回収見込額を減額し，
その残額を貸倒見積高とする。

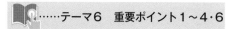……テーマ6　重要ポイント1～4・6

第10章　記述式問題と解答例

　資本会計に関する次の問いに答えよ。

（1）「資本と利益の区別の原則（資本取引・損益取引区分の原則）」について説明
　　せよ。さらに，貸借対照表の株主資本の各項目（自己株式を除く）について
　　説明せよ。なお，解答に当たっては，払込資本と稼得資本の違いを踏まえて
　　説明すること。

（2）自己株式について説明せよ。　　　　　　　　　　【国税専門官・平成21年度】

　　　　　　　　　　　　　　　　　　　　　　　　　　　　　難易度　＊＊＊

解　答　例

（1）「企業会計原則」の「一般原則」3では，「資本取引と損益取引とを明瞭に区別
し，特に資本剰余金と利益剰余金とを混同してはならない」と述べられている。こ
れを資本と利益の区別の原則，または剰余金区分の原則という。

　資本取引とは，株主その他による資本の拠出および払戻取引ならびに資本修正取
引をいい，具体的には，①株主による払込資本（資本金と資本準備金）の増減取
引，②株主以外の第三者による受贈資本（国庫補助金，工事負担金など）の増減取
引，③貨幣価値の変動の著しいときにおける資産の評価替えや保険差益の発生など
による自己資本の増減取引（資本修正取引）などが含まれる。

　損益取引は，上記以外の原因に基づく自己資本の増減をもたらす取引であって，
資本の運用に関する取引である。

　資本剰余金と利益剰余金を区別しなければならないのは，両者を混同し，その区
分を明確にしないと，資本が利益に転化して資本配当や資本課税が行われ，また，
逆の場合には利益の隠ぺいや過大表示を招くことになり，企業の経営成績や財政状
態の適正な表示がそれによって著しくゆがめられることになるからである（「企業
会計原則」注解2の(1)）。

　平成17年の会社法の制定に伴う一連の改正により，株主資本は，「資本金」「資本
剰余金」「利益剰余金」に区分され，「資本剰余金」は，「資本準備金」と「その他
資本剰余金」に，また「利益剰余金」は，「利益準備金」「その他利益剰余金」とい
う表示に統一された（「貸借対照表の純資産の部の表示に関する会計基準」4〜6，
財務諸表等規則60条〜65条，会社計算規則108条）。払込資本とは，株主による株式
会社への出資額または払込額をいい，稼得資本とは，企業活動を行った結果，稼得
した資本の増加分をいう。前者には資本金，資本剰余金が含まれ，後者には利益剰
余金が含まれる。

①資本金

　資本金とは，法定資本をいう。平成17年の会社法の制定により，株式会社の設立

時には，定款で設立に際して出資すべき額またはその最低額を定めるものとし（会社法27条4号），出資すべき額については，下限額の制限を設けないものとされた。したがって，株式会社の資本金の額は，原則として，設立または株式の発行に際して株主となるものが，当該株式会社に対して払込み（または給付）をした財産の額とされるが，払込金額のうち2分の1を超えない額は資本準備金として，資本金としないことができるとされている（会社法445条）。貸借対照表の資本金の区分には，このようにして決定された法定資本の額を記載し，発行済株式の数は普通株・優先株等の種類別に注記する（企業会計原則第3の4の(3)のA）。

②資本剰余金

剰余金とは，会社の純資産額が法定資本の額（資本金）を超える部分をいい，その発生原因によってさらに資本剰余金と利益剰余金に分類される（企業会計原則注解19）。資本剰余金とは，資本取引から生じる剰余金で資本金と同様に企業内に維持されるべき資本の性格を有しているものをいい，利益剰余金とは，利益を源泉とする剰余金をいう。

ⅰ）資本準備金

資本準備金は会社法の規定（445条3項・4項）によって積み立てなければならない資本剰余金である。資本準備金と利益準備金は法定準備金と呼ばれ，資本準備金には，株式払込剰余金，株式交換差益，株式移転差益，会社分割差益，合併差益がある。商法上，これらの法定準備金は，資本金に組み入れるか，損失の塡補に充てるほかは，従来取り崩すことができないとされていたが，平成17年7月制定の「会社法」によれば，債権者保護手続き（449条）および株主総会の決議（株式の発行と同時に準備金の額を減少する場合には「取締役の決議（取締役会設置会社にあっては取締役会の決議）」）によって，減少することができるようになった（448条）。

a．株式払込剰余金：株式発行価額のうち，資本金に組み入れない額をいい，従来の株式発行差金ならびに払込剰余金に相当するものである。

b．株式交換差益：株式の交換をした場合に，資本増加の限度額（会社法445条5項）が完全親会社の増加した資本金の額を超える場合の超過額をいう。

c．株式移転差益：株式の移転をした場合に，資本増加の限度額（会社法445条5項）が設立した完全親会社の資本金の額を超える場合の超過額をいう。

d．会社分割差益：新設分割をした場合は資本限度額（会社法445条5項）が，また吸収分割をした場合は資本増加の限度額（会社法445条5項）が，それぞれ分割によって設立した会社の資本金の額ならびに営業を継承した会社の増加資本金の額を超える場合のその超過額をいう。

e．合併差益：合併会社が被合併会社から受け入れた純資産額が，被合併会社の

株主に対して交付した株式の額面金額（または資本金への組入額）および合併交付金の合計額を超過した場合のその差額である。

ⅱ）その他資本剰余金

　その他資本剰余金は，資本金および資本準備金減少差益，自己株式処分差益，その他の内容を示す適当な名称を付した科目（たとえば減資差益など）に細分される。

　　a．資本金および資本準備金減少差益：株主総会の決議および債権者保護手続き（会社法449条）を経て，資本金および準備金の減少ができるようになった（会社法447条・448条）。この資本金および準備金の取崩しによって生ずる剰余金は，いずれも取崩し前の資本準備金の持っていた会計学上の性格が変わるわけではなく，資本性の剰余金の性格を有すると考えられるため，「その他資本剰余金」に「資本金および資本準備金減少差益」として表示する。

　　b．減資差益：減資差益とは，法定の手続きに従って減資した資本金の額が，株式の消却または資本の払戻しのために支出した金額を超えるとき，あるいは損失金を減資によって塡補した場合，減資額が損失金を超えるとき，その超過額を減資差益という。

③利益剰余金

ⅰ）利益準備金

　会社法の規定（445条4項）により積立てが強制されているもので，利益準備金として積み立てるべき額は，剰余金の配当の場合には，剰余金の配当により減少する剰余金の額に10分の1を乗じた額，また中間配当を行う場合には，その金銭配当額の10分の1を利益準備金として積み立てなければならない。これは，株式会社の有限責任制度に対して，債権者保護の立場から法定資本を補強する意味を持つ。

ⅱ）その他利益剰余金

　その他利益剰余金に属するものには，任意積立金と繰越利益剰余金がある（「貸借対照表の純資産の部の表示に関する会計基準」6(2)）。

　　a．任意積立金：法律によって積立てを強制されるものではなく，定款の規定または株主総会の決議などに基づいて設けられるもので，新築積立金，減債積立金，欠損塡補積立金，配当平均積立金などがこれである。

　　b．繰越利益剰余金：以前は，前期繰越利益に当期純利益やその他当期に生じた利益剰余金の変動額（一定の目的のために設定した積立金のその目的に従った取崩額，中間配当額，中間配当に伴う利益準備金の積立額等）を加減して当期未処分利益が表示されてきた。これを受けて，貸借対照表では「当期未処分利益」が表示され，決算日後の利益処分を経て，利益処分計算書において当期未処分利益から利益処分額を控除し「次期繰越利益」が示されてい

た。しかしながら，平成17年7月の会社法の制定によって，決算日後の利益処分としてではなく剰余金の配当を行うことができるようになったことなどから，これまで利益処分の前後で使い分けられてきた「当期未処分利益」と「繰越利益」に代え，「繰越利益剰余金」と改称された（「貸借対照表の純資産の部の表示に関する会計基準」35・36）。

(2) 会社がすでに発行した自社の株式を取得し，保有している場合の当該株式を自己株式（または株）という。自己株式は，従来軽微な場合を除き有価証券と区別して資産の部に表示することとされていたが自己株式取得の原則自由化に伴い，純資産の株主資本から控除する形式で記載しなければならなくなった（会社計算規則108条2項，財務諸表等規則68条の2の3）。

自己株式の処分は，新株の発行と同様の経済的実態を有すること，および資本準備金の積立ては限定列挙されているということから，「自己株式処分差益」は，「その他資本剰余金」区分に計上することとなった（「自己株式及び法定準備金の取崩等に関する会計基準」38）。自己株式の処分については，従来，自己株式売却損益が用いられてきたが，平成13年6月の商法改正により，処分差額が損益計算書に計上されないこと，および自己株式の処分が売却だけに限定されないことなどに伴って，プラスの自己株式処分差額を「自己株式処分差益」とし，マイナスの自己株式処分差額を「自己株式処分差損」として，区別することとなった（同基準11〜13）。

……テーマ8　重要ポイント1〜8

損益会計

問　題　⓭

　損益会計に関する次の問いに答えよ。
(1) 損益会計の主要概念である収益と費用について，それぞれ説明せよ。
(2) 収益と費用を期間的に認識するための原則（期間帰属決定の原則）にはどのようなものがあるのかを挙げ，それぞれについて説明せよ。
(3) 収益と費用に対して，発生主義を適用するときに経過的に貸借対照表に計上される経過勘定項目には，どのようなものがあるかを挙げ，それぞれについて説明せよ。　　　　　　　　　　　　　　　　　　　　【国税専門官・平成14年度】

難易度　＊＊

解 答 例

(1) 収益とは，①貨幣性資産としての対価を得て外部の者に提供しまたは提供すべき財貨・役務，および②利益を助成する目的で外部の者から企業に提供された金銭・財貨，などを貨幣額で表したものをいう。これに対して費用とは，財貨または役務について，それが消費されて，その後の営業活動にはもはや貢献しなくなった部分を貨幣額で表したものをいう。これらの収益ならびに費用は，発生の経常性ならびに営業活動によって発生するか否かによって，以下のように分類される。

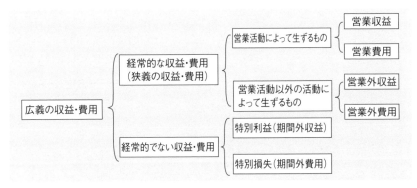

(2) 収益および費用の期間帰属決定の原則とは，収益および費用を発生した期間に正しく割り当て，期間損益計算を適正に行うための基本手続きをいい，費用配分の原則および費用収益対応の原則が挙げられる。
　費用配分の原則とは，費用性資産（棚卸資産，有形固定資産，無形固定資産，繰延資産）の取得原価を，一定の基準によって当期の費用と次期以後の費用とに配分

することを要求する原則である。たとえば，①商品または製品の取得原価を，当期の収益に対応する売上原価と次期以後の収益に対応する資産（繰越商品）とに配分する手続き，②固定資産の取得原価を，減価償却という手続きによって，当期の費用としての減価償却費と次期以後に配分される費用としての繰越額とに分割する手続きが，その典型的な事例である。

　費用収益対応の原則とは，いったん発生したものとして期間配分された費用を，再び収益を基準として再配分を行い，費用収益の正しい期間帰属を決定する手続きをいう。本来，費用は企業の経営活動の努力を示し，収益はその成果を示すものである。したがって，期間損益計算を適正に行うためには，費用ならびに収益を経営活動の進行に応じて，発生するがままに認識し計上するのが最も理論的である。

　しかしながら，収益に関しては，計算の客観性および算定される利益の処分確実性という制度的要請に応えるために，このような発生主義の内容を限定する実現主義をとることになるが，一般に収益が実現する時点は，これに要した費用の発生する時点よりも遅れるのが普通である。ここに，期間損益計算を実施するに当たり，収益と費用との間に期間的ずれが生ずることになる。したがって，この期間的ずれを修正して，適正な期間損益計算を行うためには，発生した費用のうちから，当該会計期間に実現した収益に対応する部分を取り上げて，これを収益と比較することが必要となる。

　この場合，明らかに次期以後の収益に対応すると認められる費用は，次期以後の収益獲得のための費用として繰り延べ，また，前期以前の収益に対応すると認められる費用は，前期に繰り戻す手続きをとるのである。

(3) 収益および費用は，その支出および収入時点ではなく，その発生（経済価値の増加または減少の事実）時点において認識し，その期間に適正に帰属させることが要求される。このような発生主義の原則の適用によって計上される経過勘定項目には，次期以後の収益・費用として繰延計上する項目（前払費用・前受収益）と，当期の収益・費用として見越計上する項目（未払費用・未収収益）とに分けられる。
①前払費用

　前払費用とは，いまだ提供されていない役務に対して支払われた対価であり，時の経過とともに費用化するものである。したがって，その支払額は当期未発生の費用に対する対価であるからその発生期間まで繰り延べ，当期の損益計算から除去しなければならない。

第10章　記述式問題と解答例

②前受収益

　前受収益とは，いまだ提供していない役務に対して支払いを受けた対価であり，時の経過とともに収益化するものである。したがって，この収入額は未発生収益に対する対価であるため，その発生期間まで繰り延べ，当期の損益計算から除去しなければならない。

③未払費用

　未払費用とは，すでに提供を受けた役務に対して，いまだその対価の支払いが終わらないものである。これは当期発生費用に対する未払額であるため，その金額を見積もり，当期の費用として計上しなければならない。

④未収収益

　未収収益とは，すでに提供した役務に対して，いまだその対価の支払いを受け入れていないものである。したがって，当期発生収益に対する未収額として，その金額を見積もり，当期の収益に計上しなければならない。

……テーマ9　重要ポイント1・3

問　題　⓮

収益の認識基準および費用の認識基準について，それぞれ説明せよ。

【地方上級（東京都）・平成22年度】

難易度　＊＊

解　答　例

損益計算を正確に行うためには，費用および収益を一定の基準に従って認識・測定する必要がある。費用および収益を，どの会計期間に帰属させ把握するかを，損益の認識といい，次のような基準がある。

(1) 現金主義

現金主義とは，損益をすべて現金の収支を基準として認識するものである。そして，この基準に基づいて期間損益計算を行う会計を現金主義会計という。かかる現金主義においては，損益の認識が実際の現金収支に基づくため，計算は極めて単純であり，また確実である。信用取引がほとんど行われず，固定資産の保有も少ない時代（中世イタリアの冒険企業）には，会計上大した矛盾もなく現金主義はそのまま妥当した。

しかし，継続企業を前提とする今日の企業会計においては，信用経済の発達および固定資産の長期利用化など，現金主義では期間損益を正確に算定しえないため，一般に認められていない。現在，極めて例外的にではあるが，現金主義の適用が認められているのは，割賦販売における収益計上（企業会計原則注解6の(4)），重要性の乏しい損益（同注解1），および会計士，弁護士，医師など，役務の提供を主たる業務内容とする場合である。

(2) 発生主義

発生主義とは，損益を現金の収入に関係なく，その経済価値の増加または減少の事実が発生したときに認識するものである。このように，損益の認識を発生主義に従って期間損益計算を行う会計制度を発生主義会計という。

本来，財貨の価値は，企業の生産活動を通じて徐々に形成されるものと考えられ，それが発生する時点で収益を認識するのは極めて理論的である。また，費用とは，企業の生産活動のために直接間接に要した経済価値の減少を意味する。したがって，費用はそれらの経済価値の消費の事実に基づいて認識されるべきものである。かかる費用の認識基準としての発生主義は，消費基準とも呼ばれ，今日の企業会計上，費用に関する原則的認識基準となっている。

以上のように，発生主義は損益の認識基準として最も理論的妥当性を有するもの

である。しかし，今日の企業会計が期間的な分配可能利益（処分可能利益）の計算を，その構造的特質として有することから，こと収益の認識に関しては単純に発生主義を適用することはできない。なぜなら，発生主義では発生した収益の価値が，販売時点前においては客観的に評価できず，その対価も確実に処分可能なものとはいえないからである。そのため，現在，発生主義による収益の認識は，販売または対価が確実な場合など，一定の要件を具備することによって初めて認められているにすぎない。公定価格制の下にある農産物や金鉱生産物の収益計上（収穫基準・生産基準），長期請負工事における収益計上（工事進行基準，注解7）が発生主義に基づく収益の認識基準である。

このように，収益の認識基準としての発生主義は，制限的に認められているにすぎず，また，今日の企業会計において収益の認識は，原則として実現主義によることから，発生主義はこれを狭義に，費用の認識基準とみなすこともできる。

なお，損益の認識基準を発展史的に見た場合，現金主義から発生主義への過渡的基準として，半発生主義が挙げられる。損益の認識基準としての現金主義は，信用経済の発達とともに，資本の有機的構成が高まるにつれ，継続企業を前提とした近代企業会計においては，実情にそぐわないものとなった。この現金主義の欠陥を是正するために，まず現れた損益の認識基準が，オブリゲーション・システムであり，特に現在の発生主義会計への過渡的基準であったことから半発生主義と呼ばれるものであった。

この半発生主義は，単に現実に行われた現金の収支のみでなく，将来行われるべき現金の収支（たとえば，売掛金や未収金の受取り，および買掛金や未払金の支払い）をも期間損益計算上，認識しようとするものである。したがって，この場合損益は「費用の計上＝現金支出＋将来の支出義務の発生，収益の計上＝現金収入＋将来の収入権利の発生」のように計上される。これによって，現金主義会計は発生主義会計に一歩近づいたといえる。

しかし，単なる法的な債権・債務の調整だけでは，適正な期間損益計算を遂行するうえでの重要な課題（固定資産の減価償却，繰延資産の償却，各種引当金の設定など）は解決しえないものである。ここに半発生主義の考え方が崩壊し，発生主義会計が招来されるに至った発展史的意義を見いだすことができる。

(3) 実現主義

実現主義とは，収益をその経済事実が実現したときに認識するものである（損益計算書原則3のB，注解6）。ここに実現とは，企業が生産した財貨または用役の引渡しに対する現金または現金等価物の対価の獲得を意味する。この実現の内容は，すなわち販売であり，したがって，実現主義は一般に販売基準とも呼ばれてい

る。このように発生主義会計において，特に収益の認識に関し，発生主義の内容を限定して実現主義をその認識基準とするのは，次の理由による。

①評価客観性

生産物の価値は，販売前にはいかなる時点においても客観的に評価することは極めて困難である。それに対し，販売価格は市場における社会的需要供給の関係で形成され，特定の利害関係者が恣意的に決定した価格ではないから，収益測定額としてのその金額は，最も客観的であり，合理的である。

②処分確実性

実現主義は，収益に関する未実現要素を期間損益計算から排除しようとするところに特色がある。それは，企業の円滑な継続的運営と，利益処分という制度的制約に支障なく対応するために，収益は確実に短期的に処分可能な資産たりうることが要請されるためである。このことは，今日の企業会計が，期間的な分配可能利益（処分可能利益）の算定を，その構造的特質として有することに帰着する。ここに，収益に関し未実現要素を排除し，販売時点前に収益を認識しない実質的理由がある。

なお，これまでわが国においては，企業会計原則に，「売上高は，実現主義の原則に従い，商品等の販売又は役務の給付によって実現したものに限る。」（第2の3のB）とされているものの，収益認識に関する包括的な会計基準はなかったが，国際会計基準との整合性を図る観点から「収益認識に関する会計基準」（2018年3月30日）が公表された。

この会計基準は，顧客との契約から生じる収益について定め，約束した財又はサービスの顧客への移転を当該財又はサービスと交換に企業が権利を得ると見込む対価の額で収益を認識するとしている（「収益認識に関する会計基準」16）。そして収益を認識するための5つのステップ（①顧客との契約を識別する，②契約における履行義務を識別する，③取引価格を算定する，④契約における履行義務に取引価格を配分する，⑤履行義務を充足した時に又は充足するにつれて収益を認識する）が明らかにされている（同基準17）。そして，この会計基準は「企業会計原則」に優先して適用されることになるため，特殊商品売買等への実現主義の原則の適用に当たっては，この会計基準を斟酌しなければならない。

第10章 記述式問題と解答例

……テーマ9　重要ポイント1

　収益と費用の認識に関する次の問いに答えよ。

(1) 収益および費用の計上基準としての現金主義について，その長所および短所を述べながら説明せよ。

(2) 収益および費用の計上基準としての発生主義について，その長所および短所を述べながら説明せよ。

(3) 費用収益対応の原則について説明せよ。　　　　　【国税専門官・平成23年度】

難易度　＊＊

解 答 例

(1) 現金主義とは，損益をすべて現金の収支を基準として認識するものである。そして，この基準に基づいて期間損益計算を行う会計を現金主義会計という。かかる現金主義においては，損益の認識が実際の現金収支に基づくため，計算は極めて単純であり，また確実であるという長所がある。信用取引がほとんど行われず，固定資産の保有も少ない時代（中世イタリアの冒険企業）には，会計上大した矛盾もなく現金主義はそのまま妥当した。

　しかし，継続企業を前提とする今日の企業会計においては，信用経済の発達および固定資産の長期利用化など，現金主義では期間損益を正確に算定しえないという短所があり，一般に認められていない。現在極めて例外的にではあるが，現金主義の適用が認められているのは，割賦販売における収益計上（企業会計原則注解6の(4)），重要性の乏しい損益（同注解1），および会計士，弁護士，医師など，役務の提供を主たる業務内容とする場合である。

(2) 発生主義とは，損益を現金の収入に関係なく，その経済価値の増加または減少の事実が発生したときに認識するものである。このように，損益の認識を発生主義に従って期間損益計算を行う会計制度を，発生主義会計という。本来，財貨の価値は，企業の生産活動を通じて徐々に形成されるものと考えられ，それが発生する時点で収益を認識するのは極めて理論的である。また，費用とは，企業の生産活動のために直接間接に要した経済価値の減少を意味する。したがって，費用はそれらの経済価値の消費の事実に基づいて認識されるべきものである。かかる費用の認識基準としての発生主義は，消費基準とも呼ばれ，今日の企業会計上，費用に関する原則的認識基準となっている。

　以上のように，発生主義は損益の認識基準として最も理論的妥当性を有するという長所を有する反面，今日の企業会計が期間的な分配可能利益（処分可能利益）の計算をその構造的特質として有することから，こと収益の認識に関しては単純に発生主義を適用することはできない。なぜなら，発生主義では発生した収益の価値

が，販売時点前においては客観的に評価できず，その対価も確実に処分可能なものとはいえないという短所を有するからである。そのため，現在，発生主義による収益の認識は，販売または対価が確実な場合など，一定の要件を具備することによって初めて認められているにすぎない。公定価格制下にある農産物や金鉱生産物の収益計上（収穫基準・生産基準），長期請負工事における収益計上（工事進行基準，注解７）が発生主義に基づく収益の認識基準である。

このように，収益の認識基準としての発生主義は，制限的に認められているにすぎず，また，今日の企業会計において収益の認識は，原則として実現主義によることから，発生主義はこれを狭義に，費用の認識基準とみなすこともできる。

(3) 本来，費用は企業の経営活動の努力を示し，収益はその成果を示すものである。したがって，期間損益計算を適正に行うためには，損益を経営活動の進行に応じて，発生するがままに認識し計上するのが最も理論的である。かかる意味から，損益は発生主義を認識基準とするが，しかし収益に関しては，計算の客観性および確実性の見地から発生主義の内容を限定する実現主義をとる。

しかしながら，収益が実現する時点は，これに要した費用の発生する時点よりも遅れるのが普通である。ここに，期間損益計算を実施するに当たり，収益と費用との間に期間的ずれが生ずることになる。したがって，この期間的ずれを修正して，適正な期間損益計算を行うためには，発生した費用のうちから，当該会計期間に実現した収益に対応する部分を取り上げて，これを収益と比較することが必要となる。この場合，明らかに次期以降の収益に対応すると認められる費用は，次期以降の収益獲得のための費用として繰り延べ，また，前期以前の収益に対応すると認められる費用は，前期に繰り戻す手続きをとるのである。

このように，いったん発生したものとして期間配分された費用を，再び収益を基準として再配分を行う会計処理の原則を，費用収益対応の原則という。ここに，かかる原則が収益の認識基準としての実現主義と費用の認識基準としての発生主義を結合せしめる原則であるといわれるゆえんがある。「企業会計原則」において，「損益計算書は，企業の経営成績を明らかにするため，会計期間に属するすべての収益とこれに対応するすべての費用とを記載して経常利益を表示」（損益計算書原則１）するとし，また，「費用及び収益は，その発生源泉に従って明瞭に分類し，各収益項目とそれに関連する費用項目とを損益計算書に対応表示しなければならない」（損益計算書原則１のＣ）と規定しているのは，まさにこの費用収益対応の原則を示しているものである。

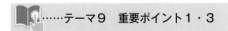
……テーマ９　重要ポイント１・３

問　題　16

収益の計上に関する次の問いに答えなさい。
(1) 収益の計上における現金主義，発生主義および実現主義について説明しなさい。
(2) 割賦販売における収益の計上について説明しなさい。
(3) 長期請負工事における収益の計上について説明しなさい。

【国税専門官／財務専門官・平成25年度】

難易度　＊＊

解　答　例

(1) ①現金主義とは，収益を現金の収入を基準として認識するものである。そして，この基準に基づいて期間損益計算を行う会計を現金主義会計という。かかる現金主義においては，収益の認識が実際の現金収入に基づくため，計算は極めて単純であり，また確実であるという長所がある。

　しかし，継続企業を前提とする今日の企業会計においては，信用経済の発達および固定資産の長期利用化など，現金主義では期間損益を正確に算定しえないという短所があり，一般に認められていない。現在極めて例外的にではあるが，現金主義の適用が認められているのは，割賦販売における収益計上（企業会計原則注解6の(4)），重要性の乏しい損益（同注解1），および会計士，弁護士，医師など，役務の提供を主たる業務内容とする場合である。

②発生主義とは，収益を現金の収入に関係なく，その経済価値の増加の事実が発生したときに認識するものである。このように，損益の認識を発生主義に従って期間損益計算を行う会計制度を，発生主義会計という。本来，財貨の価値は，企業の生産活動を通じて徐々に形成されるものと考えられ，それが発生する時点で収益を認識するのは極めて理論的である。このように，発生主義は収益の認識基準として最も理論的妥当性を有するという長所を有する反面，今日の企業会計が期間的な分配可能利益（処分可能利益）の計算をその構造的特質として有することから，こと収益の認識に関しては単純に発生主義を適用することはできない。なぜなら，発生主義では発生した収益の価値が，販売時点前においては客観的に評価できず，その対価も確実に処分可能なものとはいえないという短所を有するからである。そのため，現在，発生主義による収益の認識は，販売または対価が確実な場合など，一定の要件を具備することによって初めて認められているにすぎない。公定価格制の下にある農産物や金鉱生産物の収益計上（収穫基準・生産基準），長期請負工事における収益計上（工事進行基準，注解7）が発生主義に基づく収益の認識基準である。

　このように，収益の認識基準としての発生主義は，制限的に認められているにす

ぎず，また，今日の企業会計において収益の認識は，原則として実現主義によることから，発生主義はこれを狭義に費用の認識基準とみなすこともできる。

③実現主義とは，収益をその経済事実が実現したときに認識するものである（損益計算書原則３のB，企業会計原則注解６）。ここに実現とは，企業が生産した財貨または用役の引渡しに対する現金または現金等価物の対価の獲得を意味する。この実現の内容は，すなわち販売であり，したがって，実現主義は一般に販売基準と呼ばれている。

このように収益の認識に関し，発生主義の内容を限定して実現主義をその認識基準とするのは，次の理由による。

①評価客観性

生産物の価値は，販売前にはいかなる時点においても客観的に評価することは極めて困難である。それに対し，販売価格は市場における社会的需要供給の関係で形成され，特定の利害関係者が恣意的に決定した価格ではないから，収益測定額としてのその金額は，最も客観的であり，合理的である。

②処分確実性

実現主義は，収益に関する未実現要素を期間損益計算から排除しようとするところに特色がある。それは，企業の円滑な継続的運営と，利益処分という制度的制約に支障なく対応するために，収益は確実に短期的に処分可能な資産たりうることが要請されるためである。このことは，今日の企業会計が，期間的な分配可能利益（処分可能利益）の算定を，その構造的特質として有することに帰着する。ここに収益に関し未実現要素を排除し，販売時点前に収益を認識しない実質的理由がある。

(2) 割賦販売は原則として，商品を引き渡した日をもって売上収益の実現の日とする。しかし，割賦販売は通常の販売と異なり，その代金の回収期間が長期にわたり，かつ分割払いであることから，収益の認識を慎重に行うため，販売基準に代えて，割賦金の回収期限の到来した日をもって収益実現の日とする回収期限到来基準，または，割賦金の入金の日をもって収益実現の日とする代金回収基準によって売上収益を認識することも例外的に認められてきた（企業会計原則注解６の（4））。しかしながら，回収基準ならびに回収期限到来基準については，「収益認識に関する会計基準」（2018年３月30日）の公表により，国際的な比較可能性の確保の観点から，2021年４月１日以後に開始する事業年度より認められなくなった（「収益認識に関する会計基準の適用指針」182）。新基準では，収益の認識について履行義務を充足した時に，または充足するにつれて収益を認識することとなった（「収益認識に関する会計基準」35）。割賦販売における履行義務は，通常の商品売買と同じ

く「商品を引き渡すこと」である。したがって，支配が移転し履行義務が充足される商品の引渡時に収益を計上する販売基準が適用されるため，割賦基準（回収期限到来基準および回収基準）は認められないことになった。

(3) 収益は実現主義によって認識するのが原則的である。しかし，長期請負工事の収益の認識に当たって，「工事契約に関する会計基準」（企業会計基準第15号）では，工事の進行途上においても，その進捗部分について成果の確実性が認められる場合には工事進行基準を原則とし，この要件を満たさない場合には工事完成基準を適用するとしてきた（同基準９）。その理由は次のとおりである。仮に，収益がその発生時に金額的に確実に把握することができるならば，発生主義によって計上することが正確な期間損益計算を行うことになる。長期請負工事は注文契約によって工事の引渡価額が決定している。しかも，工事の引渡しまでに相当の年月を要する。仮に，工事完成基準をとるならば，工事期間中に工事活動が順調に進行しているにもかかわらず，工事期間中の業績を反映しないことになり，工事引渡時に一時的に多額の収益を計上することになる。工事進行基準は，このような工事完成基準の欠陥を除き期間損益計算を合理的に行うために，工事の進行程度に応じて収益を認識し，収益の正しい期間配分を行うものである。

　しかしながら，「収益認識に関する会計基準」（2020年３月31日）制定により，これまでの「工事契約に関する会計基準」が廃止され，2021年４月１日以後開始する連結会計年度および事業年度から新基準が適用されることになった。新基準では，収益の認識について履行義務を充足した時に，または充足するにつれて収益を認識することとなった（「収益認識に関する会計基準」35）。この場合において，企業は契約における取引開始日に，識別された履行義務のそれぞれが一定の期間にわたり充足されるものかまたは一時点で充足されるものかを判定することが必要になる（同基準36）。

　工事契約が一定の期間にわたり充足される履行義務の場合は，財またはサービスに対する支配が顧客に一定の期間にわたり移転することになるため，工事進行基準または原価回収基準が適用されることになる（同基準38）。なお，原価回収基準とは，履行義務を充足する際に発生する費用のうち，回収することが見込まれる費用の金額で収益を認識する方法をいう（同基準15）。他方，工事契約の履行義務が一時点で充足される場合は，その引渡し等の日の属する事業年度の収益として認識することになるため，工事完成基準が適用されることになる（同基準39）。

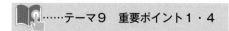

……テーマ９　重要ポイント１・４

問　題　⑰

企業会計原則における損益計算書の意義と作成原則について説明せよ。

【地方上級（東京都）・平成16年度】

難易度　＊＊＊

解答例

(1) 損益計算書の意義

　損益計算書は，1事業年度のフロー情報である経営成績を示すものであり，原則として，資産を運用した結果もたらされる純資産の増加分である収益，純資産の減少分である費用およびこれらのフロー差額である損益を示すものである。換言すれば，損益計算書は貸借対照表で示される純資産の増減原因を示すものであり，その意味で損益会計は資産会計と表裏一体の関係にある。

　ところで，損益の算定のしかたには，財産法と損益法とがあり，今日の企業会計制度では損益法がとられている。損益法は1会計期間における総収益と総費用を対応させ，両者の差額として純損益を算定する方法である。損益法による場合には，収益と費用はその発生原因に基づいて所定の勘定に記録され，それらが期末に集計されて純損益が算定されるので，直接的に（純資産の差額としてではなく）その発生源泉が明らかになり，貸借対照表も複式簿記機構による継続的な帳簿記録から損益計算に関係しない項目が誘導的に集計されて作成されることになる（誘導法）。

　このように，損益法は財産法と異なり，損益の発生原因に基づいて毎期の純損益を正確に算定することができるので，収益性を明らかにし，適正な期間損益計算を行うことを主眼とする現行企業会計制度の下においては，その主柱をなす最も基本的な損益計算原理である。

　損益法によって算定された純利益または純損失は，一定期間の総収益から総費用を差し引くことによって得られる期間利益または期間損失である。損益計算書に記載されるこのような期間的な純損益は，その期間における企業の経営成績を反映するものであり，経営者や利害関係者が企業の業績を判断する尺度となるものである。また利害関係者は，それと同時に企業が分配できる利益額（分配可能利益）に強い関心を持っている。分配可能利益は，期間損益に当期の業績と関係のない臨時損益や，過年度における損益修正項目などの特別損益を含めたものである。したがって，損益計算書には，1会計期間に属するすべての収益とこれに対応するすべての費用とを記載し，これに特別損益に属する項目を加減して当期純損益を算定・表示することとなる（損益計算書原則1）。このような立場から作成される損益計算書を包括主義損益計算書という。

(2) 損益計算書の作成原則

①発生主義の原則

　損益を現金の収支に関係なく，その経済価値の増加または減少の事実が発生した
ときに認識する基準を発生主義という。発生主義は収益の認識基準として最も理論
的妥当性を有するものであるが，今日の企業会計が期間的な分配可能利益（処分可
能利益）の計算を，その構造的特質として有することから，収益の認識に関しては
単純に発生主義を適用することはできない。

②実現主義の原則

　実現主義とは，収益をその経済事実が実現したときに認識するものである（損益
計算書原則３のＢ，企業会計原則注解６）。ここに実現とは，企業が生産した財貨
または用役の引渡しに対する現金または現金等価物の対価の獲得を意味する。この
実現の内容は，すなわち販売であり，したがって，実現主義は一般に販売基準とも
呼ばれている。このように収益の認識に関し，発生主義の内容を限定して実現主義
をその認識基準とするのは，次の理由による。

　１）評価客観性

　　生産物の価値は，販売前にはいかなる時点においても客観的に評価することは
極めて困難である。それに対し，販売価格は市場における社会的需要供給の関係
で形成され，特定の利害関係者が恣意的に決定した価格ではないから，収益測定
額としてのその金額は，最も客観的であり，合理的である。

　２）処分確実性

　　実現主義は，収益に関する未実現要素を期間損益計算から排除しようとすると
ころに特色がある。それは，企業の円滑な継続的運営と利益処分という制度的制
約に支障なく対応するために，収益は確実に短期的に処分可能な資産たりうるこ
とが要請されるためである。このことは，今日の企業会計が，期間的な分配可能
利益（処分可能利益）の算定をその構造的特質として有することに帰着する。こ
こに，収益に関し未実現要素を排除し，販売時点前に収益を認識しない実質的理
由がある。

③費用収益対応の原則

　以上のように，収益に関しては，発生主義の内容を限定する実現主義をとる。し
かしながら，収益が実現する時点は，これに要した費用の発生する時点よりも遅れ
るのが普通であり，収益と費用との間に期間的ずれが生ずることになる。したがっ
て，この期間的ずれを修正して，適正な期間損益計算を行うためには，発生した費
用のうちから，当該会計期間に実現した収益に対応する部分を取り上げて，これを
収益と比較することが必要となる。この場合，明らかに次期以降の収益に対応する
と認められる費用は，次期以降の収益獲得のための費用として繰り延べ，また，前

期以前の収益に対応すると認められる費用は，前期に繰り戻す手続きをとるのである。このように，いったん発生したものとして期間配分された費用を，再び収益を基準として再配分を行う会計処理の原則を，費用収益対応の原則という。なお，企業会計原則では，損益計算書の表示に関しても費用収益対応表示の原則を規定しており，費用および収益は，その発生源泉に従って明瞭に分類し，各収益項目とそれに関連する費用項目とを損益計算書に対応表示しなければならないとされている（損益計算書原則1のC）。

④総額主義の原則

総額主義の原則とは，損益計算書に費用と収益の一部または全部を相殺して残額のみを記載することを禁止する原則である（損益計算書原則1のB）。たとえば，支払利息と受取利息とを相殺して，差額だけを受取利息または支払利息として表示するのではなく，それぞれの総額を示さなければならない。

⑤区分表示の原則

損益計算書における純損益の算定を営業活動と関連させて，いくつかの区分に分けて表示するか，それとも無区分で一括して表示するかによって，損益計算書は区分式損益計算書と無区分式損益計算書（または総括式損益計算書）に分けられる。無区分式損益計算書は，収益項目と費用項目とを一括して表示する形式であるので作成が容易であり，損益計算書の構造が極めて単純となるため会計知識のない者にとっても利用に便利である。しかし，この形式によると，収益と費用との源泉別対応関係が不明となり，営業活動別の状況が把握できないことになる。区分式損益計算書は，収益・費用を発生源泉別に対応表示させ，企業の経営活動別に順次損益を計算し，最後に企業の純損益を表示する形式である。企業会計原則では，損益計算書は営業損益計算，経常損益計算，純損益計算の3つの区分を設けることを要求している（損益計算書原則2）。

第10章 記述式問題と解答例

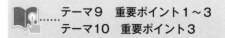

テーマ9　重要ポイント1〜3
テーマ10　重要ポイント3

問　題　⓲

　企業会計において報告される計算書に関する次の問いに答えなさい。

（1） 損益計算書の意義について説明しなさい。また，そこで報告される以下の各
　　項目について，具体的な勘定科目を挙げながら説明しなさい。

　　　①営業利益

　　　②経常利益

　　　③当期純利益

【国税専門官／財務専門官・平成28年度】

難易度　＊

（2） キャッシュ・フロー計算書の意義について説明しなさい。また，そこで報告
　　される３つのキャッシュ・フローについて，具体例を挙げながら説明しなさ
　　い。なお，表示方法（直接法と間接法）にも言及すること。

【国税専門官／財務専門官・平成28年度】【地方上級（東京都）・平成29年度】

難易度　＊＊＊

解　答　例

（1）損益計算書の意義

　（損益計算書の意義については351ページ参照）

　損益計算書には，営業損益計算，経常損益計算および純損益計算の区分を設けな
ければならず，それぞれの区分計算によって算定されるのが，営業利益，経常利
益，当期純利益である。

①営業利益

　営業損益計算は，１会計期間に属する売上高と売上原価とを記載して売上総利益
を計算し，これから販売費及び一般管理費を控除して，営業利益を表示する。営業
利益は，企業の主たる営業活動（本業）から生じた損益を示す。

　売上原価は，売上高に対応する商品等の仕入原価または製造原価であって，商業
の場合には，期首商品棚卸高に当期商品仕入高を加え，これから期末商品棚卸高を
控除する形式で表示し，製造工業の場合には，期首製品棚卸高に当期製品製造原価
を加え，これから期末製品棚卸高を控除する形式で表示する。

　営業利益は，売上総利益から販売費及び一般管理費を控除して表示する。販売費
及び一般管理費は，適当な科目に分類して営業損益計算の区分に記載し，これを売
上原価および期末棚卸高に算入してはならない。ただし，長期の請負工事について

は，販売費及び一般管理費を適当な比率で請負工事に配分し，売上原価および期末棚卸高に算入することができる。

会社の販売及び一般管理業務に関して発生した費用の例としては，「販売手数料，荷造費，運搬費，広告宣伝費，見本費，保管費，納入試験費，販売及び一般管理業務に従事する役員，従業員の給料，賃金，手当，賞与，福利厚生費並びに販売及び一般管理部門関係の交際費，旅費，交通費，通信費，光熱費及び消耗品費，租税公課，減価償却費，修繕費，保険料，不動産賃借料及びのれんの償却額」等が挙げられる（「財務諸表等規則ガイドライン」84）。

②経常利益

経常利益は，営業利益に営業外収益を加え，これから営業外費用を控除して表示する。経常利益は，企業の日常活動である営業活動および財務活動から生じた損益を示す。

営業外損益は，受取利息及び割引料，有価証券売却益等の営業外収益と支払利息及び割引料，有価証券売却損，有価証券評価損等の営業外費用とに区分して表示する。

③当期純利益

税引前当期純利益は，経常利益に特別利益を加え，これから特別損失を控除して表示する。特別損益は，前期損益修正益，固定資産売却益等の特別利益と前期損益修正損，固定資産売却損，災害による損失等の特別損失とに区分して表示する。

当期純利益は，税引前当期純利益から当期の負担に属する法人税額，住民税額等を控除して表示する。当期純利益は，「ボトムライン」ともいわれ，経常的な事業活動から得られた経常利益に非経常的な特別損益を加減した最終的な企業の経営成績を示したものである。

(2) キャッシュ・フロー計算書の意義

キャッシュ・フロー計算書は，1会計期間におけるキャッシュ・フローの状況を，3つの活動区分別に表示するものであり，貸借対照表および損益計算書と同様に，企業活動全体を対象とする重要な情報を提供するものである（「連結キャッシュ・フロー計算書等の作成基準の設定に関する意見書」2）。

①資金の範囲

キャッシュ・フロー計算書が対象とする資金は，現金（手許現金，要求払預金）と現金同等物である。現金同等物とは，容易に換金可能であり，かつ，価値の変動について僅少なリスクしか負わない短期投資をいい，たとえば，取得日から満期日または償還日までの期間が3か月以内の短期投資である定期預金，譲渡性預金，コマーシャル・ペーパー，売戻し条件付現先，公社債投資信託などが含まれる。

第10章 記述式問題と解答例

②表示区分

　キャッシュ・フロー計算書には，１会計期間におけるキャッシュ・フローを「営業活動によるキャッシュ・フロー」「投資活動によるキャッシュ・フロー」および「財務活動によるキャッシュ：フロー」の３つに区分して表示しなければならない。

１）営業活動によるキャッシュ・フロー：営業損益計算の対象となった取引のほか，投資活動および財務活動以外の取引によるキャッシュ・フローを記載する。営業活動によるキャッシュ・フローは，次のいずれかの方法によって表示する。

　　(1) 直接法：主要な取引ごとにキャッシュ・フローを総額表示する方法。

　　(2) 間接法：税金等調整前当期純利益に非資金損益項目，営業活動にかかる資産および負債の増減，「投資活動によるキャッシュ・フロー」「財務活動によるキャッシュ・フロー」の区分に含まれる損益項目を加減して表示する方法。

２）投資活動によるキャッシュ・フロー：固定資産の取得および売却，現金同等物に含まれない短期投資の取得および売却等によるキャッシュ・フローを記載する。

３）財務活動によるキャッシュ・フロー：資金の調達および返済によるキャッシュ・フローを記載する。

　なお，法人税等（住民税および利益に関連する金額を課税標準とする事業税を含む）に係るキャッシュ・フローは「営業活動によるキャッシュ・フロー」の区分に表示し，利息および配当金にかかるキャッシュ・フローは次のいずれかの方法により表示する。

ⅰ）受取利息，受取配当金および支払利息は「営業活動によるキャッシュ・フロー」の区分に表示し，支払配当金は「財務活動によるキャッシュ・フロー」の区分に記載する。

ⅱ）受取利息および受取配当金は「投資活動によるキャッシュ・フローの区分に表示し，支払利息および支払配当金は「財務活動によるキャッシュ・フロー」の区分に記載する。

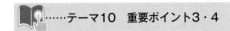
……テーマ10　重要ポイント3・4

本支店・合併・連結会計

問　題　⑲

　税効果会計の意義について説明し，税効果会計の２つの方法についても，それぞれ説明せよ。　　　　　　　　　　　　　　【地方上級（東京都）・平成19年度】

難易度　＊＊＊

解　答　例

（1）税効果会計の意義

　税効果会計は，企業会計上の収益または費用と課税所得計算上の益金または損金の認識時点の相違等により，企業会計上の資産または負債の額と課税所得計算上の資産または負債の額に相違がある場合において，法人税その他利益に関連する金額を課税標準とする税金（以下「法人税等」という）の額を適切に期間配分することにより，法人税等を控除する前の当期純利益と法人税等を合理的に対応させることを目的とする手続きである（「税効果会計に係る会計基準」第１）。

　法人税等の課税所得の計算に当たっては企業会計上の利益の額が基礎となるが，企業会計と課税所得計算とはその目的を異にするため，収益または費用（益金または損金）の認識時点や，資産または負債の額に相違が見られるのが一般的である。このため，税効果会計を適用しない場合には，課税所得を基礎とした法人税等の額が費用として計上され，法人税等を控除する前の企業会計上の利益と課税所得とに差異があるときは，法人税等の額が法人税等を控除する前の当期純利益と期間的に対応せず，また，将来の法人税等の支払額に対する影響が表示されないことになる。

　このような観点から，税効果会計を適用することが必要と考える。税効果会計を適用すると，繰延税金資産および繰延税金負債が貸借対照表に計上されるとともに，当期の法人税等として納付すべき額および税効果会計の適用による法人税等の調整額が損益計算書に計上されることになる。このうち，繰延税金資産は，将来の法人税等の支払額を減額する効果を有し，一般的には法人税等の前払額に相当するため，資産としての性格を有するものと考えられる。また，繰延税金負債は，将来の法人税等の支払額を増額する効果を有し，法人税等の未払額に相当するため，負債としての性格を有するものと考えられる。

（2）税効果会計の方法

　税効果会計の方法には繰延法と資産負債法とがある。前者は収益費用アプローチに基づいて，企業会計上の税引前当期純利益と税務上の課税所得との差異に着目する考え方であり，後者はわが国の採用する方法であり，いわゆる資産負債アプローチに基づいて，企業会計と税務上の資産および負債の差異に着目する考え方であ

る。また，両者は適用される税率についても相違する。すなわち，繰延法によれば，一時差異（貸借対照表および連結貸借対照表に計上されている資産および負債の金額と課税所得計算上の資産および負債の金額との差額）に係る税金を差異が解消する期まで繰り延べる考え方であるため，一時差異が生じた時点に重点が置かれ，一時差異の生じた年度の税率で計算することになる。これに対して，資産負債法では，一時差異に係る税金を将来に回収される税金（繰延税金資産）または将来に支払わなければならない税金（繰延税金負債）であるととらえる考え方であるため，将来の一時差異に係る税金が解消する時点に重点が置かれ，差異が解消されると予測される年度の税率に基づいて計算されることになる。したがって，税率の変更があった場合には，過年度に計上された繰延税金資産および繰延税金負債を新たな税率に基づき再計算するものとする（「税効果会計に係る会計基準」第2の2の2，同注解6）。

　資産負債法の下での一時差異には，当該一時差異が解消するときにその期の課税所得を減額させる効果を持つ「将来減算一時差異」と，当該一時差異が解消するときにその期の課税所得を増額させる効果を持つ「将来加算一時差異」とがある（「税効果会計に係る会計基準」第2の1の3）。前者の例としては，貸倒引当金，退職給付引当金等の引当金の損金算入限度超過額，減価償却費の損金算入限度超過額，損金に算入されない棚卸資産等に係る評価損，連結会社相互間の取引から生ずる未実現利益を消去した場合などが挙げられる（「税効果会計に係る会計基準」注解2）。また後者の例としては，利益処分により租税特別措置法上の諸準備金等を計上した場合，連結会社相互間の債権と債務の消去により貸倒引当金を減額した場合などが挙げられる。

　これらの一時差異等に係る税金の額は，将来の会計期間において回収または支払いが見込まれない税金の額を除き，繰延税金資産または繰延税金負債として計上しなければならない（「税効果会計に係る会計基準」第2の2の1）。繰延税金資産および繰延税金負債は，これらに関連した資産・負債の分類に基づいて，繰延税金資産については流動資産または投資その他の資産として，繰延税金負債については流動負債または固定負債として表示しなければならない。ただし，特定の資産・負債に関連しない繰越欠損金等に係る繰延税金資産については，翌期に解消される見込みの一時差異等に係るものは流動資産として，それ以外の一時差異等に係るものは投資その他の資産として表示しなければならない（「税効果会計に係る会計基準」第3の1）。

第10章 記述式問題と解答例

わが国の企業結合に関する次の問いに答えなさい。

(1) 企業結合とはどのようなものか簡潔に説明しなさい。

(2) 企業結合の経済的実態には「取得」と「持分の結合」がある。それぞれの経済的実態について説明しなさい。

(3) 企業結合の経済的実態のうち「取得」における会計処理について答えなさい。

    ①「取得」の会計処理に用いる方法について簡潔に説明しなさい。

    ②上記①の方法による会計処理の結果,「のれんまたは負ののれん」が生じることがある。「のれん」および「負ののれん」について説明しなさい。

【国税専門官／財務専門官・令和3年度】

難易度＊＊＊

解 答 例

(1) 企業結合とは,ある企業が1つもしくは2つ以上の他の会社を合併もしくは営業の譲受けをするか,またはある企業が他の企業の純資産および営業に対する支配を獲得することによって,個々の企業を単一の経済的実体に統合することである(「企業結合に関する会計基準」5)。ここで「他の会社を支配している」とは,連結会計基準における支配概念と同様に,「他の会社の意思決定機関を支配している」ことをいい,「支配力基準」によって判断することになる。

(2) 企業結合には「取得」と「持分の結合」という異なる経済的実態を有するものが存在し,それぞれの実態に対応する適切な会計処理方法を適用する必要がある。

　まず「取得」に対しては,ある企業が他の企業の支配を獲得することになるという経済的実態を重視し,パーチェス法により会計処理することになる。これは,企業結合の多くは,実質的にはいずれかの結合当事企業による新規の投資と同じであり,交付する現金および株式等の投資額を取得価額として他の結合当事企業から受け入れる資産および負債を評価することが,現行の一般的な会計処理と整合するからである(同基準67)。

　他方,企業結合の中には,いずれの結合当事企業も他の結合当事企業に対する支配を獲得したとは合理的に判断できない「持分の結合」がある。「持分の結合」とは,いずれの企業(または事業)の株主(または持分保有者)も他の企業(または事業)を支配したとは認められず,結合後企業のリスクや便益を引き続き相互に共有することを達成するため,それぞれの事業のすべてまたは事実上のすべてを統合して1つの報告単位となることをいい,この「持分の結合」に対する会計処理としては,対応する資産および負債を帳簿価額で引き継ぐ会計処理が適用される。この

考え方は，いずれの結合当事企業の持分も継続が断たれておらず，いずれの結合当事企業も支配を獲得していないと判断される限り，企業結合によって投資のリスクが変質しても，その変質によっては個々の投資のリターンは実現していないとみるものであり，現在，ある種の非貨幣財同士の交換を会計処理する際にも適用されている実現概念に通ずる基本的な考え方でもある（同基準68）。

(3) ①一般に，企業結合の会計処理にはパーチェス法と持分プーリング法とがあり，取得（または買収）とみなされる企業結合にはパーチェス法が適用され，持分プーリング法の適用は認められない（同基準70）。

　パーチェス法は，個々の資産を取得（または買収）するケースと同様に，投資額または支払った対価（これを支払対価という）で取得した純資産を評価し，取得した純資産の公正価値（取得日現在の原価）よりも投資額または支払対価のほうが大きい場合には，その超過分を「のれん」（逆の場合には，「負ののれん発生益」）として処理する（同基準31）方法である。

(3) ②「のれん」とは，受入純資産額に対する支払対価の超過額をいい，不足する額は「負ののれん」という。「のれん」は，無形固定資産の部に表示し，20年以内のその効果の及ぶ期間にわたって，定額法その他の合理的な方法により規則的に償却する。ただし，「のれん」の金額の重要性の乏しい場合には，当該「のれん」が生じた事業年度の費用として処理することができる。なお，「のれん」の当期償却額は販売費及び一般管理費の区分に表示する（同基準32・47）。

　従来，「負ののれん」は固定負債の区分に表示し，20年以内の取得の実態に基づいた適切な期間で規則的に償却するとされていたが，国際的な会計基準のコンバージェンス（収斂）により，負債計上が禁止されることになり，発生額は「負ののれん発生益」として特別利益に計上されることになった（同基準33・48）。

第10章

記述式問題と解答例

　連結財務諸表に関する次の問いに答えなさい。

(1) 連結財務諸表の意義について，連結財務諸表の会計主体に関する2つの見解（親会社説，経済的単一体説）に言及しつつ，説明しなさい。

(2) 連結会計基準における連結の範囲について説明しなさい。

【国税専門官／財務専門官・令和5年度】

難易度：＊＊＊

解　答　例

(1)　連結財務諸表は，支配従属関係にある2以上の会社からなる企業集団を単一の組織体とみなして，親会社が当該企業集団の財政状態，経営成績およびキャッシュ・フローの状況を総合的に報告するために作成するものである（「連結財務諸表に関する会計基準」1）。このように親会社の株主の立場から連結財務諸表を作成する考え方を親会社説といい，これに対して，企業集団を構成する親会社株主と少数株主の立場から連結財務諸表を作成する考え方を経済的単一体説という。企業集団全体の情報を連結財務諸表に反映させるという点では両者に相違はないが，子会社の株主持分のうち親会社持分以外の部分である非支配株主持分の表示方法や資本連結手続に関連する損益認識等に関して，両者は相違することになる。

　「連結財務諸表原則」および「連結財務諸表に関する会計基準」では，親会社説をとっている。しかし，親会社説においても非支配株主持分については，これを負債の部に表示する方法と，負債の部と純資産の部の中間に表示する方法が考えられるが，結局非支配株主持分は，返済義務のある負債ではなく，連結固有の項目であることから，その表示は純資産の部において，株主資本とは区分して記載することとなった（「連結財務諸表に関する会計基準」55）。

(2)　「連結財務諸表に関する会計基準」によれば，「親会社は，原則としてすべての子会社を連結の範囲に含める。」（同基準13）とされ，また，「子会社のうち次に該当するものは，連結の範囲に含めない。」（同基準14）とされている。

　「(1)　支配が一時的であると認められる企業

　　(2)　(1)以外の企業であって，連結することにより利害関係者の判断を著しく誤らせるおそれのある企業」

　なお，上記の他に連結に含めない子会社として，その資産，売上高等を考慮して，合理的な判断を妨げない程度に重要性の乏しい小規模子会社は，連結の範囲から除外できるとされている。（同基準注3）

　以上のように，親会社は原則としてすべての子会社を連結の範囲に含めなければ

ならないが，ここに親会社とは，他の会社を支配している会社をいい，子会社とは当該他の会社をいうものとされている。なお，親会社および子会社または子会社によって間接的に支配されている孫会社（みなし子会社）も子会社とされる（「連結財務諸表原則」第3の1の3）。また，「他の会社を支配している」とは，「他の会社の意思決定機関を支配している」ことをいう。

平成9年に改正された連結財務諸表原則以前の連結原則では，子会社の判定基準として，親会社が直接・間接に議決権の過半数を所有しているかどうかにより判定を行う「持株基準」が採用されていたが，平成9年改正の連結財務諸表原則では，子会社の判定基準として，議決権の所有割合以外の要素を加味した「支配力基準」を導入し，他の会社（会社に準ずる事業体を含む）の意思決定機関を支配しているかどうかという観点から，会計基準を設定することになった。

以上の結果，次の場合は，他の会社の意思決定機関を支配していないことが明らかに示されない限り，当該他の会社は子会社に該当するものとされている（同原則第3の1の2，注解5）。

①他の会社の議決権の過半数を実質的に所有している場合。なお，議決権のある株式または出資の所有の名義が役員等会社以外の者となっていても，会社が自己の計算で所有している場合には，当該会社が実質的に所有しているものとされる（同原則注解4）。

②他の会社に対する議決権の所有割合が100分の50以下であっても，高い比率の議決権を有しており，かつ，当該会社の意思決定機関を支配している一定の事実が認められる次のような場合。

③議決権を行使しない株主が存在することにより，株主総会において議決権の過半数を継続的に占めることができると認められる場合。

④役員，関連会社等の協力的な株主の存在により，株主総会において議決権の過半数を継続的に占めることができると認められる場合。

⑤役員もしくは従業員である者またはこれらであった者が，取締役会の構成員の過半数を継続して占めている場合。

⑥重要な財務および営業の方針決定を支配する契約等が存在する場合。

なお，更生会社，整理会社，破産会社等であって，かつ，有効な支配従属関係が存在せず組織の一体性を欠くと認められる会社は，子会社に該当しないものとされる（同原則注解3）。

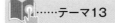……テーマ13

索　引

【あ】

圧縮記帳 ………………… 306
後入先出法 ………………… 71
洗替法 ………………… 109
安全性分析 ………………… 264

【い】

委託販売 ………………… 155
一時償還 ………………… 121
一取引基準 ………………… 213
一括法 ………………… 120
一般原則 ………………… 19,32
移動平均法 ………………… 71

【う】

売上債権回転率 ………… 266
売上高利益率 ………………… 266

【お】

オペレーティング・リース取
　引 ………………… 207
親会社 ………………… 243
親会社説 ………………… 241,362

【か】

買入順法 ………………… 71
買入償還 ………………… 121
外貨建金銭債権債務 ……… 214
外貨建取引 ………………… 214
外貨建有価証券 …………… 214
開業費 ………………… 53
会計期間の公準 …………… 18
会計公準 ………………… 18
外国通貨 ………………… 214
会社計算規則 ……………… 20
会社計算規則６条２項１号の
　引当金 ………………… 108
会社分割差益 ……………… 134
会社法 ………………… 20
会社法会計 ………………… 20

回収可能価額 ……………… 87
回収基準 ………………… 156
回収期限到来基準 ………… 156
回転日数 ………………… 266
開発費 ………………… 53
外部副費 ………………… 77
外部報告会計 ……………… 18
貸方 ………………… 280
貸倒償却 ………………… 109
貸倒引当金 ………………… 109
貸倒引当金繰入 …………… 109
貸倒引当金戻入 …………… 109
貸倒引当損 ………………… 109
割賦販売 ………………… 156
合併会計 ………………… 231
合併差益 ………………… 134
合併比率 ………………… 232
稼得資本 ………………… 133
株式移転差益 ……………… 134
株式交換差益 ……………… 134
株式交付費 ………………… 53
株式市価法 ………………… 232
株式払込剰余金 …………… 134
株主資本等変動計算書 …… 180
株主資本利益率 …………… 265
貨幣価値一定の公準 ……… 18
貨幣性資産 ………………… 56
貨幣的評価の公準 ………… 18
貨幣・非貨幣法 …………… 210
借方 ………………… 280
監査 ………………… 20
監査役 ………………… 20
勘定科目 ………………… 281
勘定式損益計算書 ………… 179
勘定式貸借対照表 ………… 177
間接控除法 ………………… 229
間接法 ………………… 176
管理会計 ………………… 18
関連会社 ………………… 245
関連会社株式 ……………… 53

【き】

企業会計 ………………… 18
企業会計原則 ……………… 19
企業結合 ………………… 237,360
企業実体の公準 …………… 18
擬制資産 ………………… 57
擬制負債 ………………… 108
機能的減価原因 …………… 86
期末棚卸資産 ……………… 71
キャッシュ・フロー計算書
　………………… 180
級数法 ………………… 87
銀行家比率 ………………… 264
金融資産 ………………… 215
金融商品 ………………… 215
金融商品取引法会計 ……… 20
金融負債 ………………… 215

【く】

区分法 ………………… 120
繰延資産 ………………… 53
繰延法 ………………… 256

【け】

経営資本利益率 …………… 265
経済的単一体説 …………… 241,362
計算書類 ………………… 20
継続企業の公準 …………… 18
継続性の原則 ……………… 33
決算 ………………… 280
決算整理 ………………… 280
決算整理事項 ……………… 280
決算整理仕訳 ……………… 280
決算日レート法 …………… 210
欠損塡補積立金 …………… 135
原価回収基準 ……………… 157
原価主義 ………………… 52
減価償却 ………………… 86
減価償却費 ………………… 86
減価償却引当金 …………… 108

減価償却累計額………86,108
研究開発費……………61
現金主義………………154
減債基金………………121
減債積立金………121,135
減資差益………………134
建設仮勘定……………86
減損損失………………88
減損損失累計額………88
減損の兆候……………88
現物出資説……………231
減耗性資産……………94

【こ】
公開性の原則…………33
工事完成基準…………156
工事進行基準…………156
公正な評価額…………216
小売棚卸法……………71
子会社…………………243
子会社株式……………53
国際会計基準…………28
国際財務報告基準……28
固定資産………………86
固定資産の減損………87
固定資産の流動化……86
固定性配列法…………177
固定長期適合率………265
固定比率………………265
固定負債………………108
個別財務諸表…………244
個別償却………………87
個別法…………………71

【さ】
在外子会社……………215
在外支店………………215
財産法…………………185
最終仕入原価法………71
最低資本金制度………134

財務会計………………18
財務諸表………………177
財務諸表規則…………20
財務諸表規則ガイドライン
　………………………20
財務諸表分析…………260
差額（補充）法………109
先入先出法……………71
酸性試験比率…………264
残高試算表……………281

【し】
仕入控除項目…………83
時価……………………216
時価主義………………52
事業報告………………180
仕切精算書……………155
資金源泉と資金使途の適合性
　分析…………………265
試験研究費……………61
自己株式………………136
自己株式処分差益……136
自己株式処分差損……136
自己金融………………86
自己資本回転率………266
自己資本比率…………264
自己資本利益率………265
自己創設のれん………56
資産の評価基準………52
資産負債法……………256
支出効果説……………53
実現主義………………154
支店相互間取引………228
支店独立会計制度……228
支店分散計算法………228
支配の移転……………141
支配の継続……………141
支配力基準……………243
資本回転率……………266
資本金…………………134

資本構造の健全性分析……264
資本収益率……………265
資本準備金……………134
資本剰余金……………135
資本的支出……………85
資本と利益区別の原則……33
資本取引と損益取引区別の原
　則……………………33
資本の源泉別分類……133
資本利益率……………266
資本連結………………244
社債……………………120
社債の償還……………121
社債発行差金…………120
社債発行費………53,121
収益還元価値法………232
収益性分析……………265
収益的支出……………85
収穫基準………………154
収支基準………………155
重要性の原則…………31
受贈資本………………133
純資産の部の表示……133
純資産法………………232
使用価値………………87
償却原価法……………53
償却資産………………94
消極性積立金…………135
照合勘定………………228
試用販売………………155
消費経済会計…………18
消費税…………………298
正味売却価額…………87
剰余金区分の原則……33
処分可能性……………155
仕訳……………………280
仕訳帳…………………280
人格合一説……………231
新株引受権付社債……120
新株予約権付社債……120

真実性の原則 …………… 32
新築積立金 ……………… 135

【す】
随時償還 ………………… 121
ステークホルダー ……… 18

【せ】
正規の簿記の原則 ……… 32
正常営業循環基準 ……… 56
税効果会計 ……… 129,256
税込み方式 ……………… 298
生産基準 ………………… 154
生産高比例法 …………… 87
精算表 …………………… 281
静態比率 ………………… 260
正当な理由 ……………… 33
制度会計 ………………… 19
税抜き方式 ……………… 298
整理記入欄 ……………… 281
積極性積立金 …………… 135
絶対的真実性 …………… 32
全面時価評価法 ………… 245

【そ】
総額主義の原則 …… 178,179
総合償却 ………………… 87
総資本回転率 …………… 266
総資本事業利益率 ……… 265
相対的真実性 …………… 32
総平均法 ………………… 71
創立費 …………………… 53
その他資本剰余金 ……… 135
その他有価証券 ………… 53
その他利益剰余金 ……… 140
その都度後入先出法 …… 71
損益計算書 ……………… 179
損益計算書原則 ………… 19
損益の測定基準 ………… 155
損益の認識基準 ………… 154

損益法 …………………… 185

【た】
貸借対照表 ……………… 177
貸借対照表完全性の原則
 ………………………… 177
貸借対照表原則 ………… 19
貸借対照表の注記 ……… 178
貸借平均の原理 ………… 280
代用払込 ………………… 120
代理会計制度 …………… 228
蛸配当 …………………… 318
棚卸減耗費 ……………… 83
棚卸資産 ………………… 72
棚卸資産回転率 ………… 266
棚卸表 …………………… 280
単一性の原則 …………… 33
短期的存続の要件 ……… 264

【ち】
注解 ……………………… 19
注記表 …………………… 180
中間配当積立金 ………… 135
抽選償還 ………………… 121
長期請負工事 …………… 156
長期資本適合率 ………… 265
直接控除法 ……………… 229
直接法 …………………… 176

【つ】
積立金 …………………… 108

【て】
定額法 …………………… 86
低価主義 ………………… 52
定時償還 ………………… 121
定率法 …………………… 86
デリバティブ取引 ……… 215
転換社債 ………………… 120
転記 ……………………… 280

テンポラル法 …………… 210

【と】
当座比率 ………………… 264
投資家向け広報 ………… 29
投資と資本の相殺消去 … 244
投資利益率 ……………… 265
動態比率 ………………… 260
トライアングル構造 …… 17
取替法 …………………… 87
取引 ……………………… 280
トレーディング目的 …… 72

【な】
内部副費 ………………… 77
内部利益 ………………… 195
内部利益の控除 ………… 229

【に】
二取引基準 ……………… 213
任意積立金 ……………… 133

【の】
のれん ………… 56,232,244,361

【は】
パーチェス法 …………… 231
売価還元原価法 ………… 71
売価棚卸法 ……………… 71
売買処理法 ……………… 141
売買目的有価証券 ……… 53
発生主義 ………………… 154
払込資本 ………………… 133
販売基準 ………………… 154
販売目的棚卸資産 ……… 72

【ひ】
非貨幣性資産 …………… 57
引当金 …………………… 108
引当金の計上要件 ……… 108

非償却資産 ····················· 94
秘密積立金 ····················· 318
評価替資本 ····················· 133
評価客観性 ····················· 154
評価性引当金 ················· 108
費用収益対応の原則 ········ 155
費用配分の原則 ············· 340

【ふ】
ファイナンス・リース取引
 ·························· 129,207
複式簿記 ························ 280
負債性引当金 ················· 108
負債比率 ························ 265
付随費用 ·························· 77
附属明細書 ····················· 180
普通株 ··························· 132
普通社債の発行 ············· 118
物質的減価原因 ·············· 86
負ののれん ············· 232,361
部分時価評価法 ·············· 244
振替損益 ························ 195
分割償還 ························ 121

【へ】
平均価値法 ····················· 232
平均原価法 ······················ 71
ヘッジ会計 ····················· 216
別段の定め ······················ 20

【ほ】
包括利益 ························ 245
報告式損益計算書 ············ 179
報告式貸借対照表 ············ 177
法人税法会計 ·················· 20
法定準備金 ····················· 134
簿外資産 ························ 177
簿外負債 ························ 177
簿価引継法 ····················· 141
簿記一巡の手続き ············ 280

保守主義の原則 ·············· 33
本支店会計制度 ·············· 228
本支店合併損益計算書および
 貸借対照表 ················ 229
本店集中計算法 ·············· 228

【ま】
前受金 ··························· 127
前受収益 ························ 127
マクロ会計 ······················ 18
満期保有目的債券 ·········· 53

【み】
ミクロ会計 ······················ 18
未収収益 ························ 164
未償却残高 ······················ 86
未達取引 ························ 228

【む】
無形固定資産 ·················· 56
無形資産 ························· 61
無償増資 ························ 141

【め】
明瞭性の原則 ·················· 33

【も】
網羅性の原則 ················· 177
持株（比率）基準 ············ 241
持分プーリング法 ············ 231
持分法 ··························· 245
元帳 ····························· 280

【ゆ】
有価証券の評価 ·············· 53
有価証券利息 ················· 297
有形固定資産の取得原価 ···· 86
有償増資 ························ 141
優先株 ··························· 132
誘導法 ··························· 32

【よ】
予約販売 ························ 155

【り】
利益準備金 ····················· 135
利益剰余金 ····················· 135
履行義務 ························ 160
リース ···················· 206,207
流動資産 ························ 177
流動性配列法 ·················· 177
流動性分析 ····················· 264
流動比率 ························ 264
流動・非流動法 ·············· 210
流動負債 ·················· 108,177
臨時巨額の損失 ·············· 331
臨時償却 ························· 88

【れ】
劣後株 ··························· 132
連結財務諸表 ················· 244
連結修正 ························ 244

【わ】
割引発行 ························ 128
ワン・イヤー・ルール
 ·························· 108,196

【数字・英字】
1年基準 ··················· 108,196
B/S原則 ·························· 19
CR ······························· 210
FiFo ····························· 71
HR ······························· 210
IR ······························· 29
LiFo ····························· 71
P/L原則 ·························· 19
ROE ····························· 265
ROI ····························· 265

●本書の内容に関するお問合せについて

『新スーパー過去問ゼミ』シリーズに関するお知らせ，また追補・訂正情報がある場合は，小社ブックスサイト（jitsumu.hondana.jp）に掲載します。サイト中の本書ページに正誤表・訂正表がない場合や訂正表に該当箇所が掲載されていない場合は，書名，発行年月日，お客様の名前・連絡先，該当箇所のページ番号と具体的な誤りの内容・理由等をご記入のうえ，郵便，FAX，メールにてお問合せください。

〒163-8671　東京都新宿区新宿1-1-12　実務教育出版　第二編集部問合せ窓口
FAX：03-5369-2237　　　E-mail：jitsumu_2hen@jitsumu.co.jp

【ご注意】
※電話でのお問合せは，一切受け付けておりません。
※内容の正誤以外のお問合せ（詳しい解説・受験指導のご要望等）には対応できません。

公務員試験
新スーパー過去問ゼミ7　会計学

2023年11月30日　初版第1刷発行　　　　　　　　　　　　〈検印省略〉

編　者　資格試験研究会
発行者　小山隆之

発行所　株式会社 実務教育出版
　　　　〒163-8671　東京都新宿区新宿1-1-12
　　　　☎ 編集　03-3355-1812　　販売　03-3355-1951
　　　　振替　00160-0-78270

印　刷　精興社
製　本　ブックアート